Heiko Gärtner | Tobias Krüger

RAUS AUS DEM ALLTAG rein ins Abenteuer!

Heiko Gärtner | Tobias Krüger

RAUS AUS DEM ALLTAG rein ins Abenteuer!

50 Mikroabenteuer, die Spaß und Erfüllung bringen

mvgverlag

Bibliografische Information der Deutschen Nationalbibliothek
Die Deutsche Nationalbibliothek verzeichnet diese Publikation in der Deutschen Nationalbibliografie. Detaillierte bibliografische Daten sind im Internet über https://dnb.de abrufbar.

Für Fragen und Anregungen
info@mvg-verlag.de

Wichtiger Hinweis
Ausschließlich zum Zweck der besseren Lesbarkeit wurde auf eine genderspezifische Schreibweise sowie eine Mehrfachbezeichnung verzichtet. Alle personenbezogenen Bezeichnungen sind somit geschlechtsneutral zu verstehen.

Originalausgabe
1. Auflage 2023

Türkenstraße 89
80799 München
Tel.: 089 651285-0
Fax: 089 652096

Redaktion: Claudia Franz
Umschlaggestaltung: Karina Braun
Umschlagabbildung: Shutterstock.com/ Sloth Astronaut, IvanDbajo, Hanna Kh, CHA.PEACH, Bibadash
Layout: Karina Braun
Satz: Müjde Puzziferri, MP Medien, München
Druck: Florjancic Tisk d.o.o., Slowenien
Printed in the EU

ISBN Print 978-3-7474-0499-7
ISBN E-Book (PDF) 978-3-96121-891-2
ISBN E-Book (EPUB, Mobi) 978-3-96121-892-9

Wir produzieren nachhaltig
www.m-vg.de

Weitere Informationen zum Verlag finden Sie unter
www.mvg-verlag.de
Beachten Sie auch unsere weiteren Verlage unter www.m-vg.de

Dein Leben ist zu kostbar,
um es einfach im faden Alltagsgrau
an dir vorbeiziehen zu lassen,
wenn die Welt doch voller
Abenteuer
ist.

Inhalt

Vorwort: Wie wird man eigentlich ein Abenteurer?

Vor einigen Jahren durfte ich an einem Treffen von Leuten teilnehmen, die darauf brannten, mehr über das Leben in der Natur zu erfahren. Die Gemeinschaft hatte es geschafft, einen alten Apachen-Scout einzuladen, der für einige Tage unser Mentor sein wollte. Eines Abends setzte er sich zu uns ans Lagerfeuer und fragte mich vollkommen unvermittelt: »Heiko, welche Abenteuer hast du diese Woche schon erlebt?«

»Wie bitte?«, erwiderte ich perplex und merkte, dass ich auf so eine Frage nicht vorbereitet war.

»Wie viele Abenteuer hast du diese Woche bereits erlebt?«, fragte er noch einmal.

»Keine Ahnung«, gab ich zu, »ich glaube, noch gar keines!«

»Wirklich?«, fragte der Alte. »Das heißt also, du lebst überhaupt nicht!«

Diese Begegnung brannte sich in mein Gehirn wie ein Brandeisen.

Im ersten Moment hielt ich den Mann für verrückt und begann sofort zu protestieren: »So ein Quatsch! Natürlich lebe ich! Man lebt doch nicht nur, wenn man ein Abenteuer erlebt!«

Doch als ich kurz darauf wieder zur Arbeit ging und mich meinen üblichen Alltagsroutinen hingab, kamen immer mehr Fragen in mir auf:

- Wie oft genießt du etwas am Tag?
- Wie interessant und spannend findest du dein Leben wirklich?
- Wie viel von dem, was du tust, machst du, weil du Spaß daran hast?

Mit einem Mal wurde mir etwas klar, das sich anfühlte wie ein schwerer Schlag mitten ins Gesicht: Wenn ich morgens im Bett lag und in Gedanken meinen Tag durchging, dann wusste ich bereits bis ins Detail, was bis zum Schlafengehen alles passieren würde. Teilweise konnte ich es auf die Minute genau sagen – vom Zähneputzen in der Früh bis hin zum übereilten Kinobesuch nach der Arbeit, um zu vergessen, dass der Tag ansonsten kaum eine Freude mit sich gebracht hatte.

War das nicht erschreckend? Hatte der alte Mann doch recht, als er flapsig hinzugefügt hatte: »Wenn es in deinem Leben keine Spannung und nichts Unvorhersehbares gibt, dann kannst du dir auch einfach einen Blumenstrauß kaufen, dich schonmal zur Probe auf den Friedhof legen und warten, bis es vorbei ist.«

Dabei wurde mir auch bewusst, dass mein Leben durchaus schon einmal voller Spannung und Abenteuer war.

Als Kind war ich ein Abenteurer durch und durch. Ich baute Baumhäuser, Staudämme und Höhlen, kletterte auf jeden Baum und schleppte vom Sperrmüll nach der Schule einen Kicker nach Hause, den ich restaurieren wollte. Ich flitzte herum und sammelte Insekten, die ich bestimmen wollte, und erfand mit meinem Vater die wildesten Spiele. Jeden Tag gab es etwas Neues zu entdecken. Die Welt war voller Rätsel, Aufgaben und Herausforderungen, die nur darauf warteten, von mir entdeckt oder gelöst zu werden. Doch irgendwann war all dies plötzlich verschwunden. Was war geschehen?

Alles Spannende, Aufregende und Unbekannte war nach und nach – ohne dass ich es so recht bemerkt hatte – einfach durch eine Alltagsroutine ersetzt worden. Klar, ich hatte nun einen Job, der meine Brieftasche füllte und dafür sorgte, dass ich gut leben konnte. Aber war das wirklich das, worum es ging? Als Kind hatte ich riesige Pläne, die ich umsetzen wollte, sobald ich endlich groß genug dafür wäre. Ich wollte die Welt bereisen, ein Abenteurer, Forscher und Entdecker werden, fremde Kulturen besuchen, Berge und Höhlen erkunden und mich mit wilden Tieren anfreunden. Nun hatte ich einen gut bezahlten Job bei einer großen Versicherungsagentur und begnügte mich damit, am Abend Filme zu schauen, in denen Menschen genau die Abenteuer erlebten, die ich eigentlich selbst erleben wollte.

Verstehen Sie mich nicht falsch: Es ging mir nicht schlecht. Ich hatte eine Wohnung, ein schönes Auto, ausreichend zu essen und konnte es mir leisten, hin und wieder in den Urlaub zu fahren. Und doch gab es da diese Stimme in mir, die zu flüstern begann, dass ich gerade dabei war, meine Lebenszeit zu verschwenden. Eine Stimme, die allmählich immer lauter wurde, bis sie buchstäblich zu schreien begann und ich einen Tinnitus bekam. War es wirklich richtig, dass es das höchste der Gefühle war, irgendwann auf sein Leben zurückzuschauen und sagen zu können »Es war ganz okay!«?

Mir wurde klar, dass es nicht die netten Fernsehabende waren, an die ich mich aus meiner Kindheit erinnerte, sondern die Abenteuer, die ich erlebt hatte. Und zwar umso besser, je wilder, ausgefallener und verrückter sie waren.

In den folgenden Jahren stellte ich immer mehr fest, dass ich mit diesem Problem nicht alleine war. Im Gegenteil: Ich lag damit sogar in einer Art Trend, der sich auszubreiten schien wie ein Lauffeuer. Rund 60 Prozent der Deutschen sind nach Umfragen mit ihrem Leben einigermaßen zufrieden.[1] Mit anderen Worten: Ihr Leben ist okay. Aber keiner von ihnen würde sitzen bleiben, wenn er gezwungen wäre, sich das eigene Leben im Kino anzuschauen. Jeder Vierte hingegen ist unglücklich[2] und zwischen 16 und 20 Prozent erleiden mindestens einmal in ihrem Leben eine Depression[3]. Ist das nicht erschreckend?

GEH RAUS UND ERLEBE ETWAS, WOFÜR DEIN HERZ BRENNT!

Wie oft haben wir also wirklich das Gefühl, lebendig zu sein und unser Leben zu genießen? Wie oft nehmen wir uns auch nur die Zeit, uns diese Frage überhaupt zu stellen?

60 Prozent aller Menschen in Deutschland leiden unter Stress![4] Und damit meine ich wirklich alle Menschen, das schließt Kinder und Rentner mit ein. Bei Berufstätigen im Alter zwischen 36 und 35 Jahren sind es sogar 80 Prozent.[5] Dies allein ist in meinen Augen bereits ein Skandal. Aber das ist noch nicht alles! Denn so sehr wir uns auf der einen Seite gestresst fühlen, so sehr sind wir auf der anderen Seite von unserem Leben gelangweilt. Eine Studie aus den USA zeigt

beispielsweise, dass das Gefühl, chronisch gelangweilt zu sein, bei Jugendlichen in den letzten zehn Jahren permanent zugenommen hat und auch weiter steigt.[6] Aber auch Erwachsene sind erschreckend häufig von ihrem Leben gelangweilt. Nicht einmal ein Drittel der Menschen in Deutschland sind mit ihrem Leben wirklich zufrieden. Rund 7 Prozent sind kaum oder gar nicht zufrieden und der Rest findet sein eigenes Leben in Ordnung, ist aber auch nicht wirklich davon begeistert.[7] Weitere Studien zeigen, dass das Gefühl von häufiger Langeweile, Unzufriedenheit und fehlendem Sinn im Leben zu einem deutlichen Anstieg von Depressionen, Suchtverhalten, Kriminalität und Gewaltbereitschaft führt.[8] Dafür wurde inzwischen sogar ein eigenes Krankheitsbild mit dem Namen »Bore-Out-Syndrom« entwickelt.[9]

Können Sie sich das vorstellen?

Eigentlich sollten wir unser Leben genießen und es als ein spannendes Abenteuer empfinden, in dem wir vollkommen aufgehen und auf das wir uns immer wieder von Neuem freuen. Stattdessen sind wir genervt, gelangweilt und/oder gestresst, werden depressiv und krank und flüchten uns in Süchte und Ablenkungen. Und das nicht nur in Ausnahmefällen, sondern gewissermaßen als gesellschaftlicher Standard.

Wie aber kann es sein, dass wir von unserem Leben gleichzeitig vollkommen gestresst und gelangweilt sind? Ist das nicht absurd?

Ich für meinen Teil beschloss damals, dass es so nicht weitergehen konnte. Der alte Abenteuer-Heiko musste wieder zu neuem Leben erweckt werden! Die Frage war nur: Wie?

Wie ich schnell feststellen musste, war das gar nicht so einfach. Denn ein Abenteuer zu erleben, bedeutet eben immer auch ein Risiko einzugehen. Es bedeutet, sich aus der eigenen Komfortzone herauszubewegen in etwas Neues, Unbekanntes. Es bedeutet, eine Herausforderung anzunehmen und sich seinen Ängsten zu stellen. Es bedeutet, über sich hinauszuwachsen und herauszufinden, welche Fähigkeiten man wirklich hat.

Als Kind war das für mich nie ein Problem. Ich sah eine Herausforderung und sofort begann das Feuer in meinen Augen zu leuchten. Auf diesen Baum bin ich noch nie zuvor geklettert! Diesen Pfad durch die Wälder habe ich noch nie eingeschlagen! Also gab es für mich keinen Zweifel und kein Zögern, dass jetzt der richtige Zeitpunkt war, um genau das zu ändern. Es ging mir nicht darum, ob ich am Ende Erfolg haben würde oder nicht. Es ging darum, herauszufinden, welche Rätsel und Geheimnisse sich hinter einer Aufgabe verbergen. Wenn ich merkte, dass ich noch nicht bereit dafür war, dann überlegte ich mir, was ich brauchte, damit es beim nächsten Mal klappen könnte.

Jedes Abenteuer beginnt mit einem einzigen ersten Schritt und für mich als Kind bedeutete das, geh raus und erlebe etwas, wofür dein Herz brennt.

Doch nun sah das plötzlich anders aus! Ich war es nicht mehr gewohnt, Risiken einzugehen. Schließlich hatte ich es mir in meiner Komfortzone doch gerade so schön gemütlich eingerichtet. Natürlich war mir bewusst, dass es sich um ein Gefängnis handelte, das mich langfristig nicht nur unglücklich, sondern vor Stress und fehlendem Lebenssinn auch krank machen würde. Aber trotzdem war es hier warm, kuschelig und es gab diese schicke Yuccapalme, die so ein mediterranes Flair erzeugte. Warum also rausgehen? Dort könnte es doch kalt und ungemütlich sein. Ich meine: Es war sogar mein Job, den Leuten Sicherheit zu verkaufen. Und jetzt kam ich plötzlich auf die Idee, mich freiwillig vollkommen unnötigen Risiken auszusetzen? Was für ein Unsinn – oder etwa nicht?

In meinem Inneren entbrannte ein heißer Kampf. Der Versicherungsvertreter und bekennende Kleinstadtspießer in mir pochte auf sein Recht, die einmal eingerichtete Komfortzone nun auch nutzen zu dürfen und das Risiko im Leben auf die Gefahr einzugrenzen, sich vielleicht aus Versehen den falschen Film im Kino ausgesucht zu haben.

Der Abenteurer-Heiko hingegen brannte bereits lichterloh und wäre am liebsten sofort abgehauen, um von nun an im afrikanischen Dschungel zu leben.

Ehe sich die beiden die Köpfe einschlugen, trat mein innerer Streitschlichter auf den Plan und machte einen Kompromissvorschlag: »Warum machen wir es nicht wieder genauso, wie wir es auch schon als Kind gemacht haben, und fangen wieder mit kleinen, leichten Schritten an, um uns dann immer mehr zu steigern? Erinnert ihr euch? Wir sind als Kind ja auch nicht gleich am ersten Tag auf die

Spitze der großen Eiche geklettert. Wenn wir das getan hätten, wären wir wahrscheinlich abgestürzt und dabei gestorben. Nein, wir haben uns immer Abenteuer gesucht, die eine Herausforderung für uns waren. Aber wir haben gleichzeitig darauf geachtet, dass wir eine gute Chance hatten, diese Abenteuer auch zu schaffen. Und wir haben unser Risiko stets gut eingeschätzt. Gefahren waren in Ordnung, aber nur, wenn wir auch damit umgehen konnten.«

Sowohl mein Abenteuer-Ich als auch mein innerer Sicherheits-Manager mussten nun zugeben, dass dies stimmte. Als Kinder waren sie keine Feinde, sondern enge Vertraute, die sich immer genau abgesprochen hatten. Nur, wenn beide mit einer Aktion einverstanden waren, wurde sie auch gemacht. Denn so sehr sich mein Abenteuer-Ich auch Hals über Kopf in das nächste Wagnis stürzen wollte, so sehr war mir auch bewusst, dass dies noch viel fataler sein konnte, als den Rest des Lebens ein trostloses Dasein zwischen Couch und Schreibtisch zu fristen. Okay, sagen wir mal: genauso fatal.

OHNE TRAINING KEIN ABENTEUER!

Ein Abenteuer macht nur dann Spaß, wenn man es auch bestehen kann. Wenn man merkt, dass es einen überfordert, dass man sich in eine Lebensgefahr begibt, mit der man nicht mehr umgehen kann, und dass man seine Situation damit nur verschlechtert, anstatt etwas besser zu machen, kann das positive Erlebnis schnell zu einem traumatisierenden werden. Ich selbst habe das einige Male erlebt. Doch ich habe noch weitaus drastischere Beispiele bei anderen Menschen beobachten können. So hatte ich während meiner Arbeit als Erlebnispädagoge einmal einen Jungen in meiner Gruppe, der so vom neusten James-Bond-Film begeistert war, dass er dachte, er selbst wäre ebenso ein Actionheld wie die Figuren im Film. Wir machten eine Tour durch die Eifel und kamen dabei auch an Plätzen vorbei, an denen es einige schroffe Felsen gab. Der Junge sah nun seine Chance gekommen, um zu zeigen, wie gut er als Parkour-Läufer war. Er malte sich aus, wie er von einem Felsen zum andern sprang und sich dann mit einer gekonnten Seitwärtsrolle abfederte, um an der nächsten Steinwand wieder emporzuklettern. Ohne es auch nur einmal zuvor in seinem Leben geübt zu haben, nahm er Anlauf und sprang einen vier Meter hohen Felsen hinunter. Wie Sie sich vielleicht vorstellen können, gelang ihm die Seitwärtsrolle dabei nicht so gut wie geplant. Anstatt leichtfüßig weiter zu hüpfen, blieb er mit einem offenen Splitterbruch im Bein am Boden liegen.

Ein vollkommen anderes, aber nicht weniger dramatisches Beispiel erlebte ich einige Jahre später bei einigen Teilnehmern meiner Wildniskurse. Inspiriert durch die neuen Erfahrungen mit dem Leben in der Natur, die sie während der Ausbildung gesammelt hatten, beschlossen einige, ihr bisheriges Leben sofort an den Nagel zu hängen und als Abenteurer um die Welt zu ziehen. Sie packten ihren alten Wanderrucksack, steckten ein paar Groschen ein, die sie noch gespart hatten, und trampten los. Leider merkten sie schon bald, dass sie für das Leben, das sie sich nun ausgewählt hatten, nahezu keine Fähigkeiten besaßen. Wie sollten sie sich dauerhaft ernähren? Womit sollten sie ihre Reise finanzieren? Wem konnten sie trauen?

Bald schon war das gesparte Geld aufgebraucht und die Ausrustung hatte ihren Geist aufgegeben. Doch Arbeit fanden sie nur in Form von schlecht bezahlten Knochenjobs, die sie noch mehr in die Stressspirale trieben als der alte Job zu Hause. Einige kamen frustriert zurück und waren von nun an überzeugt, dass sie für ein abenteuerliches Leben einfach nicht geschaffen sind. Andere versuchten, mit allen Mitteln an ihrem Traum festzuhalten. Doch dabei gingen sie Kompromisse ein, die sie sogar noch unglücklicher machten als zuvor.

Mir wurde klar, dass dies nicht der richtige Weg sein konnte. So wie der junge Unglücks-Parkour-Läufer hatten auch sie sich unvorbereitet in eine halsbrecherische Situation gestürzt, die sie maßlos überforderte. Die Grundidee war dabei prinzipiell nicht verkehrt. Auch der Junge hätte tatsächlich in der Lage sein können, einen Sprung aus vier Metern Höhe auf den Waldboden unbeschadet zu überstehen. Doch dazu hätte er an einem ganz anderen Punkt beginnen müssen. Er hätte zunächst einmal ein Sprungtraining gebraucht, um Muskeln und Knochen zu stärken und ein Gefühl für die richtige Technik zu bekommen. Dann hätte er sich immer weiter gesteigert. Schließlich hätte er, wie ein Eichhörnchen, genau gewusst, welchen Sprung er wie angehen muss, um sicher zu sein, dass ihm dabei nichts passieren wird.

DEIN LEBEN IST ENTWEDER EIN SPANNENDES ABENTEUER ODER ES IST KEIN LEBEN!

Mir war klar, dass mein inneres Abenteuerbewusstsein durch die lange Zeit bei der Versicherung vollkommen verkümmert war. Ich brauchte also einen Plan, mit dem ich wieder von null auf trainieren konnte. Damals gab es das Wort »Mikroabenteuer« noch nicht. Aber es beschreibt genau das, womit ich nun beginnen wollte: Von Nanoabenteuern wollte ich mich langsam zu Mikroabenteuern und dann weiter zu echten Abenteuern steigern.

Also beschloss ich, meinen neuen Plan in die Tat umzusetzen. Anstatt mich ins Kino oder ins Café zu setzen, ging ich nach der Arbeit in den Wald. Dort verfolgte ich Tierfährten, versuchte, mich anhand der Bäume zu orientieren, und erkundete so die »Wildnis«, die sich direkt vor meiner Haustür befand. Immer mehr kamen dabei auch Erinnerungen an meine Kindheit hoch. Damals konnte ich mich stundenlang und vollkommen fasziniert mit einem Käfer, einem Stein oder einem Haufen Dachskot beschäftigen. Je mehr Zeit ich jetzt im Wald verbrachte, desto mehr kam diese alte Begeisterungsfähigkeit wieder auf.

Eines Tages entdeckte ich auf einem meiner Streifzüge einen alten, verlassenen Steinbruch. Er lag so versteckt zwischen dichten Bäumen und Felsen, dass ich ihn noch nie bemerkt hatte, obwohl ich glaubte, die Gegend bereits gut zu kennen. Als ich diesen Platz sah, wusste ich, dass es nun an der Zeit war, noch einen Schritt weiterzugehen.

In den nächsten Wochen kam ich immer wieder hierher zurück und baute mir mein eigenes kleines Wildniscamp auf. Ich baute eine Laubhütte, errichtete eine Feuerstelle und stellte eine Sitzbank aus einem alten Baumstamm her. Anstatt das Abendessen in meiner Wohnung zuzubereiten, kochte oder grillte ich nun im

Wald. Meistens brachte ich Würstchen, Suppe oder Gemüse aus der Stadt mit. Hin und wieder fing ich einen Fisch und machte einen Salat aus wilden Kräutern und Beeren. Irgendwann fuhr ich auch in der Nacht nicht mehr nach Hause, sondern schlief in meiner Laubhütte, während mein Anzug sicher und trocken unter einer Plastikhülle an einem Baum hing. In der Früh stand ich auf, wanderte auf den Tierpfaden zurück zu meinem Auto und fuhr zu meiner Wohnung. Hier duschte ich und machte mich dann auf den Weg zur Arbeit. Davon abgesehen, dass sich der eine oder andere wunderte, warum ich plötzlich viel besser gelaunt zur Arbeit kam, hat niemand jemals etwas von meinem neuen Waldleben bemerkt. Erst jetzt hatte ich vollkommen verstanden, was der alte Häuptling gemeint hatte, als er sagte: »Dein Leben ist entweder ein spannendes Abenteuer oder es ist kein Leben!«

WENIGER ALLTAG, MEHR ABENTEUER!

Ich hatte das Gefühl, als wäre ich all die Jahre zuvor in einer Art Dämmerschlaf gewesen. So, als hätte ich einfach passiv an einem Leben teilgenommen, das eigentlich nichts mit mir zu tun hatte. Jetzt hingegen fühlte ich mich wach und lebendig. Im Wald lernte ich, dass es extrem gefährlich sein kann, auch nur eine Sekunde lang unaufmerksam zu sein. Also wurde ich wachsam und trainierte meine Sinne, sowohl auf meinen Streifzügen als auch während meiner Arbeit. Zumindest für eine Weile gelang es mir, die Abenteuerstimmung auf diese Weise auch in meinen Arbeitsalltag mitzunehmen. Ich stellte mir nun auch hier immer wieder kleine Herausforderungen, die es zu bestehen galt: Heute muss ich es schaffen, einen Vertrag abzuschließen und dabei mindestens dreimal das Wort »Regenbogenforelle« zu verwenden. Oder: Heute Abend darf ich nur dann ein Feuer machen, wenn ich es schaffe, dass mir ein Kollege oder ein Kunde eine Packung Streichhölzer schenkt, ohne dass ich ihn direkt danach frage.

Ich will Ihnen nichts vormachen: Gerade am Anfang war mein neues Hobby oft ungemütlich und es gab so manchen Regentag, an dem ich mit mir haderte und kurz davor war, den Feierabend doch wieder im Kino oder auf der Couch zu verbringen, anstatt in den Wald zu gehen. Auch waren manche Nächte in meiner Laubhütte so kalt und unbequem, dass ich mir geschworen habe, nie wieder auf so eine blöde Idee zu kommen, wenn ich diese Nacht einmal überstanden hätte. Doch wenn ich mich dann am Morgen vor der Arbeit am Feuer wärmen und den Eichhörnchen beim Spielen zusehen konnte, war mir klar, dass es die Strapazen auf jeden Fall wert war. Dumme Ideen schaffen doch einfach die besten Erinnerungen!

Es dauerte eine Weile, bis ich bereit war, mir einzugestehen, wie sehr ich mich von der Natur entfremdet hatte. Und je mehr es mir gelang, wieder ein Teil des Waldes zu werden, desto mehr fühlte ich mich auch darin zu Hause. Schließlich kamen sogar die Tiere auf mich zu und nahmen mich als einen der ihren an. Sie können sich gar nicht vorstellen, was für ein überwältigendes Gefühl es war, als sich eines Abends ein kleiner Siebenschläfer zu mir in die Laubhütte kuschelte und erst am nächsten Morgen wieder verschwand.

So wie es am Anfang eine Überwindung war, von der Arbeit in den nassen, kalten Wald zu gehen, so wurde es mit der Zeit immer mehr eine Überwindung, vom Wald in mein stickiges Büro zu gehen. Mein Motto lautete von jetzt an: »Weniger Alltag, mehr Abenteuer!«

Und an diesen Grundsatz hielt ich mich auch. Zuvor hatte ich mich oft selbst mit wertvollen Dingen beschenkt, so als hätte ich mich selbst bestechen wollen: »Schau, wenn du dich brav ausbeuten lässt, sodass du viel Geld bekommst, dann bekommst du auch ein ordentliches Stück vom Kuchen ab! Eine coole Uhr, tolle Kleidung, einen neuen Fernseher …«

Auch als ich damit anfing, meine Nachmittage im Wald zu verbringen, behielt ich diese Strategie zunächst noch bei, denn mein Alltag bestand ja auch jetzt noch zum größten Teil aus Tätigkeiten, die ich eigentlich gar nicht tun wollte. Nur schenkte ich mir jetzt Dinge, die ich auf meinen Abenteuern gebrauchen konnte: ein neues Survival-Messer, eine Kamera, um gute Tierfotos zu machen, und so weiter. Das war zwar bereits ein Schritt in die richtige Richtung, aber es blieb eine Bestechung. Auch wenn sich meine Stimmung durch die Freizeitabenteuer gewandelt hatte, blieb mein Job doch noch immer derselbe. Und er war auch noch immer gleich stressig. Der Unterschied war nur, dass ich nun begonnen hatte, mich selbst und meine Umgebung wirklich wahrzunehmen. So, wie ich nun immer mehr die Freude, die Begeisterung und all die positiven Dinge spüren und wahrnehmen konnte, so nahm ich nun auch alles Negative deutlich mehr wahr als zuvor.

Und hierin liegt vielleicht einer der wichtigsten Unterschiede zwischen der Natur und unserem Wohnzimmer: Die Natur spiegelt einen wider und gibt ein sofortiges und direktes Feedback über das eigene Verhalten und den eigenen Gemütszustand. Wenn ich mich früher nach Feierabend vor den Fernseher gesetzt hatte, dann war es egal, wie gestresst und gehetzt ich den Tag über gewesen war. Der Film blieb derselbe und konnte nicht auf mich reagieren. Selbst wenn ich eine Partnerin hatte, war das Feedback in der Regel recht begrenzt. Natürlich spiegelt einen der Partner und reagiert auf die Tagesstimmung, den Stresslevel und Auffälligkeiten im Verhalten. Doch in einer Beziehung gewöhnen sich die Partner zumeist schnell aneinander und entwickeln Strategien, um den gemeinsamen Alltag möglichst bequem und unkompliziert zu machen. Dadurch übergehen wir vieles, das eigentlich angesprochen werden sollte, und lassen so viele Entwicklungschancen verstreichen. Oder aber wir verstricken uns in Stellvertreterstreitigkeiten, bei denen jeder dem anderen die Schuld an der schlechten Stimmung gibt, was uns ebenfalls nicht weiterbringt. Doch meine neuen Freunde und Nachbarn spiegelten mir meine Stimmung sofort und schonungslos wider. An guten Tagen, wenn ich entspannt und fröhlich mit einer geschenkten Streichholzschachtel in den Wald kam, hatte ich das Gefühl, dass mich die Tiere in ihrer Mitte willkommen hießen. Hin und wieder streifte ein Fuchs vorbei und die Vögel hüpften teilweise direkt vor meiner Nase auf dem Boden herum oder pickten mir Brotkrümel vom Teller.

Kam ich hingegen gestresst und genervt in den Wald, schauten sie mich nicht einmal mit dem Hintern an. Stattdessen schrien die Eichelhäher um mich herum so laut sie konnten, um die anderen vor diesem nervigen Eindringling zu warnen. Und je öfter mir das auffiel, desto mehr stellte ich fest, dass die Tiere recht hatten. Wenn ich gekonnt hätte, dann wäre ich auch vor mir davongelaufen. Denn mit einem Miesepeter wie mir, der voller Hass und Hektik wegen irgendwelcher vollkommen unbedeutender Firmenprobleme war, wollte ich eigentlich nichts zu tun haben.

So, wie mich meine Abenteuerzeit im Wald am Anfang bereichert hatte, um meinen Alltag zu überstehen, so spürte ich jetzt, dass mich mein Alltagsstress daran hinderte, mein echtes Abenteuerleben zu leben. Solange ich wie ein Zombie vollkommen unbewusst durch meinen Alltag gehetzt bin, war mir das gar nicht aufgefallen. Aber nun wurde mir immer bewusster, wer ich eigentlich war. Jetzt fühlte es sich an, als hätte ich in dem großen Abenteuerfilm meines Lebens gerade einmal eine kleine Nebenrolle bekommen. Sollte ich aber nicht eigentlich die Hauptrolle spielen? Sollte ich nicht der Regisseur sein, der selbst bestimmt, welche Szene als Nächstes kommt und wie sie gestaltet wird? Stattdessen hatte ich das Gefühl, mich fast immer nach anderen richten und mich selbst permanent einschränken zu müssen. Ich führte kein Abenteuerleben, sondern ein Arbeitsleben, in dem am Rand ein bisschen Platz für Abenteuer übriggeblieben war. Das konnte so nicht bleiben!

Also begann ich damit, die Abenteuerzeiten immer weiter auszudehnen. Anstatt mich mit neuen Gegenständen zu bestechen, hielt ich mein Geld zusammen und finanzierte mir damit Ausbildungen und Expeditionsreisen. Von nun an verbrachte ich nicht nur meine Abende und Nächte im Wald, sondern nutzte die Wochenenden, um von den unterschiedlichsten Mentoren mehr und mehr Fertigkeiten zu erlernen, die mir das Leben in der Natur leichter machten. Anschließend trainierte ich diese Fertigkeiten dann in meinem Camp, bis sie mir in Fleisch und Blut übergingen. Meine Urlaubstage legte ich zusammen und nutzte sie, um außergewöhnliche Expeditionen nach Island, Kanada, Alaska und Neuseeland zu machen. Jede dieser Erfahrungen war ein eigenes Abenteuer für sich, aber sie trugen alle gemeinsam dazu bei, dass ich mich immer mehr darauf vorbereitete, vom Hobbyabenteurer zum Berufsabenteurer zu werden. Bald schon sah ich mich in der Lage, den ersten wirklich großen und einschneidenden Schritt in diese Richtung zu gehen: Ich kündigte bei der Versicherung, um eine Ausbildung zum Nationalpark-Ranger und Survival-Trainer zu machen. Hätte ich diese Entscheidung einige Jahre früher getroffen, ohne all die kleinen Vorbereitungsschritte, dann wäre mein Sicherheits-Ich vor Zorn und Empörung vollkommen ausgerastet. Nun aber ließ es sich von meinem Abenteuer-Ich an die Hand nehmen und stimmte dem Vorhaben zu. Es war ihm längst klar geworden, dass das Risiko, an einer Stresskrankheit zu sterben, wenn ich weiterhin in meinem Job blieb, höher war als das Risiko, das mich bei diesem neuen Abenteuer erwartete.

DAS GROẞE ABENTEUER DES LEBENS

In den kommenden Jahren wurde ich ein Berufsabenteurer. Es war nun nicht länger mein Job, Menschen eine angebliche Sicherheit zu verkaufen. Jetzt führte ich Menschen auf sicherem Wege raus aus dem Alltag und rein in ihr eigenes Abenteuer. Ich gründete meine eigene Wildnisschule, durfte mit Großgreifvögeln arbeiten und leitete Expeditionen in Island. Mein Alltag war somit selbst zu einem Abenteuer geworden. Für einen Moment glaubte ich, endlich am Ziel meiner Träume angekommen zu sein. Doch irgendetwas passte noch immer nicht! Meine Seele war noch nicht zufrieden. Allerdings konnte ich nicht verstehen, warum das so war.

Dieses Mal waren es meine eigenen Schüler, die mich auf das Brett vor meinem Kopf aufmerksam machten. Monat für Monat saß ich mit ihnen im Tipi am Lagerfeuer, erzählte ihnen Geschichten und fragte sie, was ihr großer Lebenstraum sei, den sie verwirklichen wollten. Erst, als einer meiner Schüler meinte: »Heiko, was ist eigentlich dein großer Lebenstraum?«, wurde mir klar, dass ich mir diese Frage schon lange nicht mehr gestellt hatte. Das Abenteuer war für mich so sehr zur Normalität geworden, dass es sich kaum noch von meinem Job bei der Versicherung unterschied. Klar, ich war in der Natur und deutlich zufriedener mit dem, was ich tat, als früher. Dennoch hatte ich mir hier eine neue Komfortzone aufgebaut, in der ich es mir wieder einmal gemütlich gemacht hatte, ohne zu merken, dass ich noch immer in einem Gesellschaftskäfig festsaß. Ich verdiente meine Brötchen nun mit Abenteuern und nicht mehr mit Versicherungen. Aber genau darin lag auch die Krux: Meine Motivation war es noch immer, Geld zu verdienen, um mir eine Sicherheit aufzubauen. Und wie zuvor bei der Versicherung führte es auch hier wieder dazu, dass ich mein Leben zurückstellte und stattdessen in einen Arbeitstrott verfallen war. Und dieser Trott war oft nicht weniger stressig und zerstörerisch als der bei der Versicherung. Ich war nun ein Berufsabenteurer, aber noch immer kein Lebensabenteurer. Im Fokus stand also die Arbeit, nicht das Leben.

Als mir dies bewusst wurde, war klar, dass ich noch einmal einen großen Schritt machen musste, wenn ich mich weiterentwickeln wollte. Als kleines Kind hatte ich davon geträumt, die Welt zu bereisen, ferne Länder und Kulturen zu entdecken und ein echter Abenteurer zu werden. Ich hatte nicht davon geträumt, in einem Seminarzentrum zu sitzen und Menschen von einem solchen Leben zu erzählen. War es also ein Wunder, dass meine Seele noch nicht zufrieden war? Sie war zufrieden, solange ich mich auf dem richtigen Weg befunden und den Anteil an Abenteuerzeit in meinem Leben immer weiter ausgebaut hatte. Doch nun, da ich es mir wieder zu sehr an einem Platz gemütlich machen wollte, musste sie sich erneut zu Wort melden.

In mir kam der Satz auf:

> »Die gefährlichste Weltanschauung ist die Weltanschauung der Leute, die die Welt nicht angeschaut haben.«
>
> *Alexander von Humboldt*

Was also, wenn dieser Satz stimmte? Wenn vieles von dem, was mein Weltbild prägte, vielleicht gar nicht wahr war? Wenn es noch Dinge zu entdecken gab, die ich mir nicht einmal vorstellen konnte? Wollte ich wirklich hier sitzen bleiben und von Abenteuern erzählen, anstatt wieder selbst welche zu erleben? Und damit meinte ich nun keine Mikroabenteuer mehr, sondern richtig große. Oder vielmehr: ein einziges großes. Das große Abenteuer des Lebens. Genau das war es, was ich nun anpacken wollte. Gemeinsam mit meinem langjährigen Freund und

Mitstreiter Tobias hielt ich einen Krisenrat ab. Wir entschlossen uns, am 1. Januar 2014 aufzubrechen und zu Fuß und ohne Geld um die Welt zu wandern. In acht Jahren haben wir seither 45 500 Kilometer in 48 Ländern zurückgelegt und sind noch immer davon überzeugt, dass Abenteuer das Wichtigste sind, um den Geist in einer freudigen Stimmung zu halten.

Nicht jeder Tag auf dieser Reise war spannend, actionreich und voller Highlights. Im Gegenteil: Das Wandern brachte es mit sich, dass wir uns oft tagelang in einem vollkommenen Einklang bewegten, ohne dass irgendetwas Außergewöhnliches passierte. Aber darum ging es auch nicht mehr. Es gab keinen stressigen, nervigen Alltag mehr, den wir aufhellen oder vor dem wir flüchten mussten. Die kleinen Mikroabenteuer, die uns geholfen hatten, aus diesem trüben Alltagsleben zu entkommen, hatten uns schließlich an einen völlig neuen Punkt gebracht. Das Leben selbst war nun von Bedeutung. Wir befanden uns in einem Fluss, von dem wir wussten, dass er uns genau dahin führen würde, wo wir sein sollten. Und wenn dieser Fluss gerade eine ruhige, entspannende und ereignislose Passage hatte, dann konnten wir dies nun genauso genießen wie die abenteuerlichen und unvorhersehbaren Momente. Denn das Interessante war, dass man nie wusste, wann was eintreten würde. Wir waren immer auf alles vorbereitet, waren stets wachsam und im Beobachtungsmodus, während aber alles in dem Rhythmus und der Geschwindigkeit geschehen durfte, die es brauchte. Nichts und niemand hetzte uns – von dem einen oder anderen Gewittersturm, der auf uns zurollte, bevor wir einen Schlafplatz organisiert hatten, vielleicht einmal abgesehen. Die Reise stellte uns immer wieder vor neue Herausforderungen, an denen wir immer weiterwachsen durften. Doch ohne all die kleinen Abenteuer, mit denen wir uns in den Jahren zuvor auf diese große Reise vorbereitet hatten, wären wir bereits nach wenigen Tagen umgekehrt und würden wohl noch heute in meiner Wohnung sitzen und davon träumen, wie es wäre, einmal ein echtes Abenteuer zu erleben.

Einleitung: Was sind Mikroabenteuer?

Warum erzähle ich Ihnen das alles?

Auf unserer Reise haben wir immer wieder Menschen getroffen, die uns und unsere Art des Lebens für vollkommen verrückt und bescheuert hielten. Aber es gab auch viele Menschen, die fasziniert und inspiriert waren und deutlich merkten, dass auch sie einen akuten Mangel an Abenteuern in ihrem Leben verspürten. Doch so sehr sie sich auch wünschten, den Mut zu finden, um ihre Träume zu verwirklichen und endlich zum Regisseur ihres Lebensfilms zu werden, so sehr spürten sie auch, dass sie diesen Schritt nicht so einfach gehen konnten. Immer wieder überlegten wir uns daher, wie wir diese Menschen unterstützen konnten. Was brauchten sie, um anfangen können? Woran scheiterten sie bei dem Plan, ihr Leben selbst in die Hand zu nehmen?

Bald schon fiel uns auf, dass die meisten, die das Gefühl hatten, sich nie aus ihrem Alltagskäfig befreien zu können, viel zu hohe Ansprüche an sich selbst hatten. Wenn sie uns sahen, fragten sie völlig fassungslos, wie es denn möglich sei, einfach so sein ganzes Leben umzukrempeln und an einem Stück 45.000 Kilometer zu wandern. Dass wir selbst auch einmal klein angefangen hatten, konnten sie natürlich nicht wissen. Also beschlossen wir, ein Konzept zu entwickeln, mit dem man das Abenteurersein ganz einfach erlernen kann. Gewissermaßen eine Ausbildung zum Lebensabenteurer, wenn Sie so wollen.

Dafür erinnerten wir uns zunächst einmal an unsere eigenen ersten kleinen Abenteuer zurück. Womit hatten wir angefangen? Was hatte uns als Kinder fasziniert? Was hatte dazu geführt, dass ich es als Versicherungsspießer doch noch geschafft hatte, meine alte Abenteuerleidenschaft wieder zurückzuerobern?

Und ja, mit allem, was neu ist, sollte man klein anfangen. Als wir dann durch einen Zufall auf das neu erfundene Wort »Mikroabenteuer« stießen, wussten wir, dass dies genau der Baustein war, mit dem wir unsere Abenteuerausbildung beginnen mussten.

Mikroabenteuer sind Abenteuer, die sofort und ohne lange Vorbereitung auch von Anfängern umgesetzt werden können. Das Großartige dabei ist, dass man nur ein sehr kleines Risiko eingehen muss, um sie bestehen zu können. Besser noch: Ein Mikroabenteuer kann selbst dann noch richtig Spaß machen, wenn alles schiefläuft und man nichts auf die Reihe bekommt.

Es dauerte nicht lange – und wir hatten einen bunten Strauß mit den tollsten Abenteuerideen zusammengestellt, die jeder ohne Vorerfahrung einfach machen konnte. Was noch fehlte, waren abenteuerliche Aktionen, die so klein waren und so wenig Zeit kosteten, dass man sie fast immer und überall umsetzen und mühelos in seinem Tagesablauf unterbringen konnte. Denn wenn wir eine Sache aus unserer eigenen Erfahrung gelernt hatten, dann war es die, dass der Alltag mit seinem routinierten Trott die Macht hatte, jede noch so gute neue Idee bereits im Keim zu ersticken. Der Satz: »Das mache ich auf jeden Fall mal, wenn ich Zeit habe!«, bedeutete in der Regel nichts anderes als: »Schade, das werde ich wohl niemals machen!« Denn wenn man abwartet, bis wirklich die Zeit da ist, dann sind in der Zwischenzeit schon wieder so viele neue Ideen aufgekommen, dass man den ursprünglichen Plan einfach vergessen hat. Man braucht also ein System, durch das man permanent daran erinnert wird, dass das Leben ein Abenteuer ist. Und dies kann am besten dadurch gelingen, dass man ein Portfolio an spaßigen Aktionen in petto hat, die man wirklich immer und zu jeder Zeit durchführen kann. Selbst dann, wenn man im Büro sitzt oder im Supermarkt an der Kasse steht. Wenn man dann auf den Geschmack gekommen ist, wird es auch leicht, sich die Zeit zu nehmen, um am Wochenende oder an Feiertagen etwas größere Abenteuer zu erleben.

Ein Mikroabenteuer kann also, je nach Typ, wenige Minuten oder Stunden bis hin zu mehreren Tagen dauern. Dabei steht der Wunsch nach Entdeckungsfreude und Unternehmungslust im Vordergrund. Es geht hier nicht darum, dass Sie ein Survival-Experte, ein Base-Jumper oder ein Elite-Kletterer werden. Es geht darum, einfach rauszugehen und die Welt in der unmittelbaren Umgebung mit neuen Augen wahrzunehmen. Es geht darum, auf den Geschmack zu kommen, experimentierfreudig zu werden und die eigene Neugier wieder zu neuem Leben zu erwecken.

Mithilfe von Mikroabenteuern kann man seine eigene Heimat in einen riesengroßen Abenteuerspielplatz verwandeln. Zunächst wird Ihnen dabei vieles seltsam und befremdlich vorkommen. Doch je öfter Sie diesen Abenteuerspielplatz besuchen, desto mehr werden Sie sich dort zu Hause fühlen. Nutzen Sie unser Buch daher als eine Art Arbeitswerkzeug, das Ihnen immer wieder dabei hilft, den Abenteueranteil in Ihrem Leben noch ein bisschen weiter auszubauen.

Selbst wenn Sie der Überzeugung sind, ein absoluter Outdoor-Neuling und eine Couch-Potato zu sein, können Sie die meisten Mikroabenteuer, die wir in diesem Buch beschreiben, alleine, mit Freunden oder – falls vorhanden – gemeinsam mit Ihrem Hund, Ihrem Pferd oder Ihrem Hausschwein umsetzen. Dabei haben Sie stets die Möglichkeit, den Schwierigkeitsgrad nach eigenem Ermessen zu senken oder zu steigern, sodass Sie sich nie über- oder unterfordert fühlen müssen.

Sie werden merken, dass Sie schon bald dazu übergehen werden, Ihre Mikroabenteuer ganz automatisch in Miniabenteuer, Makroabenteuer und schließlich in Megaabenteuer zu verwandeln. Lassen Sie sich dabei nicht aufhalten. Eine Abenteueridee, die Ihnen anfänglich im Kleinen Spaß macht, wird Sie auch begeistern, wenn Sie sie im Großen umsetzen. Sie selbst bestimmen, wie weit Sie gehen wollen. Und ehe Sie sich's versehen, werden Sie merken, dass Sie plötzlich bereit sind, auch große Veränderungen in Ihrem Leben anzupacken. Vielleicht werden Sie Ihren Job kündigen und etwas ganz anderes machen. Vielleicht werden Sie endlich die große Reise unternehmen, von der Sie schon immer geträumt haben. Möglicherweise wandern Sie auch aus, werden Selbstversorger oder machen die Welt mit Ihrem Campervan unsicher. Oder Sie machen alles gleichzeitig oder etwas ganz anderes. Das liegt allein bei Ihnen – und da sollten Sie sich auch von niemandem reinreden lassen. Wichtig ist jedoch, dass Sie sich gut vorbereiten und dann durchstarten. Mit diesem Buch halten Sie bereits den ersten Schlüssel dazu in der Hand.

Und noch ein wichtiger Punkt: Mir persönlich haben meine vielen kleinen Abenteuer auch sehr dabei geholfen, eine gute Beziehung zu meinen Eltern aufrechtzuerhalten, nachdem ich mich für mein Leben als Berufs- und Lebensabenteurer entschieden hatte. Der Vorteil war, dass meine Eltern sich auf diese Weise Schritt für Schritt daran gewöhnen könnten. Ich habe sie immer bei allem mitgenommen und an all meinen Erfahrungen teilhaben lassen. Bei meiner Wildnisschule hat meine Mutter das Catering für die Teilnehmer übernommen, während sich mein Vater um die Buchhaltung gekümmert hat. Dadurch waren meine Eltern stets involviert und wussten bereits lange, bevor ich es ihnen mitteilte, dass eines Tages der Punkt kommen würde, an dem ich noch einmal einen Schritt weiter gehen musste. Selbst als Tobias und ich zu einem Treffen von Medizinleuten eingeladen wurden, bei dem wir allerlei skurrile und unerklärliche Dinge erlebt hatten, habe ich ihnen immer ausführlich von allem berichtet. Nutzen Sie Ihre Mikroabenteuer also auch dazu, Ihr Umfeld an Ihr neues Abenteuer-Ich zu gewöhnen. Nehmen Sie die Leute, die Ihnen wirklich am Herzen liegen, mit. Geben Sie ihnen dadurch die Chance, auch ihr eigenes Abenteuerbewusstsein wiederzuentdecken oder zumindest mehr Verständnis für das Ihrige aufzubringen.

WIE IST DAS BUCH AUFGEBAUT?

In den folgenden Kapiteln stellen wir, Tobias und ich, Ihnen verschiedene Mikroabenteuer vor, die Sie einfach und ohne großen Aufwand umsetzen können. Einige davon können Sie alleine bewerkstelligen, andere machen Sie gemeinsam mit Ihrem Partner, Ihrer Familie oder mit Freunden. Für wieder andere wird es nötig sein, Kontakt zu Fremden aufzunehmen, und so vielleicht neue Freunde und Gleichgesinnte zu finden. Auch das ist Teil des Abenteuers und gehört zur Herausforderung und zum Lernerfolg dazu.

Zusätzlich gibt es verschiedene Abenteuerkategorien, zwischen denen Sie wechseln können. So gibt es Abenteuer, die überwiegend in der Natur stattfinden, während andere eher in der Stadt angesiedelt sind. Es gibt sportliche, knifflige, ruhige und actionreiche Abenteuer. Einige davon werden Ihnen leichtfallen, während andere vielleicht tiefsitzende Ängste in Ihnen ansprechen.

Bei vielen Abenteuern haben wir Ihnen außerdem am Ende verschiedene Variationsmöglichkeiten vorgeschlagen. So können Sie den Schwierigkeitsgrad eines Mikroabenteuers beliebig nach unten oder oben abändern. Dadurch haben Sie nicht nur 50 Mikroabenteuer an der Hand, sondern nahezu unendlich viele. Ein Abenteuer, das Ihnen am Anfang zu gewagt vorkommt, lässt sich dadurch leicht in eines verwandeln, das Sie sich ohne Weiteres zutrauen. Wenn Sie dann durch das Erleben verschiedener Mikroabenteuer wagemutiger geworden sind, können Sie die zuvor abgeschwächten Abenteuer noch einmal mit erhöhtem Schwierigkeitslevel machen und so zu einer völlig neuen Herausforderung werden lassen.

Das Buch ist zudem so aufgebaut, dass die Abenteuer nach hinten hin tendenziell anspruchsvoller werden. Darüber hinaus haben wir die Mikroabenteuer in sofort umsetzbare Abenteuer und in Ereignisse unterteilt, die ein wenig Planung bedürfen. Wenn Sie also nach sofort umsetzbaren Ideen Ausschau halten wollen, achten Sie im Verlauf des Buches auf das Stoppuhrsymbol.

Dieses verrät Ihnen, dass das entsprechende Abenteuer wenig bis keinen Aufwand benötigt und dass es sofort losgehen kann.

Ein wichtiger Hinweis noch vorab: Die rechtlichen Hinweise im Text sind keine Rechtsberatung und wir übernehmen keine Garantie auf Vollständigkeit und Richtigkeit der getroffenen Aussagen. Wir geben lediglich das wieder, was wir selbst zu dem Thema recherchiert und rausgefunden haben.

Aber genug der Theorie! Lassen Sie uns gleich loslegen. Denn wir wollen ja nicht, dass es am Ende heißt, wir hätten Sie durch zu viel Lesestoff von Ihrem Abenteuer abgehalten, anstatt Sie zu motivieren, es anzupacken.

Viel Spaß dabei,

Heiko Gärtner und Tobias Krüger

Warm-up mit 50 sofort umsetzbaren Nanoabenteuern

Beginnen wir also zunächst mit den Kleinstabenteuern, die mit sehr wenig Aufwand unmittelbar in den Alltag integriert werden können. Leider ist unser Alltag oft so stressig, dass nur sehr wenig Zeit dazu bleibt, ein Mikroabenteuer kurz- oder langfristig zu planen. Außerdem kann es sein, dass es Momente gibt, in denen Sie aus irgendeinem Grund noch nicht richtig in der Stimmung für ein echtes Mikroabenteuer sind. Ja, das ist schwer vorstellbar, aber auch diese Zeiten werden kommen. Um dann nicht einzuknicken und wieder in den öden Alltagstrott zu verfallen, haben wir Ihnen gleich zu Beginn eine Sammlung an Abenteuerideen zusammengestellt, die wir Nanoabenteuer genannt haben. Sie sind so klein, dass man viele von ihnen noch nicht einmal als Abenteuer erkennt. Aber man kann sie ohne Vorbereitung und ohne große Erklärung jederzeit machen und sich so schon mal in Stimmung für die nächsten Schritte bringen.

50 NANOABENTEUER, DIE SIE IN DEN ALLTAG INTEGRIEREN KÖNNEN

Schwierigkeitslevel: leicht

Dauer: 5 Minuten bis 3 Tage

Kosten: unterschiedlich hoch – je nach Nanoabenteuer

Ort: überall möglich – abhängig vom Nanoabenteuer

1. Gehen Sie raus und schauen Sie sich den Sonnenaufgang an.
2. Umrunden Sie einen See.
3. Halten Sie Ihre Füße ins Wasser und lassen Sie einfach die Seele baumeln.
4. Wandern Sie rund um Ihren Heimatort.
5. Gehen Sie irgendwo hin, wo Sie noch nie waren.
6. Steigen Sie auf einen Aussichtsturm.
7. Suchen Sie sich einen schönen Platz, um Vögel zu beobachten.
8. Schlafen Sie eine Nacht auf Ihrer Terrasse oder Ihrem Balkon.
9. Gehen Sie im Nebel wandern.
10. Lassen Sie beim nächsten Spaziergang einfach eine Münze Ihren Wegverlauf entscheiden.
11. Gehen Sie bei strömendem Regen spazieren.
12. Machen Sie ein Picknick mit dem Essen, das Sie eigentlich zu Hause essen wollten.
13. Finden Sie heraus, wann der Mond zu verschiedenen Tagen im Monat untergeht und schauen Sie ihm beim Untergehen zu.
14. Gehen Sie bei Regen schwimmen.
15. Hüpfen Sie bei Regen in jede Pfütze und sauen Sie sich so richtig ein.
16. Meditieren Sie im Wald.
17. Besuchen Sie spontan ein aktuelles Event in Ihrer Nähe.
18. Versuchen Sie auf einem spontan besuchten Event in Ihrer Nähe zu meditieren.
19. Sammeln Sie Obst auf öffentlichen Streuobstwiesen.
20. Suchen Sie sich eine Strecke, die Sie gut kennen, und gehen Sie diese rückwärts.
21. Packen Sie Ihr Motorrad, Ihren Roller, Ihr Fahrrad oder Ihr Skateboard und fahren Sie zum nächsten See, um dort zu grillen.
22. Laufen Sie barfuß durch den Wald und die Wiesen.
23. Fahren Sie bis zur Endstation, obwohl Sie eigentlich früher aussteigen müssten. Schauen Sie sich etwas an, was Sie noch nie gesehen haben.

24. Wenn Sie im Supermarkt an der Kasse stehen, schließen Sie für einen Moment die Augen oder schauen Sie auf den Boden und stellen Sie sich Fragen wie: »Wie viele Menschen um mich herum tragen eine Mütze?«, »Wie weit entfernt ist der nächste blaue Gegenstand?«, »Welche Haarfarbe hat der Kassierer oder die Kassiererin?«. Beantworten Sie die Fragen und schauen Sie anschließend ob, Sie recht hatten. Versuchen Sie, darin immer besser zu werden.
25. Machen Sie Shinrin Yoku – der Kult kommt aus Japan und meint nichts anderes, als ein Waldbad zu nehmen. Legen Sie sich auf den Boden. Stecken Sie die Finger in den feuchten Waldboden und spüren Sie den Puls von Mutter Erde.
26. Streifen Sie ohne Navi und ohne Ziel umher.
27. Versuchen Sie, mindestens zehn fremde Menschen, die Ihnen begegnen, zum Lächeln zu bringen.
28. Erkunden Sie einen Steinbruch (vielleicht wird er ja Ihr neues Wohnzimmer).
29. Fahren Sie mit dem Fahrrad einfach los und schauen Sie, wohin Sie der Tag treibt.
30. Durchwandern Sie eine Schlucht.
31. Fotografieren Sie nach Themen und küren Sie das schönste Bild.
32. Schwimmen Sie in einem langsam fließenden, unbefahrenen Fluss mit dem Strom. Prüfen Sie aber zuvor, ob das Schwimmen darin gefahrlos möglich ist.
33. Tauchen Sie an alten Ruinen in vergangene Zeiten ein.
34. Lernen Sie mehr über essbare Pflanzen.
35. Gehen Sie mit geschlossenen oder verbundenen Augen über eine Wiese. Drehen Sie sich nach etwa 20 Metern um. Versuchen Sie, genau denselben Weg wieder zurückzugehen.
36. Schnappen Sie sich eine Hängematte. Hängen Sie diese zwischen zwei Bäumen auf, um darin zu dösen oder die Nacht zu verbringen.
37. Sammeln Sie Pilze und bestimmen Sie Ihre Funde.*

38. Sammeln Sie Bärlauch oder andere leckere Wildkräuter.*
39. Unternehmen Sie eine Wanderung in der Nacht.
40. Machen Sie ein eigenes Zeltlager.
41. Stehen Sie in der U-Bahn auf und erzählen Sie laut einen Witz.
42. Unternehmen Sie eine mehrtägige Wanderung.
43. Stellen Sie ein Glas auf einen Stadtplan oder eine Landkarte, wobei Ihr Haus oder Ihr Wohnort exakt in der Mitte ist. Gehen Sie dann den Kreis, den das Glas beschreibt, so genau ab, wie es möglich ist, ohne dass Sie sich dabei in Gefahr begeben oder Hausfriedensbruch begehen. Diese Aufgabe wird umso schwerer, je kleiner Sie den Maßstab wählen, den die Karte hat.
44. Klettern Sie auf einen Baum – jedoch nur so hoch, wie Sie sich sicher fühlen und auch problemlos wieder heruntersteigen können.
45. Unternehmen Sie eine Radtour mit Übernachtung im Freien.
46. Übernachten Sie auf einer einsamen Insel.
47. Gehen Sie mit Ihrem Partner in der Nacht nackt in einem See baden. Wenn Sie den See nicht bereits als Badesee kennen, sollten Sie jedoch zuvor bei Tag prüfen, ob das Baden darin auch sicher ist.
48. Probieren Sie eine neue Outdoor-Sportart aus.
49. Setzen Sie sich mit der Thematik Outdoor-Erste-Hilfe auseinander. Das ist wichtig für jemanden, der viele Abenteuer erleben will.
50. Sprengen Sie Ihre eigenen Grenzen: Was fällt Ihnen schwer anzupacken? Machen Sie es einfach!

> ***Achtung:** Essen Sie diese nur, wenn Sie zu 100 Prozent sicher sind, dass Sie sie richtig bestimmt haben und dass es sich auch wirklich um ungiftige Exemplare handelt.

Wie Ihnen sicher aufgefallen ist, haben wir die Nanoabenteuer bereits grob nach Schwierigkeitsgrad sortiert. Dabei versuchen Sie, immer mal wieder eines in Ihren Alltag einzubetten. Setzen Sie sich das Ziel, mindestens eines davon (oder auch gerne ein anderes, wenn Ihnen selbst eine gute Idee kommt) pro Woche zu machen, wobei Sie spätestens alle zwei Wochen ein Neues ausprobieren sollten, das Sie zuvor noch nicht gemacht haben.

Wer sich unsicher ist und bereits bei den Nanoabenteuern einen Nervenkitzel verspürt, sollte ruhig eine Weile dabeibleiben, bevor er mit den Mikroabenteuern anfängt. Alle anderen können aber auch gerne direkt damit loslegen und Nano- und Mikroabenteuer parallel machen.

50 geniale Mikroabenteuer, die Ihr Leben nachhaltig verändern

Sind Sie bereit und in der Stimmung für Ihre ersten Abenteuer-Erfahrungen? Dann lassen Sie uns nicht mehr viele Worte verlieren, sondern direkt durchstarten. In den kommenden Kapiteln finden Sie 50 Inspirationen für Mikroabenteuer, mit denen Sie bedeutend mehr Spannung, Action, Abwechslung und Spaß in Ihren Alltag bekommen. Gleichzeitig werden Sie aber auch viele neue Fähigkeiten erlernen, Sie werden Ihre Komfortzone erweitern, sich selbst besser kennenlernen und über sich hinauswachsen. Mit jedem Mikroabenteuer werden Sie sich also immer auch stärker darauf vorbereiten, Ihr Leben an sich zu einem großen, spannenden und erfüllenden Abenteuer werden zu lassen.

Wir wünschen Ihnen viel Spaß bei der Umsetzung!

1. DER DARTPFEIL BESTIMMT DAS REISEZIEL

Indoor- und Outdoor

Schwierigkeitslevel: sehr einfach

Dauer: wenige Stunden bis zu 3 Tage – je nach Variation

Kosten: zwischen 20 und 200 Euro

Ort: Der Beginn kann dort sein, wo immer Sie sich gerade befinden. Der eigentliche Ort ergibt sich durch das Spiel.

Ausrüstung: Landkarte, Dartpfeile

Gut zu wissen!
Bei diesem Abenteuer lernen Sie Orte kennen, die Sie sonst vielleicht nie gesehen hätten.

Schnappen Sie sich eine einfache Deutschlandkarte und hängen Sie diese an einem Platz auf, an dem Sie mit einem Dartpfeil getrost darauf werfen können. Stellen Sie sich nun mit einem Abstand von drei Metern zur Landkarte und fokussieren Sie diese wie eine Dartscheibe. Jetzt schließen Sie die Augen und werfen Sie Ihren Dartpfeil auf die Landkarte.

Die Spannung steigt! Welchen Ort oder welche Stadt in Deutschland haben Sie getroffen? Ihr neues Mikroabenteuer besteht nun darin, zu diesem Ort zu reisen und das Maximale zu erleben, was dort möglich ist.

Wir haben dieses lustige Abenteuerspiel in meinen 20ern sehr häufig gespielt, da es immer wieder unglaublich viel Freude und Kreativität brachte: Einfach blind einen Dartpfeil auf die Landkarte werfen – und schon geht es los!

MÖGLICHE ABENTEUERAUFGABEN

Die Dartpfeiltechnik steckt natürlich nur den Rahmen Ihres Mikroabenteuers ab. Dieser muss nun noch mit Inhalt gefüllt werden, indem Sie sich entweder vor oder nach dem Werfen des Pfeils eine Absicht setzen, mit der Sie den gewählten Ort bereisen wollen. Wenn Sie die Intention vorher setzen wollen, kann die Aufgabenstellung beispielsweise so aussehen:

An dem Ort, den der Dartpfeil trifft, werde ich …

- … eine Party besuchen.
- … eine besondere Sehenswürdigkeit entdecken.
- … einen Wellnessurlaub verbringen.
- … ein Outdoor-Abenteuer erleben.
- … die regionale Küche kennenlernen.

Wenn Sie die Intention im Nachhinein festlegen wollen, schauen Sie sich kurz im Internet an, was es an diesem Ort zu sehen, zu tun oder zu erleben gibt und wählen Sie sich das aus, was Ihnen am meisten zusagt. Alternativ können Sie auch einfach hinfahren, ohne zu wissen, was Sie dort erwartet, und sich dann einfach von Ihrer Intuition leiten lassen.

VARIATIONSMÖGLICHKEITEN

Dieses Abenteuer lässt sich durch die Wahl der entsprechenden Karte beliebig variieren. Wenn Sie gerade nur wenig Zeit zur Verfügung oder keine Lust auf eine lange Autofahrt haben, dann nutzen Sie anstelle der Deutschlandkarte einfach einen Stadtplan Ihrer Heimatstadt oder eine Landkarte Ihres Bundeslandes.

Sie können natürlich auch eine Europakarte oder sogar eine Weltkarte nehmen, wenn Sie damit beispielsweise das Ziel Ihres nächsten Städtetrips oder einer spontanen Urlaubsreise bestimmen wollen.

Tobias und ich haben das Spiel gerne auch auf andere Länder erweitert, wie beispielsweise auf Österreich. Dabei hatten wir uns entschlossen, die ortstypischen Traditionsspeisen zu probieren, wenn der Dartpfeil an einem Ort mit einem Restaurant stecken blieb. So entstand dann unter anderem ein Roadtrip nach Linz – mit dem Ziel, dort Linzer Törtchen zu probieren.

Vollkommen verrückt war hingegen die Idee, eine Weltkarte für die folgende Frage zu verwenden: »Wo soll unsere nächste Party stattfinden?« Auf diese Weise landeten wir dann unverhofft beim Springbreak in Thailand. Das war möglicherweise etwas übertrieben, aber ich kann durchaus sagen, dass es sich gelohnt hat!

2. MIKROABENTEUER VOR DER EIGENEN TÜR ERLEBEN

Outdoor

Schwierigkeitslevel: sehr leicht

Dauer: 1 bis 3 Stunden

Kosten: keine Kosten

Ort: Vor Ihrer Haustür oder vor der Tür des Hauses, in dem Sie sich gerade befinden.

Ausrüstung: keine

Gut zu wissen!

Bitte beachten Sie, dass Sie nicht über Privatgelände laufen dürfen.

Fast alle Mikroabenteuer kosten auf die eine oder andere Art Geld. Doch das muss nicht immer nötig sein. Dieses Abenteuer entdeckte ich bei einem Naturklan, bei dem ich für eine begrenzte Zeit leben durfte und bei dem es für die Frischlinge eine seltsame Regel gab: »Ihr dürft niemals denselben Weg zweimal benutzen!«

Am Anfang verstand ich die Regel nicht und wusste nicht, warum der Älteste mir diese Aufgabe gestellt hatte. Doch schon nach wenigen Tagen wurde mir klar, dass das Neue nur zu einem kommen kann, wenn man neue Wege beschreitet. Obwohl ich nur wenige Tage bei diesem Klan verbrachte, lernte ich den Ort in der kurzen Zeit besser kennen als die meisten anderen, die ich auf der Welt bereist habe.

Zurück zu Hause beschloss ich, dieses Spiel auch dort zu spielen, weil ich spürte, wie es mir eine vollkommen neue Welt eröffnete. Ich bin vor meine Haustür gegangen und hab mir gesagt: »Heute darfst du keinen Weg nehmen, den du zuvor schon einmal gegangen bist.« Dies war gar nicht so leicht – besonders im unmittelbaren Umkreis um meine Wohnung. Ich musste mir nach kurzer Zeit die absurdesten Strecken ausdenken, um nicht auf Wegen zu landen, die ich schon benutzt hatte. Ich balancierte auf dem Bordstein, hangelte mich an einer Hecke entlang und kletterte schließlich sogar von meinem Balkon herunter, um mir neue Möglichkeiten zu eröffnen. Für Außenstehende muss das natürlich sehr witzig ausgesehen haben, aber mir machte es mindestens genauso viel Spaß wie allen anderen, die mich dabei beobachteten.

Zunächst nutzte ich nur Straßen, dann musste ich auf kleine Wege und Pfade ausweichen und irgendwann fand ich mich in einem Areal wieder, in dem ich noch nie zuvor gewesen war. Und das in meiner Heimat! Ich war immer wieder neu überrascht, wie viel es direkt vor meiner Tür zu entdecken gab, was mir zuvor verborgen geblieben war. Schnell merkte ich, dass ich auf diese Weise nicht nur neue Wege und Regionen meiner Heimat kennenlernte, sondern auch ganz neue Erfahrungen machen durfte. An einem Tag begegnete mir sogar ein Schwarzspecht und an einem anderen durfte ich einen Fuchsschädel entdecken. Beides war vollkommen neu für mich und ich hatte nicht einmal gewusst, dass es in meiner Umgebung überhaupt Schwarzspechte gab.

ABENTEUER HEIMAT

Je besser ich meine Heimat durch diese Aktionen kennenlernte, desto kreativer musste ich bei der Wahl meiner Strecken werden, wodurch ich mir immer neue Areale erschloss. Obwohl ich durch meine Arbeit viel unterwegs war, kannte ich mindestens 50 Prozent der Orte in meiner unmittelbaren Umgebung nur zum Teil oder gar nicht und lernte sie erst durch dieses geniale Spiel kennen. Durch dieses Spiel habe ich einen vollkommen neuen Zugang zu meiner Heimat gefunden. Besonders schön ist daran auch, dass man es jeden Tag spielen und in die gewöhnlichen Tagesabläufe integrieren kann. Ich habe es zum Beispiel oft auf dem Weg zur Arbeit oder zum Einkaufen genutzt. Achten Sie aber darauf, dass Sie genügend Zeit für die Umwege einplanen, wenn Sie dieses Abenteuer in Ihren regulären Tagesablauf einbetten. Ich habe damit auch einige Male den Zorn meiner Kollegen auf mich gezogen, weil ich über eine Stunde zu spät kam. Die Entschuldigung: »Tut mir leid, aber wenn ich rechtzeitig gekommen wäre, hätte ich eine Straße nehmen müssen, die ich schon einmal gegangen bin!«, kam nicht so gut an, wie ich erhofft hatte.

VARIATIONSMÖGLICHKEITEN

Wenn es nach einiger Zeit unmöglich werden sollte, beispielsweise auf Ihrem Weg zur Arbeit jedes Mal eine völlig neue Strecke zu nehmen, können Sie die Aufgabe auch etwas abwandeln. Zum Beispiel können Sie sie durch die Regel ergänzen, dass Sie einen Weg nicht zweimal auf die gleiche Weise gehen dürfen. Sie können dann bekannte Teilstrecken rückwärtsgehend, auf allen Vieren kriechend, Purzelbaum schlagend oder im Handstand zurücklegen. Auch hierbei sind Ihrer Kreativität natürlich wieder keine Grenzen gesetzt.

Sie können die Idee des Spiels auch auf andere Lebensbereiche übertragen und anstelle neuer Wege auch neue Gewohnheiten ausprobieren. Hier einige Beispiele:

- Essen Sie in der Stadt nur noch in Restaurants, in denen Sie noch nie zuvor waren.
- Bestellen Sie nur noch Gerichte, die Sie nie zuvor gegessen haben.
- Nutzen Sie am Telefon oder auf der Straße keine Begrüßung, die Sie schon einmal verwendet haben.

Sehr gut lassen sich auch verschiedene Varianten miteinander kombinieren. Ich habe es beispielsweise eine Weile lang so gemacht, dass ich jedes Mal neue Restaurants, Bäckereien oder Metzgereien ausprobiert habe, wenn diese zufällig auf einem der neuen Wege lagen, die ich wegen des Spiels gehen musste. Auch habe ich angefangen, einen Fotoapparat mitzunehmen und Bilder von schönen oder außergewöhnlichen Plätzen zu machen, die ich auf diese Weise entdeckte. Plötzlich war dadurch alles so spannend und neu in meiner Heimat, dass eine richtige Fotokollektion entstand.

3. ESCAPE-ROOM

Indoor

Schwierigkeitslevel: leicht

Dauer: 60 Minuten

Kosten: pro Person 16 bis 25 Euro

Ort: deutschlandweit in größeren Städten

Ausrüstung: keine

Gut zu wissen!

Dieses Abenteuer kann man nur als Gruppe bestehen!

Wecken Sie den inneren Sherlock Holmes in sich und lösen Sie knifflige Rätsel gemeinsam mit Ihren Freunden. Das Gute daran ist, dass Sie ein Escape-Room-Abenteuer auch noch am Abend erleben können, wenn für die meisten anderen Aktionen keine Zeit mehr ist. Außerdem gibt es Escape-Rooms bereits in vielen großen Städten, sodass Sie leicht ein passendes Abenteuer in Ihrer näheren Umgebung finden können.

Das Prinzip hinter dem Escape-Room oder auch »Exit Game« ist immer dasselbe: Fremde Leute, Freunde, Bekannte oder Kollegen treffen sich in einem Ihnen unbekannten Raum und werden dort »eingesperrt«. Nachdem die Tür ins

Schloss gefallen ist, haben sie genau eine Stunde Zeit, um hinter die Geheimnisse zu kommen, die sich im Raum verbergen, und um sich selbst wieder daraus befreien zu können. Nur wenn Sie alle Rätsel lösen, können Sie den Raum als Sieger verlassen.

Wer einen Escape-Room besucht, erlebt wahrscheinlich eines der spannendsten Rätsel seines Lebens. Um es zu lösen, braucht es eine feine Beobachtungsgabe, Kreativität, logisches Denkvermögen und vor allem eine gute Teamfähigkeit. Als Einzelkämpfer werden Sie hier nicht weit kommen: Nur als Gruppe haben Sie eine Chance, das knifflige große Rätsel zu lösen. Wer die Rätsel im Escape-Room löst, verlässt den Raum mit einem Glücksgefühl und voller Euphorie, weil man die anderen schlauen Köpfe besiegen konnte.

4. EXPEDITION IN DIE »WEITE WELT«

Outdoor

Schwierigkeitslevel: sehr einfach

Dauer: Tagesausflug

Kosten: Spritkosten

Ort: im gesamten deutschsprachigen Raum

Ausrüstung: keine

Gut zu wissen!

Sie können im Internet nach den skurrilsten Namen recherchieren.

Als ich noch jung war, hatten wir nicht so viel Geld, dass wir permanent in die weite Welt reisen konnten. Zum Glück kam Stefan, ein guter Freund von mir, damals auf die witzige Idee, dass wir die Welt in Deutschland bereisen könnten. Warum eigentlich nicht? Schließlich gibt es in Deutschland Orte mit Namen wie »Kalifornien« und »Brasilien«. Hätten Sie das gewusst?

Irgendwann haben wir uns regelrecht duelliert und versuchten, die ausgefallensten Ortsnamen aus ganz Deutschland zu recherchieren. In Hamburg findet man zum Beispiel die »Herrlichkeit«, in Lüneburg kann man »Auf dem Meer« spazieren gehen und in der Nähe von Hannover gelangt man ins »Himmelreich«.

Zunächst ging es uns darum, an diesen Orten »Urlaub« zu machen. Wer konnte schon behaupten, am Nachmittag kurz einmal einen Abstecher nach Kanada oder Grönland gemacht zu haben oder am Wochenende für einen Ausflug nach Betlehem gefahren zu sein? Wenn man will, kann man auf diese Weise an nur einem Wochenende eine regelrechte Weltreise machen, ohne Deutschland dabei auch nur einmal zu verlassen. Wer dafür nicht die Zeit hat, kann auch einfach nach Schleswig-Holstein fahren und dort in nur wenigen Stunden zu Fuß die »Welt« umwandern.

Später ergänzten wir das Spiel mit der Herausforderung, eine passende Aufgabe an den entsprechenden Orten lösen zu müssen. In »Linsengericht« bereiteten wir uns ein Linsengericht auf unserem Gaskocher zu, im Dörfchen »Lachen« starteten wir einen Witzemarathon und im Ort »Petting« – ach, naja, man muss hier auch nicht alles erzählen!

Der Punkt ist: Dieses Mikroabenteuer zeigt Ihnen, dass Sie nicht unbedingt die weite Welt sehen müssen, um großartige Dinge zu erleben und jede Menge Spaß zu haben. Denn oft verbergen sich hinter den skurrilsten Ortsnamen tatsächlich schöne und sehenswerte Plätze, an denen man spannende Abenteuer erleben kann. Mehr noch: Es kam damals sogar vor, dass wir aufgrund eines Trips an einen Ort, den wir nur aufgrund seines skurrilen Namens besucht hatten, großartige Menschen kennenlernten, mit denen sich dann langjährige Freundschaften entwickelt haben.

VARIATIONSMÖGLICHKEITEN

Legen Sie ein Thema fest und suchen Sie dafür passende Ortsnamen heraus, die Sie dann bereisen. Sehr gut funktionieren dabei die folgenden Kategorien:

- Länder und Regionen
- Tiere
- Beleidigungen und Flüche
- Lebensmittel
- Tätigkeiten

Finden Sie Ortsnamen, die man mit einer Aktion verbinden kann. Führen Sie die jeweilige Aktion vor Ort aus. Achtung: Orte wie »Kotzen«, »Brechen« oder »Jucken« versprechen in diesem Zusammenhang wohl deutlich weniger Spaß als »Singen«, »Sonnen« oder »Essen«.

UNNÜTZE HINTERGRUNDINFORMATION

Für die Bewohner der entsprechenden Orte ergeben sich aus den skurrilen Namen sowohl Vor- als auch Nachteile. So machen Briefe, die im deutschen Dorf »Kanada« landen sollen, nicht selten einen Umweg über Nordamerika, bis sie an ihrem eigentlichen Bestimmungsort ankommen. Die Bewohner des nordösterreichischen Dorfes »Fucking« hingegen freuen sich seit Jahren über regelrechte Tourismusströme, die das Dorf besuchen, obwohl es hier außer dem lustigen Ortsschild eigentlich nichts zu sehen gibt. Ein genialer Marketingstratege kam zudem auf die Idee, eine eigene Biersorte mit dem Namen »Fucking Hell« zu entwickeln, die seitdem zu einem wahren Kassenschlager geworden ist.

5. KINOABEND UNTER DEM STERNENHIMMEL

Outdoor

Schwierigkeitslevel: leicht

Dauer: 2 bis 4 Stunden

Kosten: Leihgebühren für Filme, Ausgaben für Süßigkeiten und Getränke

Ort: Im eigenen Garten oder im Garten von Freunden

Ausrüstung: Beamer, Leinwand oder ein großes weißes Tuch, Filme

Gut zu wissen!

Achten Sie auf Ihre Nachbarn, sodass Sie keinen Angriffspunkt für Lärmbelästigung bieten. Laden Sie die Nachbarn am besten einfach mit ein oder geben Sie ihnen Bescheid.

Ein besonderes Highlight im Jahr war immer der Open-Air-Kinomonat bei meinen Freunden. Sie haben sich einfach ein großes weißes Tuch geschnappt, an der Hauswand befestigt und den Beamer aus dem Wohnzimmer entführt. Noch ein paar Stühle, Popcorn, Nachos und leckere Getränke – und schon konnte in der heißesten Phase des Jahres der Kinomarathon beginnen. Zweimal in der Woche trafen wir uns und schauten einen alten Film an. Dabei haben wir uns immer wieder ein bestimmtes Thema oder Genre rausgesucht, nach dem wir die Filme ausgewählt haben. So gab es beispielsweise den Horrorfilm-Sommer, den Liebeskomödien-Sommer oder den Fantasy-Sommer.

In einem Sommer haben wir uns alle James-Bond-Filme der Reihe nach angesehen – beginnend von 1962 bis heute. Was für ein Epos! Man erkannte deutlich, wie sich die Technik durch die Jahre verändert hat und wie sich die Actionszenen gewandelt haben. Für uns war es nicht nur ein Kino-Event, sondern zugleich auch ein Blick in die Vergangenheit. Zu sehen, was uns James Bond schon Jahre zuvor darüber verraten hat, welche Technik später tatsächlich in die heutige, moderne Welt kommen würde, war dabei genauso spannend wie die Filme selbst. In diesem Sommer haben wir uns jeden Abend getroffen und einen Film angesehen, sofern es das Wetter zugelassen hat. Oft muss man einfach nur etwas verrückt sein – und schon kann etwas ganz Tolles daraus entstehen.

In einem anderen Jahr haben wir uns dazu entschlossen, eine komplette Serie zu schauen. Wenn es mal wieder besonders spannend wurde, konnten wir erst aufhören, nachdem wir vier oder fünf Folgen an einem Abend geschaut hatten. Wir mussten uns regelrecht dazu überreden, irgendwann in der lauen Sommernacht doch noch ins Bett zu gehen.

6. WERDEN SIE PALÄONTOLOGE

Outdoor

Schwierigkeitslevel: leicht

Dauer: 2 bis 6 Stunden

Kosten: Eintritt oder keine Kosten

Ort: Steinbruch

Ausrüstung: Hammer, Meißel, Arbeitshandschuhe, Schutzbrille

Gut zu wissen:

In den meisten Fällen darf man Fossilien und Mineralien frei sammeln. Es gibt jedoch auch Fundorte, wo es eventuell gesetzeswidrig ist. Hier müssen

Sie auf die lokalen Bestimmungen und das persönliche Eigentum achten. Wenn man die Bestimmungen verletzt, kann es zu Geldstrafen oder zu einer Verwarnung kommen. Eine Freiheitsstrafe kann nur verhängt werden, wenn das Sammeln von Fossilien und Mineralien gewerblich geschieht. Offizielle Sammelstellen sind jedoch immer unbedenklich. Beachten Sie, dass es hierfür im Ausland unter Umständen verschärfte Regeln geben kann. Das gilt vor allem für Länder, die aufgrund ihrer archäologischen und paläontologischen Fundstellen berühmt sind und ihren Tourismus darauf aufbauen.

»Ich habe ein Fossil gefunden«, meinte Tobias zu mir, als wir am Boden saßen und ein Wurstbrot auf unserer Weltreise aßen. Er hielt voller Stolz ein faustgroßes Stück sandbraunes Gestein in die Höhe, in das eine dunkle, geriffelte längliche Form eingebettet war. Als wir den Stein genauer inspizierten, stellten wir fest, dass es sich um ein Muschelfragment handelte. Sofort fühlte ich mich an meine Kindheit erinnert, denn bei uns gab es den Donnerkeilhügel. Hier waren unzählige Fossilien und als Kinder spielten wir wochenlang Forscher. Wir durchpflügten den Boden mit Grabwerkzeugen und schauten nach, ob wir irgendwo noch Fossilien finden konnten. In meinem ganzen Leben hat der Trigger, Fossilien finden zu wollen, angehalten. Früher habe ich sie alle gesammelt. Heute freue ich mich über die Fossilien, die ich finden darf, und kann sie ohne ein schlechtes Gefühl liegen lassen. Wenn man als Wanderer weiß, dass man alles tragen muss, was man mitnehmen möchte, ist man sehr schnell bereit, keine Steine mehr in den Rucksack zu packen.

Wer ein Fossilienjäger werden will, muss zunächst recherchieren, wo man die besten Versteinerungen finden kann. In meiner Heimatregion war zum Beispiel das Altmühltal eine Gegend, in der man sehr leicht wunderschöne Fossilien finden konnte. Bei Franz gab es einige Steinbrüche und Tongruben in der Nähe seiner Heimat. Einige waren stillgelegt und anschließend für die Öffentlichkeit zugänglich gemacht worden. Andere waren noch in Betrieb, boten Besuchern jedoch an zwei oder drei Terminen im Jahr die Möglichkeit, zum Fossiliensuchen vorbeizukommen. Wer wollte, konnte dafür dann sogar eine kleine Paläontologen-Ausrüstung – bestehend aus einem Hammer, einem Meißel und Sammelbeuteln – bekommen. Mehr benötigen Sie auch nicht, um loslegen zu können. Vor allem, wenn Sie Kinder haben, sollten Sie bei der Fossiliensuche aber sehr viel Zeit einplanen. Sie glauben gar nicht, wie die Kleinen von solch einem Abenteuer angespornt sein können.

WO FINDE ICH DIE SCHÖNSTEN SAMMELSTELLEN IN DEUTSCHLAND?

Prinzipiell können Sie überall suchen, wo es Ablagerungsschichten gibt. Da man in Deutschland aber nicht überall sammeln darf, bieten sich die altbewährten Stellen an. Vor allem mit Kindern ist es besonders gut, wenn man weiß, dass es fast eine Erfolgsgarantie gibt, wenn man zu einem einschlägig bekannten Steinbruch geht.

Um auch außerhalb von Steinbrüchen auf eigene Faust Fossilien finden zu können, muss man natürlich wissen, welche Art von Gestein nötig ist, damit sie überhaupt entstehen können. Hierbei handelt es sich um sogenanntes Sedimentgestein. Das sind Steine, die mithilfe von hohem Druck aus feinen Partikeln gepresst wurden Dazu gehören beispielsweise Sandstein und alle Arten von Schiefergesteinen.

Am erfolgreichsten kann man in Deutschland vor allem im Norden und an der Ostseeküste Fossilien sammeln. Außerdem in Teilen von Bayern und in Baden-Württemberg, dort haben Sie ebenso sehr hohe Chancen, wirklich schöne Fossilien zu finden. Googeln Sie einfach eine Runde nach den Begriffen »Fossilien« und »Steinbruch« – und Sie werden sehen, dass auch in Ihrer Nähe die Fossilienjagd nicht ausgeschlossen ist.

7. SITZPLATZ – DER WALDFERNSEHER

Outdoor

Schwierigkeitslevel: leicht

Dauer: 1 bis 3 Stunden

Kosten: keine

Ort: Wald in der Nähe des eigenen Wohnorts

Ausrüstung: Sitzkissen und Tierfutter

Gut zu wissen!

Sie sollten nur Tierfutter verwenden, das zum einen bekömmlich für die Tiere ist und zum anderen auch von Jägern genutzt werden würde.

Der Sitzplatz sollte außerhalb eines Naturschutzgebietes sein.

Als ich mich als Jugendlicher auf den Weg gemacht habe, wieder heimisch in der Natur zu werden, habe ich von einem Wildnismentor von einer spannenden Übung erfahren. Der Name ist so einfach wie bezeichnend – ein Sitzplatz im Wald. Er sagt genau das aus, was man auch wirklich macht: Man sitzt einfach nur im Wald. Also nahm ich meine Sitzunterlage mit und suchte mir einen persönlichen Sitzplatz, der so weit von der Zivilisation entfernt war, sodass er vollkommen harmonisch war und ich auch keinen Stadt- oder Verkehrslärm hörte. Die Aufgabe, die mein damaliger Mentor stellte, war: »Werde zu einem Teil der Natur.« Natürlich hatte ich einige Fragen und wollte wissen, wie mich denn die Waldbewohner akzeptieren könnten, dass ich im Wald nicht mehr als Fremdkörper wahrgenommen werde, sondern als ein harmonischer Bestandteil. Denn ich hatte schon oft in der Natur gesessen, aber es gab wahrlich nicht viel zu sehen.

Mein Mentor meinte damals zu mir: »Schleim dich ein! Jeder mag Geschenke.« Also verstreute ich rund um meinen Sitzplatz allerlei Leckereien aus. Ich brachte Äpfel, Nüsse, Kastanien und vieles mehr mit. Die Tiere sollten wissen, dass ich kein Feind bin. Ich wollte ihnen zeigen, dass ich nur ein Zuschauer bin, der Waldfernsehen gucken will.

Nach drei Wochen war es soweit: Da ich jeden Tag eine Stunde im Wald war und die Natur beobachtet habe, kannten mich die Tiere. Sie wussten nun, dass der komisch aussehende Heiko, der dasitzt, ihnen nichts tut. Also verhielten sie sich, als wäre ich gar nicht da. Sie kamen, fraßen meine Geschenke und pinkelten neben mir an einen Baum. So wurde ich ein Teil der Natur. Plötzlich aßen die Rehe direkt neben mir die Äpfel, die ich mitgebracht hatte, und die Feldhasen vernaschten die leckeren Möhren.

Mein Platz wurde immer beliebter – und schon bald konnte ich Eichhörnchen und viele andere Wildtiere aus nächster Nähe beobachten. Irgendwann legte ich auch einige »Spurenfallen« aus. Das sind keine Fallen, mit denen man den Tieren etwas antut oder sie fängt. Es geht lediglich darum, ihre Fußspuren deutlich zu erkennen. Dafür raute ich den Boden auf, sodass er glatt und vor allem leicht einzudrücken war. In die Mitte legte ich dann immer wieder verschiedene Leckerbissen, die jeweils bei anderen Tierarten auf dem Speiseplan standen. An jedem Tag fand ich neue Abdrücke von interessanten Tieren in meinen Fährtenfallen. Daraufhin studierte ich mit einem Buch die Tierspuren Europas. Denn ich wollte herausfinden, welche Tiere in der Nacht bzw. während meiner Abwesenheit meinen Platz besucht hatten. Mit der Zeit lernte ich sogar, warum sich welche Tiere wie verhielten.

Eine spannende Randerscheinung war zudem, dass der Sitzplatz zugleich auch mein Platz der Meditation wurde. Denn ich wurde automatisch ruhiger und bin bei mir selbst angekommen. Der Stress des Alltags fiel immer leichter von mir ab und ich war nur noch im Hier und Jetzt. Das Beste, was Sie für Ihren Geist und Ihren Abenteuertrieb tun können, ist einen Sitzplatz zu schaffen, an dem Sie die Natur beobachten dürfen.

WIE SIEHT MEIN IDEALER SITZPLATZ AUS?

Folgende Voraussetzungen sollte Ihr Sitzplatz erfüllen, damit Sie ihn regelmäßig nutzen können und er Ihnen Freude bereitet:

- Er sollte innerhalb von 20 Minuten von Ihrem zu Hause aus erreichbar sein, da die Routine, den Sitzplatz zu besuchen, sonst zu schnell im Alltag untergehen wird.
- Er sollte zu jeder Tages- und Nachtzeit sowie zu jeder Jahreszeit erreichbar und nutzbar sein.
- Er sollte sich nicht direkt an einem Waldweg oder einem Wanderweg befinden, um zu vermeiden, dass Sie zu oft von Menschen gestört werden, die dann auch Ihre tierischen Besucher vertreiben.
- Er sollte etwas versteckt liegen, aber dennoch so, dass Sie Ihre Umgebung gut beobachten können. Optimal ist ein Platz am Rand einer Lichtung im Wald, sodass Sie die Tiere im Unterholz, aber auch auf der Freifläche beobachten können.

8. TIERMAGNET

Outdoor

Schwierigkeitslevel: leicht

Dauer: 2 bis 4 Stunden

Kosten: 5 Euro für Vogelfutter

Ort: An einem schönen, ungestörten Platz in der Natur

Ausrüstung: Vogelfutter oder Leckereien für die anzulockende Tierart.

Gut zu wissen!

Tiere sind in der Regel viel feinfühliger als wir Menschen und spüren sehr genau, mit welcher Absicht ihnen ein anderes Geschöpf begegnet. Je entspannter und friedlicher Sie also sind, desto mehr werden Ihnen die Tiere vertrauen und sich Ihnen nähern.

Der Tiermagnet gehört zu meinen Lieblingserlebnissen, da er ganz besondere, berührende und tiefgehende Begegnungen ermöglicht. Es ist ein sehr schönes Mikroabenteuer für all diejenigen, die eine Kombination aus Abenteuer, Training für den Geist und tiefer Entspannung suchen.

Ich habe den Tiermagnet als Aufgabe aus dem Coyote-Teaching während meiner Ausbildung zum Wildnismentor kennengelernt. Das Ziel war es, in einen tieferen Kontakt mit der Natur zu kommen und vom »Fremdkörper« zu einem Teil der Waldgemeinschaft zu werden.

Die Herausforderung besteht darin, sich ruhig auf eine Isomatte zu legen, Vogelfutter auf seinen Bauch zu streuen und abzuwarten, wann der erste Vogel sich traut, das Futter von Ihrem Bauch zu picken. Wenn Sie innerlich sehr unruhig sind oder einen unsteten Geist haben, werden keine Vögel kommen. Ich selbst durfte diese Übung das erste Mal bei einem Medizinmann aus Oklahoma trainieren, der nach Deutschland gekommen war, um sein Wissen an eine Handvoll Schüler weiterzugeben. Um das Treffen nicht zu verpassen, hatte ich alle meine Geschäftstermine im Eilverfahren abgehakt und war wie ein Verrückter nach der Arbeit direkt in den Wald gerast. Während ich mit dem Vogelfutter auf meinem Bauch dalag und von sämtlichen Vögeln im Umkreis ignoriert wurde, spürte ich, wie immer mehr Ärger und Enttäuschung in mir aufstiegen. Warum wollten diese kleinen Biester nichts von mir wissen? Schließlich kam mein Mentor vorbei und meinte nur lachend: »Na, vertreibst du die Vögel recht gut mit deinen hektischen Gedanken?« Ich brummte ihn verärgert an, musste aber einsehen, dass er recht hatte. Erst als ich es schaffte, mich zu entspannen, den Stress des Tages loszulassen, und aufhörte, die Vögel in meinem Geist dazu zu drängen, etwas zu fressen, kamen sie langsam näher. Doch jetzt vertrieb ich sie, weil ich sie sofort anstarrte, als sie sich zeigten. Schließlich gelang es mir, im Weitwinkelblick zu bleiben, also die Vögel nicht mehr zu fokussieren, sondern einfach alles um mich herum gleichermaßen wahrzunehmen. Nun spürte ich, wie mein Geist wirklich friedlich wurde. Ab diesem Moment war das Futter auf meinem Bauch kein Bestechungsversuch mehr, der die Vögel gegen ihren eigentlichen Willen zu mir locken sollte. Es war eine ernst gemeinte Einladung, die sie annehmen konnten, oder auch nicht, ganz, wie sie wollten. Mit einem Mal kamen die Vögel nun zu mir und fühlten sich auf meinem Bauch pudelwohl.

GEDULD ZAHLT SICH AUS

Beginnen Sie diese Übung am besten in einem Park, einem Garten oder einem Stadtwald, in dem die Tiere bereits an Menschen gewöhnt sind und wo sie häufig gefüttert werden, sodass sie bereits recht zutraulich sind. Erwarten Sie dabei weder von sich noch von den Vögeln in Ihrer Umgebung irgendetwas. Beobachten Sie einfach entspannt, was passiert. Wenn es im Park oder in Ihrem Garten einige Male geklappt hat, probieren Sie es an abgelegeneren Orten, an denen die Tiere normalerweise nur wenig bis keinen Kontakt zum Menschen suchen. Nehmen Sie sich dafür Zeit und seien Sie nicht enttäuscht, wenn es nicht funktioniert. Im schlimmsten Fall haben Sie eine erholsame Pause auf einer schönen Lichtung im Wald gemacht und zugeschaut, wie sich die Baumwipfel im leichten Wind wiegen. Auch wenn noch keine Tiere auf Sie zugekommen sind, haben Sie diese bereits wahrgenommen und beobachtet. Kehren Sie immer wieder an denselben Ort zurück und wiederholen Sie die Übung. Irgendwann werden die Tiere merken, dass Sie ihnen nichts tun wollen, sondern immer nur friedlich daliegen. Streuen Sie dabei gerne etwas Futter in der Umgebung aus, das sich die Tiere auch dann noch holen können, wenn Sie wieder weg sind. Dadurch machen Sie es den Tieren leichter, Sie als Nahrungsbringer und nicht als Feind zu betrachten. Sie werden erstaunt sein, wie schnell die Tiere zu Ihnen Vertrauen gewinnen und Ihnen schon bald aus der Hand bzw. vom Bauch fressen.

VARIATIONSMÖGLICHKEITEN

Vielleicht kennen Sie ja auch einige Plätze, an denen sich viele Eichhörnchen tummeln. Dann können Sie die Übung mit Nüssen ausprobieren und schauen, ob auch die Eichhörnchen auf Ihren Bauch hüpfen. In den Monaten, in denen ich, wie eingangs beschrieben, neben meiner Arbeit im Wald gelebt habe, kamen hin und wieder sogar Feldhasen, Wildkaninchen, Siebenschläfer und andere niedliche Waldbewohner, um sich beim Schlafen an mich zu kuscheln oder um von meinen Nahrungsvorräten zu naschen. Einmal hat sogar ein Reh an meiner Laubhütte geknabbert, während ich darin lag.

STEIGERUNGSMÖGLICHKEITEN

Wenn die Übung mithilfe von Vogelfutter oder Nüssen bereits gut klappt, können Sie auch versuchen, selbst zu einem Tiermagneten zu werden. Lassen Sie dabei das Futter weg und laden Sie die Tiere in Ihrem Geiste ein, Sie zu besuchen und sich zu Ihnen zu gesellen. Wichtig ist, dass Sie auch hierbei niemanden drängen, sondern eine echte Einladung aussenden, die die Tiere annehmen können, aber nicht müssen. Je friedlicher Ihr Geist dabei ist und je mehr Sie sich selbst als Teil der Natur wahrnehmen, desto leichter wird es auch den Tieren fallen, Sie als einen der ihren in ihrer Mitte aufzunehmen.

9. BIER-WELTREISE

Outdoor

Schwierigkeitslevel: Leicht

Dauer: 4 bis 6 Stunden

Kosten: Bier, Becher und Tischtennisbälle

Ort: Heimat

Ausrüstung: In vielen Onlineshops gibt es Bier-Weltreise-Boxen und Bier-Pong-Sets, Feuerschalen, Grillgut und alles, was man sonst noch zum Grillen braucht.

Gut zu wissen!

Dies ist ein unterhaltsames Abenteuer, bei dem man als Gruppe noch mehr zusammenwachsen und gemeinsam jede Menge Spaß haben kann. Achten Sie jedoch darauf, dass im Zusammenhang mit Alkohol immer Vorsicht geboten ist und dass keiner der Teilnehmer im Anschluss mit dem Auto fahren sollte. Falls Sie kein Bier oder generell keinen Alkohol trinken, lässt sich das Abenteuer auch als »Weltreise« mit anderem Themenschwerpunkt gestalten (siehe Variationsmöglichkeiten).

Laden Sie Ihre Freunde zu einer außergewöhnlichen Bier-Weltreise ein. Dies kann ein unvergesslicher Trip mit viel Spaß werden. Machen Sie hierfür ein großes Lagerfeuer und grillen Sie wie echte Survivals direkt auf der Glut – Grillen auf einem Rost ist schließlich etwas für Anfänger! Kratzen Sie einfach die Kohlen vom fertig gegarten Steak ab und rauf auf den Teller. Das funktioniert übrigens auch hervorragend mit Kartoffeln, Roter Bete und anderem Wurzelgemüse.

WIE FUNKTIONIERT DIE BIER-WELTREISE?

Um die Bier-Weltreise beginnen zu lassen, brauchen Sie die 24 bekanntesten Biersorten der Welt. Ihre Gruppe darf nun beim »Beertasting« geschmacklich einmal um die Welt reisen. Mit einer Kreidetafel oder einem Flipchart halten Sie fest, wem welches Bier am besten geschmeckt hat. Jedes Bier wird bei diesem Abenteuerspiel mit 0 bis 10 Punkten bewertet. Das Bier, das am Ende die meisten Punkte hat, ist der Sieger. Es gilt offiziell als das beliebteste Weltreise-Bier der Gruppe.

Aber das ist noch längst nicht alles! Sobald Sie das beste Bier gekürt haben, wartet nächstes Wochenende schon die nächste Sause auf Sie. Da Sie jetzt ausreichend gefachsimpelt haben, welches Bier das Beste ist, geht es dieses Wochenende ans Bierbrauen. Hierzu gibt es tolle Bierbrau-Sets für zu Hause. Mit den Sets können Sie als Gruppengag Ihr eigenes Bier in den eigenen vier Wänden brauen. Wenn das noch nicht genug sein sollte, können Sie mit dem Beer-Pong-Set auch noch den legendären Film Hangover nachspielen und die schlüpfrigsten Details über Ihre Freunde und Freundinnen herausfinden. Für jeden Bier-Fan ein absolut unvergessliches Mikroabenteuer.

VARIATIONSMÖGLICHKEITEN

Wenn Sie kein Bier mögen, können Sie stattdessen auch eine Wein-Weltreise machen. Dadurch ändert sich dann natürlich der ganze Stil der Veranstaltung. Falls Sie keinen Alkohol trinken, gibt es alternativ auch Boxen für eine Kaffee-Weltreise, eine Tee-Weltreise, eine Süßigkeiten-Weltreise oder eine Gewürz-Weltreise. Mit ein bisschen Suchen und ein paar guten Ideen stoßen Sie sicher noch auf viele weitere Weltreise-zu-Hause-Pakete.

10. UNTER DEN STERNEN SCHLAFEN

Outdoor

Schwierigkeitslevel: leicht

Dauer: 1 Nacht

Kosten: keine

Ort: Heimatnähe, möglichst außerhalb stark besiedelter Gebiete, da Sie sonst wegen der »Lichtverschmutzung« nicht viel am Himmel sehen werden.

Ausrüstung:

- Schlafsack
- Isomatte
- Biwaksack

Gut zu wissen!

Achten Sie bitte darauf, dass Sie Ihre Schlafausrüstung den zu erwartenden Außentemperaturen anpassen, sodass Sie eine erholsame Nacht haben können.

Wildes Campen mit einem Zelt ist in Deutschland verboten. Das Biwakieren, also das Schlafen unter freiem Himmel, ist jedoch nicht von diesem Verbot betroffen. Dabei darf in allen Bundesländern außer Berlin auch ein Tarp bzw. eine Schutzplane benutzt werden.

In meinem Leben habe ich circa 1500 Nächte im Freien verbracht – und egal, wie oft ich schon draußen geschlafen habe, die Sterne faszinieren mich immer wieder. Es ist einfach unglaublich entspannend, den Vögeln zu lauschen, wenn gerade die

Sonne hinter dem Firmament untergeht und die Nachtschicht die Tagschicht im Wald oder an der Küste ablöst. Plötzlich wird alles ganz ruhig. Es ist nicht mehr Tag, aber auch noch nicht Nacht. Es ist die Zeit, in der der tiefste Frieden im Wald herrscht. Dick eingemummelt in Schlaf- und Biwaksack beobachtet man voller Faszination die Sterne und spürt dabei die unvorstellbare Größe des Universums.

Mit einem richtigen Winterschlafsack ist das auch in der kalten Jahreszeit ein tolles Erlebnis, wenn man kuschelig warm eingepackt daliegt und zusieht, wie der Hauch des eigenen Atems in der glasklaren Luft der Winternacht emporsteigt.

Damit das Biwakieren im Wald, auf einem Berg oder am Strand auch wirklich ein Erfolg werden kann, gibt es einiges zu beachten. Im Folgenden haben wir Ihnen daher die wichtigsten Hinweise und Tipps zusammengestellt.

WARUM SOLLTE ICH AUF DIE KOMFORT-TEMPERATUR BEI MEINEM SCHLAFSACK ACHTEN?

Der Komfort-Bereich (T comf) wird auf fast allen Schlafsäcken angegeben. Dieser zeigt an, bei welcher Temperatur die »Norm-Frau« noch nicht friert, wenn der Schlafsack und die Kapuze zugezogen sind. Die Komfort-Temperatur sagt also aus, dass man bis zu dieser Temperatur komfortabel schlafen kann. Der untere Grenzwert (T lim) zeigt an, bis zu welcher Temperatur der »Norm-Mann« noch gemütlich schlafen kann. Oft aber achten die Käufer eines Schlafsackes auf den falschen Wert und orientieren sich zumeist am »Extrembereich« (T ext). Bei diesem Wert geht es für die »Norm-Frau« aber nur noch ums blanke Überleben. Falls Sie also diesen Temperaturbereich als Kriterium gewählt haben und sich darauf verlassen, dass der Schlafsack Sie bis zu diesem Temperaturbereich wärmen wird, kann es sein, dass Sie kein Auge zumachen werden und eine herbe Enttäuschung erleben. Der T ext-Wert gibt lediglich die Temperatur an, bei der Sie in dem Schlafsack wahrscheinlich noch ohne ernsthafte Erfrierungen überleben können. Dazu sollte man auch wissen, dass Schlafsackhersteller zumeist sehr optimistisch sind, was die Fähigkeiten ihrer Produkte anbelangt. Immerhin wollen sie diese ja auch verkaufen und die Temperaturgrenzen gehören zu den Hauptkriterien, warum sich jemand für einen Schlafsack entscheidet oder nicht. Es ist daher ratsam, immer ein paar Minusgrade abzuziehen, um auf der sicheren Seite zu sein. Wir selbst haben uns angewöhnt, nur auf die Komfort-Temperatur zu achten und diese so zu wählen, dass sie ein gutes Stück unterhalb der erwarteten Tiefsttemperaturen liegt.

Achtung: Daunenschlafsäcke haben bei gleichem Packmaß und Gewicht in der Regel eine deutlich stärkere Wärmeleistung wie Kunstfaserschlafsäcke. Allerdings haben Daunenschlafsäcke den Nachteil, dass sie nur wärmen, solange sie nicht feucht werden. Wenn Sie mit Ihrem Schlafsack also im Freien übernachten wollen, brauchen Sie entweder einen Kunstfaserschlafsack oder aber einen Daunenschlafsack in Kombination mit einer Regenhülle oder einem Biwacksack, der verhindert, dass der Schlafsack nass wird.

WAS GIBT DER R-WERT EINER ISOMATTE AN?

Der R-Wert ist ein Maßstab für den Wärmedurchgangswiderstand eines Materials. Er gibt also an, wie gut Ihre Isomatte Sie vor dem kalten Boden schützt. Sie können einen noch so guten Schlafsack haben: Wenn Sie eine ungeeignete Discounter-Isomatte gekauft haben, wird Sie diese nicht vor der Kälte im Boden schützen und Sie werden selbst im besten Schlafsack frieren. Dabei ist ein kalter Boden der sichere Tod jedes gemütlichen Schlafes im Freien. Deshalb sollten Sie unbedingt daran denken, eine Isomatte mit einem guten R-Wert zu benutzen.

Faustformel: Je höher der R-Wert ist, desto höher die Dämmleistung und umgekehrt.

Je nachdem, ob Sie im Frühjahr, Sommer, Herbst oder Winter draußen schlafen wollen, müssen Sie die Materialien immer dementsprechend anpassen. Isomatten mit einem höheren R-Wert bieten zudem auch noch einen höheren Schlafkomfort als Matten mit einem niedrigeren R-Wert. Zudem ist die Lebensdauer von Daunenschlafsäcken in der Regel deutlich kürzer.

Die optimale Schlafausrüstung für jede Jahreszeit:

- Camping im Frühjahr: 1,5 bis 2,5 R-Wert bis + 2 Grad
- Camping im Sommer: 1,5 bis 2,5 R-Wert bis + 7 Grad
- Camping im Winter: 4,5 bis 5,5 R-Wert bis – 17 Grad
- Ganzjahrescamping: 2,5 bis 3,5 R-Wert bis – 5 Grad
- Winterexpedition: 5,5 bis 6,5 R-Wert bis – 22 Grad

Falls Sie in einem Schlafsack schlafen wollen, müssen Sie sich zunächst fragen: Bin ich ein Heim- oder Zeltschläfer? Wer immer im wohltemperierten Schlafzimmer schläft, friert deutlich schneller, als ein trainierter Mensch, der schon mal 150 Nächte am Stück im Freien verbracht hat. Sie können allerdings schon mal ein bisschen trainieren und nachts mit offenem Fenster schlafen.

Mein Mentor im Bereich Fährtenlesen hat immer gesagt: »Wenn es zu warm ist, kann man den Schlafsack aufmachen, aber wenn es zu kalt ist, dann hilft nur frieren.« Nach diesem Motto lebe ich seit vielen Jahren und habe fast ausschließlich Schlafsäcke, die einen Tick zu warm für das eigentliche Vorhaben sind.

Wenn die Nacht feucht wird und Sie keinen wasserfesten Schlafsack haben, sollten Sie zusätzlich einen Biwaksack verwenden oder ein Tarp über sich aufspannen. So sind Sie auch vor plötzlichen Wettereinflüssen geschützt und können gemütlich Ihre Nacht im Freien verbringen.

Achtung: Gerade Wiesen neigen mitunter zu einer sehr starken Taubildung. Wenn Sie also auf einer Wiese übernachten, muss es nicht unbedingt regnen, um am nächsten Morgen klatschnass zu sein. Ein kleines Schutzdach in Form eines Tarps, oder einer Baumkrone reicht hingegen zumeist aus, um das Tauwasser weitgehend von Ihnen abzuhalten.

11. URBAN GOLF DAY

Outdoor

Schwierigkeitslevel: leicht

Dauer: 2 bis 4 Stunden

Kosten: keine

Ort: urbanes Gelände

Ausrüstung: Golfschläger oder etwas Ähnliches – beispielsweise Hockeyschläger oder Eishockeyschläger sowie Golfball, Squashball, Tennisball oder etwas Ähnliches

Gut zu wissen!

Beim Urban Golf darf kein Hausfriedensbruch begangen und nichts beschädigt werden.

Urban Golf ist in einigen Ländern der letzte Schrei und vor allem deshalb so angesagt, weil es mit sehr geringem Aufwand jede Menge Spaß bringen kann. Sie brauchen nur einen Minigolf-, Golf- oder Hockeyschläger und einen Ball, wobei Sie neben handelsüblichen Golfbällen auch einen Squash-Ball, Tennisball oder Airflow-Ball nutzen können.

Urban Golf ist eine Form des Crossgolf. Es wird auf einem urbanen Gelände gespielt – beispielsweise auf einem verlassenen Industriegelände oder in einem städtischen Park. Das Konzept und die Regeln gleichen denen des normalen Golfens, wobei es natürlich keine definierten Golfbahnen gibt. Stattdessen suchen Sie sich im Gelände irgendwo ein Ziel in Form eines Loches, in dem Sie den Ball versenken sollen. Crossgolf wird erst dann richtig spannend, wenn die Location ausgefallen ist. Wir selbst haben in verlassenen Gebäuden, Industriegebieten, quer durch die Wildnis, in Kanälen und über Dächer hinweg gespielt. Je kreativer die Kulisse ist und je schneller der Ball verloren gehen kann, desto spannender wird es. Also schnappen Sie sich Ihre Freunde und suchen Sie sich einen Platz, wo Sie Ihren großen Urban Golf Day in die Tat umsetzen können. Natürlich sollten Sie auch hier das geltende Recht wahren und stets um Erlaubnis fragen.

STEIGERUNGSMÖGLICHKEIT: DIE GOLFREISE

Die wohl abgefahrenste Crossgolf-Aktion aller Zeiten haben Tobias und ich durch eine Begegnung mit einem anderen Weltreisenden in Frankreich kennengelernt. Gemeinsam mit einem Freund hatte dieser zuvor das Projekt »The longest Hole« auf die Beine gestellt. Dabei hatten die beiden die ganze Mongolei zu ihrem persönlichen Golfplatz gemacht. Das Ziel war es, beginnend an der westlichen Grenze, einmal durch das ganze Land zu golfen und dann auf der letzten Bahn des einzigen Golfplatzes einzulochen. Gespielt wurde dabei nach klassischen Golfregeln. Das heißt: Der erste Abschlag wurde von einem Tee gemacht und im Anschluss spielten sie jeden neuen Ball immer von dort aus, wo der letzte liegen geblieben war. Auf diese Weise überwanden sie Gebirge, Steppen und eine Wüste und legten dabei rund 1500 Kilometer zurück.

Es muss natürlich nicht gleich die Mongolei sein, aber diese Idee könnten Sie auch in dünn besiedelten Regionen Europas mit einer frei wählbaren Strecke umsetzen. Achten Sie nur darauf, dass Sie kein Gebiet mit zu vielen Zäunen und Vorgärten erwischen. Anbieten würden sich dagegen große Teile von Spanien und Frankreich oder auch der Balkan, Rumänien und Bulgarien. Skandinavien würde sicher auch gehen, stellt aber aufgrund der vielen Seen und Sumpfgebiete eine deutlich größere Herausforderung dar.

12. DIE »SIXTEEN SUMMITS« ERKLIMMEN

Outdoor

Schwierigkeitslevel: leicht bis hoch – es kommt auf das Terrain an

Dauer: 1 bis 2 Tage

Kosten: Fahrtkosten bis zum Zielort und Verpflegung

Ort: Wunschberg, der erklommen werden soll

Ausrüstung:

Bekleidung:

- Funktionsshirt
- Funktionssocken
- Wanderschuhe
- Wanderhose/Zipp-off-Hose
- Fleecejacke oder Pullover
- Softshelljacke
- Regenjacke und Regenhose

Was brauchen Sie noch?

- Tagesrucksack – 20 bis 30 Liter
- Erste-Hilfe-Set – inklusive Rettungsdecke und Blasenpflaster
- Telefon mit Notfallnummern
- Karte
- Kompass
- Wanderführer
- Stirnlampe
- Bargeld
- Trinkflasche und ausreichend Wasser – mindestens 1,5 Liter
- Proviant

- ◊ Taschenmesser oder Multitool
- ◊ Einen kleinen Müllbeutel
- ◊ Ausweis
- ◊ Persönliche Medikamente – wenn nötig

Material je nach Jahreszeit:

- ◊ Hardshellhose
- ◊ Halstuch
- ◊ Mütze
- ◊ Sonnenhut
- ◊ Sonnenschutz für Gesicht und Körper
- ◊ Handschuhe
- ◊ Wanderstöcke – höhenverstellbar
- ◊ Regenhülle für den Rucksack

Gut zu wissen!

Wenn Sie bisher noch keine Erfahrung mit Bergwanderungen haben, sollten Sie zunächst einfache Touren aussuchen, sodass Sie langsam, aber sicher mit jeder Tour fitter und erfahrener werden.

Eine der größten Herausforderungen für leidenschaftliche Extrembergsteiger und Expeditionsreisende ist es, die »Seven Summits« zu besteigen. Damit sind die sieben höchsten Berge der Welt gemeint. Mit diesem Mikroabenteuer haben Sie die Möglichkeit, Ihr Ego einmal ordentlich aufzupolieren und diese Herausforderung im Handumdrehen zu meistern. Lediglich mit dem kleinen Zusatz, dass Sie nicht die sieben höchsten Berge der Welt, sondern einfach die sieben höchsten Berge in Deutschland oder in Ihrer Region bzw. Ihrem Bundesland erklimmen. Dort finden Sie zwar keinen Mount Everest, aber seien wir doch einmal ehrlich: Wie viele Menschen kennen Sie, die von sich behaupten können, die sieben höchsten Berge Hamburgs oder Schleswig-Holsteins erklommen zu haben?

Okay, wenn man sich den Norden von Deutschland anschaut, mag die Aufgabe schon den einen oder anderen zum Schmunzeln bringen. Doch schlussendlich geht es ja um das Abenteuer und nicht um die zurückgelegten Höhenmeter. Und die unterschiedlichen Höhenlagen in den verschiedenen deutschen Bundesländern bieten Ihnen außerdem die Möglichkeit, den Schwierigkeitsgrad dieses Mikroabenteuers perfekt auf Ihren Erfahrungsschatz abzustimmen. Je nach Geschmack können Sie sich bei diesem Abenteuer eine von zwei verschiedenen Challenges aussuchen oder natürlich auch beide nacheinander machen:

VARIATIONSMÖGLICHKEITEN

A) DIE »SEVEN SUMMITS« DER REGION

Wer die Berge liebt, sollte dieses Spiel unbedingt ausprobieren. Die Aufgabe lautet in diesem Fall, die sieben höchsten Berge in Ihrer Region bzw. in Ihrem Bundesland zu erklimmen. Suchen Sie sich also die sieben höchsten Berge Hessens, Brandenburgs, Baden-Württembergs – oder welches auch immer Ihr Heimatbundesland ist – aus. Beginnen Sie der Reihe nach, diese Berge zu erklimmen. Starten Sie mit dem niedrigsten und steigern Sie sich bis zum höchsten. Es ist natürlich auch erlaubt, eines der anderen Bundesländer zu wählen, wenn Ihnen die Berge in Ihrer Heimatregion zu hoch oder zu niedrig sind.

B) DIE »SIXTEEN SUMMITS« VON DEUTSCHLAND

Diese Spielform verlangt von Ihnen, dass Sie jeweils den höchsten Berg in jedem deutschen Bundesland erklimmen. Wenn das mal kein Abenteuer ist! Beginnen Sie auch hier wieder mit dem niedrigsten und arbeiten Sie sich dann bis zum höchsten Berg vor.

Die jeweils höchsten Gipfel der 16 Bundesländer – aufsteigend sortiert nach ihrer Höhe:

- Erhebung im Friedehorstpark in Bremen – 32,5 Meter
- Erhebung Hasselbrack in Hamburg – 116 Meter
- Arkenberge in Berlin – 120 Meter

- Bungsberg in Schleswig-Holstein – 167 Meter
- Erhebung Helpter Berge in Mecklenburg-Vorpommern – 179 Meter
- Kutschenberg in Brandenburg – 201 Meter
- Dollberg im Saarland – 695 Meter
- Erbeskopf in Rheinland-Pfalz – 816 Meter
- Langenberg in Nordrhein-Westfalen – 843 Meter
- Wasserkuppe in Hessen – 950 Meter
- Wurmberg in Niedersachsen – 971 Meter
- Großer Beerberg in Thüringen – 983 Meter
- Brocken in Sachsen-Anhalt – 1141 Meter
- Fichtelberg in Sachsen – 1214 Meter
- Feldberg in Baden-Württemberg – 1493 Meter
- Zugspitze in Bayern – 2962 Meter

Eine wirkliche Herausforderung sind die meisten Gipfel in Deutschland eher nicht – beispielsweise muss man den Berg oder auch die Erhebung in Bremen regelrecht suchen. Die Zugspitze ist jedoch schon ein ganz anderes Kaliber für Wanderer und Bergsteiger. Hier sollten Sie sich genau über die verschiedenen Routen informieren und in Erfahrung bringen, welcher Schwierigkeitsgrad für Sie angemessen ist. Tobias und ich haben die Zugspitze bei einem Blindenprojekt sogar einmal mit verbundenen Augen bestiegen. Es gibt bei Abenteuern eben kein Limit – Sie selbst entscheiden, wie spannend Ihr Mikroabenteuer werden darf.

13. MAGNETANGELN – MODERNE SCHATZSUCHE ALS HOBBY FÜR ABENTEURER

Outdoor

Schwierigkeitslevel: leicht

Dauer: 2 bis 8 Stunden

Kosten: ausschließlich Materialkosten

Ort: An Gewässern, an denen Magnetangeln erlaubt und gut möglich ist (siehe unten).

Ausrüstung: Magnetangel, Arbeitshandschuhe

Gut zu wissen!

Da man sich mit sehr starken Magneten sehr leicht zwicken kann, sollten Sie immer dickere Arbeitshandschuhe anhaben.

Die rechtliche Lage beim Schatzsuchen im Allgemeinen und beim Magnetangeln im Besonderen ist leider nicht besonders eindeutig und zugleich recht demotivierend. Die gute Nachricht ist, dass Magnetfischen in Deutschland zunächst einmal nicht grundsätzlich verboten ist. Erkundigen Sie sich jedoch immer zuvor über die rechtliche Lage – bezogen auf das Gewässer, in dem Sie magnetfischen wollen. Es kann durchaus sein, dass die Stadt oder die Region das Magnetfischen hier verbietet oder dass es sich um einen Privatbesitz handelt. Ist Letzteres der Fall, brauchen Sie die Genehmigung des Privatbesitzers, um hier Magnetangeln zu dürfen. Kritisch ist zudem das Bundesland Bayern: Hier gibt es im Unterschied zu allen anderen Bundesländern keine einheitliche Regel über den Umgang mit archäologischen oder historisch bedeutsamen Funden. Darum ist das

Magnetfischen in Bayern prinzipiell nicht erlaubt. Ebenso kritisch sind Hafenbecken. Diese befinden sich in der Regel im Besitz von Schifffahrtsverbänden, Firmen oder Vereinen. Ohne deren Zustimmung ist das Magnetfischen hier nicht gestattet. Bitte beachten Sie auch die Regeln darüber, was mit einem gefundenen Schatz geschehen muss, wenn man ihn aus einem Gewässer geborgen hat. Auf dieses Thema gehen wir später noch genauer ein.

Wer hat in seiner Kindheit nicht auch davon geträumt, ein Pirat oder ein Schatzsucher zu sein und irgendwann eine riesige Kiste voller Gold und Edelsteine zu finden? Durch die Welt zu reisen, Abenteuer zu erleben und am Ende der strahlende Held einer langen Schatzsuche zu sein, ist vielleicht nicht immer ganz realistisch. Aber wenn Sie dennoch den inneren Schatzsucher aus Ihrer Kindheit bewahren konnten, könnte das Magnetfischen perfekt zu Ihnen passen. Hier macht man sich – mit einem starken Magneten und einer Angel »bewaffnet« – auf die Suche nach metallenen Schätzen. Es ist bekannt, dass auch in deutschen Gewässern nicht selten die erstaunlichsten Dinge gefunden werden. Vielleicht haben Sie ja auch schon den einen oder anderen zufälligen Fund gemacht, wenn Sie in einem See oder Fluss baden waren. Aber wenn Sie sich dem Magnetangeln verschreiben, kann dies schneller und einfacher funktionieren. Und mit ein wenig Glück finden Sie dann nicht nur verrostete Fahrräder, sondern vielleicht wirklich alte Münzen oder gar eine richtige Schatztruhe. Das Beste ist, dass Sie beinahe sofort starten können und keine aufwendige Ausrüstung benötigen. Die passenden Magnete und einige nützliche Helferlein bekommen Sie online zu günstigen Preisen.

FÜR WEN IST DAS MAGNETANGELN GEEIGNET?

Magnetangeln ist eigentlich für so ziemlich jeden geeignet, der Spaß am Entdecken hat. Denn beim Magnetangeln sind Sie an der frischen Luft, bewegen sich und können zudem mit Strategie und Geschick Ihre Chancen auf einen tollen Fund steigern. Auch wenn Sie an der Geschichte bestimmter Völker oder Regionen interessiert sind, lässt sich dies wunderbar einfach verbinden. Ob noch sehr jung oder schon ein wenig älter: Magnetangeln ist ein Hobby für alle Abenteurer und eignet sich zudem toll für Familien. Denn eine gemeinsame Schatzsuche verbindet und ist mit Sicherheit für alle Beteiligten immer ein spannender und ereignisreicher Ausflug. Wer in der heutigen digitalen Welt noch ein echtes Abenteuer erleben und zu einem richtigen Schatzsucher werden möchte, ist beim Magnetfischen genau richtig!

WAS GENAU BRAUCHE ICH ZUM MAGNETANGELN?

Wie bereits beschrieben, ist die Ausrüstung für das Magnetangeln überschaubar und schnell besorgt. Alles, was Sie benötigen, ist ein starker Magnet, der sich sicher an einer stabilen Leine befestigen lässt, sowie die stabile Leine selbst und schnittfeste Handschuhe, damit Sie sich nicht an möglicherweise scharfkantigen Schätzen verletzen. Gegebenenfalls sind auch ein Eimer, Haken und ein stabiler Kescher, um große Schätze zu bergen, hilfreich.

WELCHE GEWÄSSER EIGNEN SICH ZUM MAGNETANGELN AM BESTEN?

Anders als beim Angeln von Fischen, wo man in der Regel Ausschau nach möglichst naturbelassenen, sauberen und unberührten Gewässern hält, brauchen Sie zum Magnetangeln Seen, Flüsse und Küsten, die möglichst viel von Menschen besucht werden. Optimal sind beispielsweise Stadtseen und Flüsse, die durch Städte fließen. Eben alle Gewässer, in denen die Chance möglichst groß ist, dass hier jemand Dinge verliert oder bewusst ins Wasser wirft.

Hafenbecken sind eigentlich die perfekten Schatzkammern fürs Magnetangeln, da sie in der Regel voll von Metallgegenständen sind, die von Booten oder Kränen fallen. Leider ist das Magnetangeln hier in der Regel verboten. Es lohnt sich aber in jedem Fall bei kleineren Häfen die Betreiber nach einer Genehmigung zu fragen. Um auf der sicheren Seite zu sein, sollten Sie generell eine Genehmigung einholen, bevor Sie loslegen.

WAS PASSIERT, WENN ICH EINEN SCHATZ GEFUNDEN HABE?

Man kann heute nicht mehr einfach so einen Schatz finden und diesen dann behalten. Tatsächlich haben bereits die Römer – oder besser gesagt Kaiser Hadrian – im ersten Jahrhundert nach Christi die sogenannte »Hadrianische Teilung« eingeführt. Danach gehört ein Schatz immer zur Hälfte dem Finder und zur Hälfte dem Besitzer des Fundortes. Diese Regelung gilt weitgehend bis heute. Als Schatz gilt dabei alles, das so lange verborgen war, dass der Besitzer nicht mehr zu ermitteln ist oder keine auffindbaren Erben hinterlassen hat. Gibt es noch einen erkennbaren Eigentümer, so steht ihm auch der Fund zu. Der Finder bekommt lediglich einen Finderlohn.

Weitaus enttäuschender ist es, wenn es sich bei dem Schatz um ein archäologisch bedeutsames Fundstück handelt, das vielleicht sogar unter Denkmalschutz steht. Haben Sie Ihren Fund in einem anderen Bundesland als Bayern gemacht, gehört er automatisch dem Staat. Schätze, die wirken, als könnten sie einen historischen, wissenschaftlichen oder materiellen Wert haben, müssen laut Gesetz unmittelbar nach dem Fund angezeigt werden, sodass dann über das weitere Geschehen verfügt werden kann. In Bayern hingegen gibt es bislang noch keine solche Regelung, was leider dazu führt, dass man in öffentlichen Gewässern gar nicht magnetangeln darf. Aktuell ist jedoch auch im Gespräch, die Gesetze zukünftig den anderen Bundesländern anzupassen.

Ein weiterer kritischer Fall entsteht, wenn Sie beim Magnetangeln Waffen oder Munition finden, was durchaus vorkommt, da noch immer viel Material aus den vergangenen Weltkriegen am Grund unserer Seen und Flüsse liegt. Bei einem solchen Fund müssen Sie besonders vorsichtig sein, um nicht aus Versehen einen Blindgänger zur Explosion zu bringen. Auch dies ist einer der Gründe, warum das Magnetangeln an einigen Orten verboten ist. Wenn Sie Waffen oder Munition finden, müssen Sie dies sofort der Polizei melden, damit diese entscheiden kann, ob es sich um Gefahrgut handelt oder nicht. Im schlimmsten Fall wird dann der See oder Fluss gesperrt oder das Magnetangeln wird hier künftig verboten, um eine mögliche Gefährdung auszuschließen. Sie sollten sich als Magnetangler unbedingt an all diese Regeln halten. Ansonsten besteht das Risiko, dass das Magnetangeln in Deutschland generell verboten wird.

Wichtig ist auch, dass Sie nichts von dem, was Sie aus dem Wasser fischen, einfach am Ufer liegen lassen. Nehmen Sie es entweder mit oder entsorgen Sie es. Bitte werfen Sie es auch nicht einfach ins Wasser zurück. Zum einen verderben Sie sich selbst den Spaß, wenn Sie immer wieder dieselben Sachen an Land ziehen. Zum anderen tragen Sie zur Reinigung von Seen und Flüssen bei, wenn Sie die Dinge, die Sie ohnehin schon an Land gebracht haben, auch gleich fachgerecht entsorgen.

WAS KANN ICH ALLES BEIM MAGNETANGELN FINDEN?

Prinzipiell können Sie alles finden, was aus magnetisierbaren Metallen wie Eisen, Nickel und Cobalt besteht oder diese enthält. Kupfer, Gold, Silber, Platin und andere Edelmetalle sind leider nicht magnetisch und können daher nicht beim Magnetangeln geangelt werden. Es sei denn, dass beispielsweise Goldmünzen bei der Prägung ein gewisser Eisenanteil beigemengt wurde, um diese härter und stabiler zu machen. Außerdem lassen sich natürlich Schatztruhen mit Eisenbeschlägen angeln.

Deutlich häufiger werden Sie jedoch auf sogenannte Alltagsschätze stoßen – beispielsweise auf Fahrräder, Schilder, Spielzeuge, Einkaufswagen und vieles mehr. Hin und wieder werden sogar Motorräder beim Magnetfischen gefunden.

Magnetfischen ist definitiv ein spannendes und faszinierendes Hobby, bei dem man seinen Durst nach Rätsel, Abenteuer und Forschertum stillen kann. Man braucht sicher eine Weile, um richtig reinzukommen. Doch wenn man einmal herausgefunden hat, wo erfolgversprechende Plätze sind und was man so alles an Land befördern kann, wird einen das Magnetangelfieber auf jeden Fall packen. Achten Sie jedoch stets darauf, dass Sie zunächst einmal die Rechtslage abklären, bevor Sie Ihre Magnetangel auswerfen. Und mit dem eigentlichen Fund fängt das Abenteuer ja oft erst an! Jeder gefundene Schatz wirft neue Fragen und Rätsel auf.

Jeder hat eine eigene Geschichte, die entdeckt werden will. Und wer weiß, vielleicht ist ja schon Ihr erster Ausflug zum Magnetangeln der Beginn eines wunderbaren Abenteuers.

14. EINEN KLETTERSTEIG GEHEN

Outdoor

Schwierigkeitslevel: je nach Klettersteig leicht bis schwer

Dauer: halber bis ganzer Tag

Kosten: Fahrtkosten und Leihgebühren für die Ausrüstung

Ort: je nach Klettersteig

Ausrüstung:

- Klettersteigset
- Klettergurt
- Klettersteighelm
- Klettersteighandschuhe
- passendes Schuhwerk

Gut zu wissen!

Dieses Abenteuer eignet sich hervorragend, um mit dem Klettern und Bergsteigen zu beginnen, da die Klettersteige im Allgemeinen sehr gut gesichert sind und man sie auch ohne Erfahrung und intensives Training begehen kann. Zudem bieten sie die Möglichkeit, eine Gegend aus einer völlig neuen Perspektive kennenzulernen.

Klettersteige erfreuen sich immer größerer Beliebtheit und man kann sich sogar beim Alpenverein in einigen Sektionen ein Klettersteigset ausleihen. Tobias und ich sind recht schnell zu regelrechten Klettersteigfanatikern geworden. Egal, in welches Gebiet wir kommen, wir schauen immer zuerst, ob ein Klettersteig in der Nähe zu finden ist. Das Schöne und zugleich Praktische an Klettersteigen ist, dass es welche für Anfänger, aber auch für Fortgeschrittene und Profis gibt. Hier müssen Sie natürlich darauf achten, dass Sie sich Klettersteige mit der Schwierigkeitsstufe aussuchen, die Ihrem Erfahrungsschatz entspricht. Die Frage ist also: Warum nicht einfach nach Feierabend raus in die Natur und einen Klettersteig absolvieren? Und wenn das noch nicht Abenteuer genug ist, können Sie vielleicht im Anschluss sogar eine Nacht im Wald biwakieren.

Klettersteige gibt es zum Glück fast überall in Deutschland. Na gut, zumindest überall dort, wo es wenigstens ein paar kleine Berge gibt: im Harz, im Sauerland, in der Eifel, im Frankenjura, in den Alpen und an vielen anderen Orten Deutschlands. Wir selbst haben unter anderem den Höhenglücksteig, den Norissteig und an der Mosel liegend den Calmont-Klettersteig absolviert. Um einen passenden Klettersteig zu finden, können Sie entweder das Internet oder noch besser einen Klettersteigführer zurate ziehen.[10] Auch im Elbsandsteingebirge gibt es einige großartige Klettersteige, die man sich auf keinen Fall entgehen lassen sollte, weil sie atemberaubend schön sind.

Das Schöne beim Besteigen eines Klettersteigs ist, dass man hier gleich mehrere Naturerlebnisse miteinander verbinden kann. Die meisten Klettersteige liegen in Gegenden, die landschaftlich besonders schön und beeindruckend sind. Man kann also wandern, klettern und zugleich eine tolle Aussicht genießen. Nehmen Sie sich unbedingt auch etwas zum Essen und Trinken mit, sodass Sie dann an einem Platz, der Ihnen besonders gut gefällt, ein Picknick machen können. Halten Sie auch sonst immer wieder inne und lassen Sie einfach für einen Moment die Natur auf sich wirken. Spüren Sie dabei die Kraft und die besondere Ausstrahlung, die von den Felsen, den Bergen, den Bäumen und den Tieren um Sie herum ausgeht. Es kommt nicht darauf an, dass Sie den Klettersteig so schnell wie möglich erklimmen, sondern dass Sie die Tour in vollen Zügen genießen.

15. WÜRFEL-FAHRRADTOUR

Outdoor

Schwierigkeitslevel: leicht

Dauer: 3 bis 8 Stunden

Kosten: keine, außer für den Würfel und die Karte

Ort: Im Umkreis von bis zu 50 km um die Heimat

Ausrüstung: Buchstabenwürfel, Landkarte, Stoppuhr mit Alarm

Gut zu wissen!

Bei diesem Abenteuer lernen Sie völlig neue Seiten Ihrer Heimat mit dem Rad kennen.

Jeder Fahrradfahrer kennt das: Man fährt immer dieselben Wege. Neue Strecken auszukundschaften ist oft mühsam und so fällt man am Ende doch immer wieder auf die bereits bekannten Routen zurück. In meiner Jugend waren einige meiner besten Freunde leidenschaftliche Mountainbiker und haben fast ihre gesamte Freizeit auf dem Fahrrad verbracht. Am liebsten sind sie natürlich Downhill oder Trial gefahren – also auf steilen, schmalen Pisten durch die Berge oder das Gelände. Aber das ging natürlich nicht immer und so habe ich durch sie das Spiel »Würfel deine Strecke« kennengelernt. Dazu brauchen Sie zunächst nur einen Buchstabenwürfel, den Sie in einem Onlineshop oder einem Spielzeugladen bekommen, und schon können Sie loslegen. Für Ihre Würfel-Fahrradtour benötigen Sie dann noch eine Karte und eine Stoppuhr.

WIE FUNKTIONIERT DIE WÜRFEL-FAHRRADTOUR?

Um zu starten, schnappen Sie sich zuerst Ihr Fahrrad, falten die Landkarte auf und würfeln mit Ihrem Buchstabenwürfel. Welchen Buchstaben sehen Sie? Die erste Ortschaft oder Stadt in Ihrer Nähe, die mit diesem Buchstaben beginnt und Ihnen in die Augen springt, wird fokussiert. In meinem Fall zeigte mein erster Wurf damals den Buchstaben »F«. Die Stadt, die mir sofort ins Auge fiel, war Freystadt. Also suchte ich auf der Karte nach einer geeigneten Strecke und fuhr in Richtung Freystadt. Die Spielregeln besagen aber, dass man nach zehn Minuten Fahrtdauer erneut würfeln muss. Dieses Mal würfelte ich ein »S« für Seligenporten. Also änderte ich meine Route und fuhr nun die nächsten 10 Minuten in Richtung Seligenporten. Dann würfelte ich erneut. So ging es weiter, bis ich etwa drei Stunden unterwegs war. Dann machte ich mich wieder auf den Heimweg.

Je nachdem, wie viel Zeit Sie sich insgesamt nehmen und wie sehr Sie mit Ihren Strecken variieren wollen, können Sie die Abstände zwischen den einzelnen Würfeldurchgängen variieren. Bewährt haben sich eine Zeitspanne zwischen 10 und 15 Minuten und 15 Würfeldurchgänge insgesamt. Sie können dieses Spiel aber auch beliebig ausdehnen oder noch weiter verfeinern.

STEIGERUNGSMÖGLICHKEITEN

Die Zeitbegrenzung sorgt dafür, dass man mit der ganzen Aktion trotz allem in einem relativ begrenzten Radius um den eigenen Wohnort bleibt. Wenn man dies nicht unbedingt möchte, kann man auch bis zum Zielort fahren und wieder neu würfeln, nachdem man dort angekommen ist.

Mein bester Freund und ich haben diese verlängerte Variante des Würfelspiels auf eine sehr extreme Art und Weise umgesetzt. Wir haben drei Buchstaben gleichzeitig gewürfelt und mussten nun einen Ort oder eine Stadt mit allen drei Buchstaben im Namen finden. Da wir leider keine Stadt oder Ortschaft in unserer Nähe gefunden haben, auf die das zutraf, war unser Tagesziel dann ganze 110 Kilometer entfernt. Die Challenge, die wir uns stets bei Spielen wie diesem gesetzt hatten, lautete: »Die Würfel sprechen, wir folgen!« Also haben wir uns auf unsere »Böcke« gesetzt, sind die 110 Kilometer nach Würzburg geradelt und am nächsten Morgen wieder zurückgefahren. Eigentlich war der Deal, die Tour an einem Tag zu schaffen. Aber ganz ehrlich: Ich hätte nicht noch eine Stunde länger auf dem Sattel sitzen können. Also kehrten wir in ein feines Restaurant ein und frönten unseren Hungergelüsten. Sie glauben gar nicht, wie viel man nach einer solchen Tour essen kann, ohne dabei auch nur ansatzweise satt zu werden!

Im Anschluss legten wir uns noch für eine gute Weile in einem Park auf eine Wiese und entspannten unsere Beine. Dann machten wir uns auf die Suche nach einem Schlafplatz. In unserem Fall hatten wir ein paar Freunde in Würzburg, bei denen wir übernachten konnten. Wenn man ein Ziel wählt, an dem das nicht möglich ist, lässt sich das Spiel dann natürlich auch sehr gut mit einem der Übernachtungsabenteuer, wie zum Beispiel »Notunterkunft bauen« (Abenteuer 47), kombinieren.

VARIATIONSMÖGLICHKEITEN

Das Spiel funktioniert auch sehr gut mit einer Kombination aus beiden Versionen. Dazu »erwürfelt« man sich zunächst ein großes Tagesetappenziel, das einen gewissen Mindestabstand zum eigenen Standort haben sollte. Dann fährt man darauf zu und würfelt von nun an alle 10 Minuten nach neuen Zwischenzielen. Dabei sollten Sie das große Endziel nicht aus den Augen verlieren, müssen aber die Umwege und Wegdoppelungen auf sich nehmen, die durch die Zwischenziele entstehen.

16. EINEM BACHLAUF FOLGEN

Outdoor

Schwierigkeitslevel: leicht

Dauer: 2 bis 5 Stunden – mit Übernachtung 1 Tag

Kosten: keine Kosten

Ort: ein geeigneter Bach

Ausrüstung: Zum Schutz der Füße haben sich besonders Trekkingsandalen oder wasserdichte Trekkingschuhe bewährt.

Gut zu wissen!

Wenn Sie übernachten wollen, sollten Sie einen Schlafsack, eine Isomatte, einen Biwaksack und den nötigen Proviant mitnehmen. Falls Sie draußen schlafen wollen, achten Sie bitte darauf, dass Sie nicht in einem Naturschutzgebiet übernachten, da dies verboten ist. Aus diesem Grund ist es wichtig, einen geeigneten Schlafplatz zu finden.

Als ich im Nationalpark Bayerischer Wald für wenige Wochen als Wildnistrainer gearbeitet habe, machten wir mit den Kindern ein unglaubliches Spiel: Wir wateten mit nackten Füßen durch einen flachen Bach. Das Spannende daran ist, dass kein Tier von einem Menschen erwartet, dass dieser durch einen Bachlauf wandert. Dadurch können Sie Einblicke in das heimische Tierreich erlangen, die Ihnen auf gewöhnlichem Wege verborgen bleiben würden. Je langsamer Sie sich dabei bewegen und je öfter Sie ganz stehen bleiben, um Pausen auf einem Stein zu machen und sich die Füße aufzuwärmen, desto mehr integriert Sie die Natur in ihren natürlichen Kreislauf. Sie werden plötzlich Tiere zu Gesicht bekommen, die Sie noch nie zuvor sehen durften, da Sie nicht mehr als »Fremdkörper« oder »Eindringling« betrachtet werden.

Suchen Sie sich für dieses Abenteuer am besten einen kleinen, knöchel- bis knietiefen Bach, der durch einen Wald fließt. Nehmen Sie sich viel Zeit und hetzen Sie nicht. Bleiben Sie immer wieder sitzen und beobachten Sie genussvoll das Treiben im Wald. Nehmen Sie die beruhigende Wirkung des Baches wahr und spüren Sie, wie alles um Sie herum fließt. Stellen Sie sich dabei vor, dass die reinigende Kraft des Wassers auch sämtliche Belastungen, Sorgen, Verspannungen und alles Anstrengende, Stressige und Negative von Ihnen wegspült. Vor allem im Sommer kann eine Bachwanderung sehr erfrischend sein, sobald die Tage sehr warm werden.

Wenn Sie das Abenteuer noch steigern wollen, schnappen Sie sich Ihren Schlafsack und eine Isomatte und verbringen Sie eine Nacht im Freien. Am schönsten ist es, wenn Sie dabei in Ihrem Flusslauf tief in einen Wald hinein gehen, dort Ihr Nachtlager aufschlagen und am nächsten Tag auf demselben Weg wieder zurückkehren. Nehmen Sie außer Ihrer Schlafausrüstung, einem Handtuch und etwas Proviant nichts mit. Dadurch lenken Sie sich an Ihrem Schlafplatz mit nichts ab, sondern können ganz in Ruhe und voller Aufmerksamkeit die Natur beobachten. Diese wird stiller und stiller, wenn sich die Sonne hinter dem Firmament verabschiedet. Lassen Sie alles auf sich wirken und laden Sie gerne in Gedanken die Tiere in Ihrer Umgebung ein, Sie zu besuchen. Sie werden überrascht sein, wie viel Leben es in den Wäldern Ihrer Heimat gibt, das Sie zuvor noch nie bemerkt haben.

HINWEIS

Führen Sie Ihre Bachwanderung so bewusst wie möglich durch. Experimentieren Sie dabei gerne auch mit verschiedenen Laufstilen. Versuchen Sie zum Beispiel, so langsam und behutsam zu gehen wie ein Fuchs. Oder tauchen Sie zuerst mit Ihren Zehen ins Wasser ein – ähnlich wie ein Flamingo. Achten Sie auch darauf, ob sich etwas verändert, wenn Sie mit der Strömung oder gegen die Strömung gehen.

VARIATIONSMÖGLICHKEITEN

Anstatt durch einen Bach zu wandern, können Sie sich auch einen kleinen, langsam fließenden Fluss suchen und sich mit einer Luftmatratze darauf treiben lassen oder mit einem Kanu darauf fahren. Was verändert sich dadurch? Bei welcher dieser Varianten konnten Sie mehr Tiere beobachten?

Achten Sie jedoch darauf, dass das Schwimmen und Befahren des Flusses gefahrlos möglich ist und dass es dort keine industrielle Schifffahrt gibt, die ein unwägbares Risiko darstellen könnte.

17. EINE HIPPIE-WOCHENENDTOUR MIT DEM BULLI MACHEN

Outdoor

Schwierigkeitslevel: leicht

Dauer: 1 bis 3 Tage

Kosten: Kosten für Benzin und Bulli-Miete

Ort: Europaweit

Ausrüstung: Campingausrüstung, nach Wunsch Utensilien fürs Hippie-Feeling

Gut zu wissen!

Voraussetzung ist ein passender Führerschein.

Schließen Sie den Mietvertrag für den Bulli unbedingt schriftlich ab und klären Sie alle Versicherungsfragen, damit Ihre schöne Bulli-Tour nicht am Ende von unangenehmen Überraschungen überschattet wird.

Informieren Sie sich zudem über die jeweiligen Gesetze zum Thema »Wildcampen« in Ihrem Zielland. Denn es ist leider nicht mehr überall erlaubt, einfach so in seinem Bulli zu übernachten. In Deutschland gilt, dass man auf öffentlichen Parkplätzen im Auto schlafen darf, um die Fahrtüchtigkeit wiederherzustellen. Ausnahmen sind aber unter anderem Parkplätze in Naturschutzgebieten, auf denen man in der Regel nachts gar nicht stehen darf.

Rein in den Bulli – und raus aus der Stadt! Erwecken Sie für ein ganzes Wochenende die wilde, freie und unbeschwerte Zeit der 60er-Jahre zu neuem Leben und machen Sie eine Hippie-Bulli-Tour! Mieten Sie dafür am besten einen Bus oder Bulli, packen Sie Ihre Campingausrüstung und Nahrungsvorräte für drei Tage ein und kleiden Sie sich ganz im »Flower-Power-Stil«. Brechen Sie dann am besten am Freitagnachmittag gleich nach der Arbeit auf, um das Wochenende so gut wie möglich nutzen zu können. Am meisten Spaß macht die Hippie-Bulli-Tour, wenn Sie sich mit passender Musik aus den 60er- und 70er-Jahren ausstatten und einfach ohne Plan ins Blaue fahren. Fahren Sie auf möglichst einsamen Landstraßen in den Sonnenuntergang und übernachten Sie dann auf einer Matratze und mit einem Schlafsack direkt im Bulli.

Am nächsten Morgen spitzen die ersten Sonnenstrahlen durch die Seitenfenster und lachen Ihnen ins Gesicht. Sie kriechen langsam aus dem Schlafsack, machen sich einen Kaffee und sehen aus dem Heckfenster auf einen wunderschönen See. Ein paar Schafe blöken im Hintergrund und grasen auf der Wiese. Dann machen Sie voller Vorfreude die Tür des Bullis auf und strecken Ihre nackten Zehen ins Sonnenlicht.

Fühlt sich so nicht echte Freiheit an? Dann nichts wie los!

Nehmen Sie sich das ganze Wochenende über nichts vor. Machen Sie einfach das, worauf Sie spontan Lust haben. Bleiben Sie im Gras liegen und schauen Sie den Wolken nach, grillen Sie auf einem alten Campinggrill, gehen Sie nackt in einem Waldsee baden, laufen Sie barfuß über die Wiesen und genießen Sie die Nähe zu sich selbst, zur Natur und zu Ihrem (Reise-)Partner. Wenn Sie das Gefühl haben, dass es Zeit für einen Ortswechsel ist, cruisen Sie gemütlich mit dem Bulli weiter und fahren Sie einfach dorthin, wo es Sie hinzieht: vielleicht in eine Eisdiele, an den Strand, ins Freibad oder zum Lieblingsplatz Ihrer Kindheit. Wer mit dem Bulli unterwegs ist, braucht nicht viel, um glücklich zu sein. Also probieren Sie es aus! Es lohnt sich allemal.

VARIATIONSMÖGLICHKEITEN

Das Geniale an einem Bulli-Wochenende ist, dass Sie auch viele andere Mikroabenteuer mit dem Campingausflug verbinden können. Beispielsweise können Sie nicht nur im Bulli, sondern auch an vielen anderen außergewöhnlichen Orten übernachten und Ihr Abenteuer noch ein wenig erweitern:

- Übernachtung im Baumhotel
- Übernachtung im Tiny Home
- Übernachtung in der Windmühle
- Übernachtung im Gefängnis
- Übernachtung auf dem Hausboot
- Übernachtung im Heu
- Übernachtung auf dem Bauernhof
- Übernachtung im Geisterhaus
- Übernachtung im Iglu
- Übernachtung im Eishotel
- Übernachtung im Bunker
- Übernachtung im Tipi
- Übernachtung in der Jurte
- Übernachtung im Museum
- Übernachtung im Baumzelt
- Übernachtung im Strandkorb
- Übernachtung im Schäferwagen
- Übernachtung im Zirkuswagen

- Übernachtung im Weinfass
- Übernachtung in einer Höhle
- Übernachtung im Bubble Hotel
- Übernachtung im Waldkorb

18. EISBADEN GEHEN

Outdoor

Schwierigkeitslevel: mittel bis schwer – je nach Außentemperatur

Dauer: 2 bis 3 Stunden

Kosten: keine

Ort: See, Fluss, Bach, Teich

Ausrüstung: großes Handtuch, Badekleidung, evtl. Mütze

Gut zu wissen!

Vor dem Eisbaden sollte ein Gesundheitscheck gemacht werden.

»Es muss ja nicht gleich Eisbaden sein!«, ruft es in Ihnen. Ja, da haben Sie vollkommen recht. Es reicht schon, wenn Sie außerhalb der Sommersaison ein erfrischendes Bad nehmen. Doch das Eisbaden hat viele Vorteile für den Körper und den Geist: Zum einen stärkt man das Immunsystem, zum anderen wird der Geist robust und zäh. Außerdem macht es wach und klar und bringt den Kreislauf auf Touren. Zugegeben, es kostet eine Menge Überwindung, aber jedes Mal, wenn Tobias und ich es durchgezogen haben, hatten wir den ganzen Tag über gute Laune und waren voller Energie! Es lohnt sich also.

WAS MACHT DAS EISBADEN SO ATTRAKTIV?

Kennen Sie das Gefühl, wenn Sie aus der Sauna ins eiskalte Tauchbecken steigen und der ganze Körper das pulsierende Leben spürt? Winterbaden bringt Sie in einen ähnlichen Zustand. Wir selbst sind begeistert davon, auch mal außerhalb der Badesaison in einen etwas kühleren Badesee oder einen klaren Bach zu springen. Das Spannende am Winterbaden ist, dass es nicht nur Spaß macht, sondern auch noch der Gesundheit dienlich ist. In Island durfte ich einmal mit einer älteren Dame im Meer zum Eisbaden gehen, was einfach unvorstellbar kalt ist. Aber die resolute Dame liebte das belebende Eisbad und war sehr erprobt, eine längere Zeit als ich im Eiswasser zu bleiben. Zum Schutz ihrer Hände und Füße trug sie dabei Neoprenhandschuhe und Neoprensocken, um die ich sie sehr beneidet habe. Der Adrenalinpegel, der entsteht, während man ins eiskalte Wasser eintaucht, ist einfach gigantisch. Die Stimmung verändert sich schlagartig. Wenn Sie also einen Winterkoller haben und die Glückshormone auf Sparflamme sind, dann kann das Eisbaden Ihre Abenteuerrettung sein.

SINN UND ZWECK DES EISBADENS

Das echte Eisbaden findet immer dann statt, wenn die Außentemperaturen um die 0 Grad liegen oder noch tiefer sind. Tobias und ich sind in Schweden beim Eisbaden gewesen – und selbst wenn es 10 Grad Minus hat, kann der trainierte Körper mit diesen äußeren Reizen sehr gut umgehen. Beim Eisbaden selbst steigt man als Anfänger nie weiter als bis zur Brust ins Eiswasser, denn durch die plötzlich eintretende Kälte kommt es zu einem starken Temperaturreiz auf den Körper. Dieser Reiz führt dazu, dass der Körper umgehend mehr Wärme produzieren will. Das bedeutet, dass die thermoregulatorischen Fähigkeiten auf ein Maximum aufgedreht werden. Es ist einfach immer wieder genial zu spüren, wie viel Power unser Körper hat, und gerade beim Eisbaden lernt man diesen noch einmal auf eine neue Art und Weise kennen und schätzen. Um sich vor der Kälte des Wassers zu schützen, verschließt der Körper beim Eintauchen zunächst alle Poren und verengt die Blutgefäße, damit das kalte Blut von der Körperoberfläche nicht so schnell in die Körpermitte eindringen kann. Wenn man das Wasser wieder verlässt, weiten sich die Gefäße wieder und der gesamte Kreislauf fährt hoch. Man fühlt sich plötzlich belebt und energiegeladen und trotz der Kälte wird einem warm. Wenn man regelmäßig eisbaden geht, trainiert man zudem die thermoregulatorischen Fähigkeiten des Körpers. Das bedeutet, dass man nicht mehr so leicht friert und länger die Wärme im Körper speichern kann.

WIE BEGINNT MAN MIT DEM EISBADEN?

Wer zum ersten Mal zum Eisbaden geht, sollte nur wenige Sekunden im Wasser bleiben. Wenn Sie unsicher sind, ob Sie für das Eisbaden gemacht sind, können Sie beim ersten Mal auch einen Sommerneoprenanzug tragen, um die Kälteschockwirkung abzumildern.

WIE LANGE SOLLTE MAN EISBADEN?

Vorsicht bei der Dauer des Eisbadens! Wer seine Gesundheit nicht riskieren will, sollte zunächst einen Arzt konsultieren, der ihm bescheinigt, dass das Herz-Kreislauf-System dabei nicht angegriffen wird. Denn nicht jeder Mensch kann zum Eisbaden gehen. Um die Gesundheit nicht aufs Spiel zu setzen, sollten Sie zunächst Ihre Fitness checken lassen und als Training zuerst einige Sekunden und später dann wenige Minuten im eiskalten Nass verbringen. Hier müssen Sie sehr sensibel sein und auf Ihre körpereigenen Signale achten. Bevor Sie ein Eisbad nehmen, sollten Sie Ihren Körper gut aufwärmen. Dazu machen Sie am besten 50 Kniebeugen in warmer Kleidung und danach laufen Sie noch ein wenig auf der Stelle. Nun kann Ihr kaltes Abenteuer beginnen. Wenn Sie aus dem Eisbad kommen, sollten Sie sich so schnell es geht abtrocknen und wieder warme Kleidung anziehen. Machen Sie noch mal einige Kniebeugen und laufen Sie etwas auf der Stelle, bis Ihr Körper angenehm warm ist. Die Bewegung hilft dabei, das warme Blut gut im Körper zu verteilen.

IST EISBADEN GEFÄHRLICH?

Ja und nein. Wenn man sich an die Sicherheitsanweisungen hält, ist es in der Regel nicht gefährlich. Sie sollten aber auf gar keinen Fall alleine zum Eisbaden gehen. Denn falls körperliche Probleme auftauchen, kann die zweite Person schnell eingreifen und handeln. Vor allem, wenn Sie noch nicht sicher sind, sollten Sie flache Gewässer aussuchen, sodass Sie nicht untergehen können. Es muss kein großer See sein, es kann auch genauso gut ein Bachlauf oder eine Wassertonne im Garten sein.

VARIATIONSMÖGLICHKEITEN

Wenn Sie gerade keinen See zur Verfügung haben, können Sie im Winter auch ein Schneebad nehmen. Suchen Sie sich dafür einen Platz mit möglichst weichem, noch unberührtem Schnee (am besten keinen gelben), legen oder werfen Sie sich in Badekleidung hinein und wälzen Sie sich darin hin und her, bis Sie aussehen wie ein Schneemann.

> **Hinweis:** Oft bekommt man beim Eis- oder Schneebaden Lust auf eine heiße Dusche oder ein heißes Bad. Das ist nachvollziehbar und es spricht auch nichts dagegen. Bedenken Sie jedoch, dass langes Duschen oder Baden im heißen Wasser Ihren Kreislauf wieder herunterfährt und den belebenden, aktivierenden Effekt des Eisbadens somit aufhebt.

19. »LOST PLACES« FINDEN, ERKUNDEN UND SPEKTAKULÄR FOTOGRAFIEREN

Indoor und Outdoor

Schwierigkeitslevel: leicht bis schwer – abhängig vom Gelände

Dauer: 2 bis 8 Stunden

Kosten: keine

Ort: verlassene Gebäude

Ausrüstung: Die Ausrüstung besteht aus bequemer, aber robuster Kleidung mit Schuhen sowie Handschuhen, einer Lichtquelle und einem Rucksack mit Kamera, gegebenenfalls Verpflegung und einem kleinen Erste-Hilfe-Set für alle Fälle.

Gut zu wissen!

ACHTUNG! Hier gibt es einige wichtige rechtliche Dinge zu beachten: Wer ein abgezäuntes Gelände oder Gebäude betritt, begeht damit Hausfriedensbruch. Führt man dabei ein Messer mit sich, gilt man zudem als bewaffnet. Wer bei einer Tour etwas von fremden Plätzen mitnimmt, begeht damit einen Diebstahl. Rechtlich betrachtet ist das Erkunden von Lost Places also nicht ganz ohne.

Bevor wir aber mit dem eigentlichen Abenteuer beginnen, müssen wir uns in diesem Fall zunächst noch etwas genauer mit der oben schon angesprochenen Rechtslage befassen. Die gute Nachricht ist, dass die Polizei in den meisten Fällen, die im Zusammenhang mit einer Lost-Place-Erkundung stehen, lediglich eine Verwarnung ausspricht. Der Hausfriedensbruch ist zudem ein Antragsdelikt.

Das heißt: Sie können nur belangt werden, wenn der Besitzer auch eine Strafverfolgung wünscht. Dies ist nur sehr selten der Fall. Wenn man alleine einen Lost Place aufsucht, ist das gesetzlich nicht so verwerflich, wie zu zweit oder in einer Gruppe, denn hier könnte der Besitzer eine Strafverfolgung auf einen schweren Hausfriedensbruch einreichen. Der Nachteil bei einer Gruppe ab zwei Personen ist, dass der schwerwiegende Hausfriedensbruch kein Anzeigedelikt mehr ist, sondern bei Interesse auch von der Polizei selbst verfolgt werden kann. Dies ist zwar äußerst selten und uns ist kein Fall bekannt, aber es könnte vorkommen. Auf schweren Hausfriedensbruch stehen Geldstrafen und auch eine Freiheitsstrafe. Dies wird in der Praxis nur dann umgesetzt, wenn es zu einer deutlichen Sachbeschädigung kommt. Es gibt einen Fall, bei dem es zu einem Brand kam und das besichtigte Hotel zerstört wurde. Dies ist natürlich besonders heikel, da nun auch noch Schadensersatzansprüche eine Rolle spielen. In der Regel kommt es natürlich nicht zu so drastischen Zerstörungen und da es sich bei den Lost Places zumeist um Gebäude handelt, die ohnehin bereits zu großen Teilen zerstört sind, werden weitere, kleinere Beschädigungen normalerweise nicht erkannt und auch nicht weiterverfolgt. Aus eigener Erfahrung kennen wir bisher keine Fälle, in denen es zu einer strafrechtlichen Verfolgung kam. Wir haben daher einen befreundeten Anwalt zu diesem Thema befragt. Ihm war nur ein einziger Fall bekannt, der bis dato strafrechtlich verfolgt wurde.

DAS GEHEIMNIS DER LOST PLACES

Haben Sie als Kind auch davon geträumt, unbekannte Welten, versunkene Städte, geheimnisvolle Ruinen und verlassene Orte zu erkunden und deren Geheimnisse zu lüften? Genau darum geht es bei Lost Places. Finden Sie verlassene Häuser, Hallen, Fabrikgelände, Parks, Bunker oder Ähnliches und machen Sie sich an die Erkundung. Dabei sollten Sie Ihre Kamera einpacken, denn eines der Ziele ist es, möglichst beeindruckende Fotos von diesen Orten zu machen, die ihren besonderen Charakter, ihre Geschichte und ihre Geheimnisse einfangen.

Da nicht nur Sie und wir von der Entdeckung und Erkundung vergessener

Orte fasziniert sind, sondern sehr viele Menschen, gibt es inzwischen eine ganze Gemeinschaft von modernen Abenteurern und Hobbyforschern, die sich dieser Aufgabe widmen. Sie nennen sich selbst »Urbexer« (Kurzform von »Urban Explorer«). Dies sollten Sie wissen, wenn Sie einen Zugang zu dieser Gemeinde suchen, von ihrem Wissensschatz über verlorene Orte profitieren und Ihre eigenen Lost-Places-Fotos mit ihnen teilen möchten.

WAS MUSS ICH TUN, WENN ICH EINEN LOST PLACE FINDEN WILL?

Lost Places aufzuspüren und zu erforschen ist wie eine überdimensionierte Schnitzeljagd. Zuerst müssen Sie herausfinden, wo ein Lost Place liegt, den Sie besuchen möchten. Anschließend stellen Sie Ihre Ausrüstung zusammen und machen einen Plan, um den Ort zu erreichen und zu betreten.

Der wichtigste Tipp: Augen und Ohren offen halten!

LOST PLACES DIREKT FINDEN

Wir Menschen sind jeden Tag unterwegs – zur Arbeit, zu Freunden, zur Familie, zum Einkaufen und vieles mehr. Meistens achten wir jedoch nicht darauf, ob es Lost Places am Straßenrand gibt, die man erkunden könnte. Dies sollten Sie nun ändern. Sie müssen Ihren Fokus neu ausrichten, um ein Lost-Place-Jäger werden zu können. Als wir das erste Mal mit diesem Thema in Berührung gekommen sind, dachten wir, dass es gar nicht so viele Lost Places geben würde, die man erkunden könnte. Doch weit gefehlt! Wir haben nur nicht darauf geachtet. Wer also seinen Blickwinkel wandelt und den Fokus auf verlassene Gebäude legt, findet sie schon bald fast überall. Sie werden überrascht sein, wo sie überall etwas entdecken werden.

SICH VON LOST PLACES ERZÄHLEN LASSEN

Eine weitere wichtige Quelle für Adressen von Lost Places sind Gespräche. Fragen Sie Freunde und Bekannte, ob sie in ihrem Heimatort oder in der Umgebung verlassene Gebäude kennen. Fast jeder kennt ein Industriegebäude oder eine Fabrik, die verlassen wurde, und genau hieran können Sie partizipieren.

SOZIALE NETZWERKE ANZAPFEN

Auf unserer achtjährigen Weltreise haben wir viele Lost Places alleine durch das Recherchieren in sozialen Netzwerken und Foren gefunden. Es gibt immer wieder besonders spektakuläre Häuser und Fabrikgebäude, die man unbedingt gesehen haben muss. Vor allem die professionellen »Urbexer« recherchieren im Netz, um noch spannendere Gebäude zu entdecken. Durch das Vernetzen in der Vergangenheit ist regelrecht eine Community entstanden, die sich über Lost Places austauscht und verrät, wann man sie legal betreten darf und wann nicht.

»URBEX-FOREN« NUTZEN

Wenn Sie also von einem Anfänger zu einem Profi aufsteigen wollen, sollten Sie unbedingt im Internet nach »The Urban Xplorer«, »HiddenPlaces-Forum« oder »Lost-Places-Forum« suchen. Hier werden Sie schnell fündig und stoßen auf Facebook-Gruppen oder Google-Suchergebnisse, die Sie auf die richtige Fährte bringen werden. Bevor Sie in den sozialen Netzwerken solchen Gruppen beitreten können, werden oft spezifische Fachfragen gestellt. Deshalb ist es wichtig, dass Sie sich auf mögliche Fragen gut vorbereiten. Wie bereits am Anfang dieses Abenteuers beschrieben, ist die Erkundung von Lost Places eine heikle Sache. Darum achten die »Urbexer« verständlicherweise sehr genau darauf, wen sie in ihre Reihen aufnehmen und wen nicht. Wer keinen fotografischen Background hat, wird sich am Anfang sehr schwertun, in solchen Gruppen Fuß zu fassen.

Wenn Sie in den Kreis der »Urbexer« aufgenommen wurden, sollten Sie eine wichtige Grundregel befolgen: Fragen Sie nicht explizit nach Adressen von Lost Places. Das kann zu Verärgerung führen. Sie sollten also Fingerspitzengefühl mitbringen. Die »Urbexer« wollen nicht, dass Adressen an falsche Personen kommen, da sie Vandalismus oder die Zerstörung der schönen Lost Places fürchten. Echte »Urbexer« sind nicht nur Erforscher und Fotografen von verlassenen Gebäuden, sie sind fast schon deren Hüter und Beschützer. Zeigen Sie also, dass es auch Ihnen darum geht, die Lost Places für sich selbst zu erkunden und gleichzeitig für alle anderen zu erhalten und zu schützen. Bringen Sie sich in die Gemeinschaft ein und tragen Sie dazu bei, was Sie können und wollen. Schreiben Sie die Lost-Places-Fotografen gerne an und kommentieren Sie deren Bilder. Wenn Sie einen fotografierten Ort besonders faszinierend finden, können Sie den Fotografen in einer Privatnachricht um einen persönlichen Erfahrungsaustausch bitten. Falls Sie sich gut verstehen, können Sie auch irgendwann Adressen von spannenden Lost Places austauschen. Dies funktioniert aber in der Regel nur, wenn beide Parteien genau wissen, dass der andere die verlassenen Plätze genauso ehrt wie man selbst. Außerdem sollte man stets auch selbst etwas zu bieten haben. Versuchen Sie also, auch eigene geheime Orte ohne die Community zu entdecken, die Sie dann mit anderen teilen können. Seien Sie dabei aber ebenso vorsichtig und achten Sie darauf, dass auch Ihr Austauschpartner den Platz schützen und ehren wird.

IN ZEITUNGEN UND MEDIEN RECHERCHIEREN

Ein weiterer guter Tipp ist, regionale Medien, Zeitungen, Berichte und Blogs nach verlassenen Häusern zu durchstöbern. Wenn Sie einen Treffer gelandet haben, können Sie anschließend mithilfe der Google-Bildersuche nach dem Standort anhand des Bildes recherchieren.

SATELLITENBILDER UNTERSUCHEN

Was wir auch sehr gerne gemacht haben, ist Google und Google Earth nach Lost Places zu durchsuchen. Da wir zu Fuß durch 58 verschiedene Länder gewandert sind, wussten wir oft nicht, wo die spannendsten Lost Places sind. Ich weiß, das mag nun erstmal trivial klingen, doch wer bei Google Earth etwas Zeit investiert, wird aus der Vogelperspektive schon sehr bald stillgelegte Firmen erkennen. Die Suche auf Google Earth gestaltet sich allerdings manchmal etwas schwierig, weil die Bilder oft schon älter sind. Deshalb sieht man erst beim Besuch der Location, ob die Plätze noch existieren oder die Eingänge zwischenzeitlich verschlossen wurden.

GEOCACHING IN LOST PLACES

Oft werden auch Geocaches ganz bewusst in Lost Places versteckt. Wer weiß, worauf er achten muss, kann also auch von der Geocaching-Community Hinweise auf spannende Orte erhalten. (Mehr zum Thema Geocaching gibt es in Abenteuer Nr. 20.)

WAS KÖNNTEN SPANNENDE LOST PLACES SEIN?

Ein Lost Place ist ein Ort, der einst von Menschen erschaffen, dann aber wieder verlassen und aufgegeben wurde. Es sind also Orte, die als stumme Zeugen die Geschichten von Menschen aus einer anderen Zeit erzählen. So betrachtet sind archäologische Ausgrabungsstätten von unseren Vorfahren aus der Antike oder der Steinzeit gewissermaßen die ältesten Lost Places. Die Orte, um die es bei diesem Abenteuer aber hauptsächlich geht, sind verlassene Gebäude oder Plätze aus der jüngeren Vergangenheit – wie beispielsweise:

- Verlassene Privathäuser, Schulen, Krankenhäuser, Kirchen und Ähnliches
- Verlassene Fabriken und Industriegelände
- Aufgegebene Militärstützpunkte und alte Bunkeranlagen
- Geisterstädte
- Verlassene Bauernhöfe, Zuchtanlagen und Schlachtereien
- Stillgelegte Steinbrüche, Abbaugebiete, Bergwerke oder auch verlassene Minen
- Verlassene Schlösser oder Burgen
- Aufgegebene Baustellen
- Orte, die sich die Natur zurückerobert hat
- Geschlossene Parks
- Stillgelegte Tunnel, Bahnhöfe, Autobahnen und Brücken
- Ungenutzte Bereiche der Kanalisation
- Ruinen aller Art

Damit ein Ort auch wirklich als Lost Place gelten kann, muss er noch immer verloren bzw. vergessen sein. Historische Orte und Ruinen, die touristisch erschlossen sind, gelten nicht mehr als Lost Place, können einem aber vor allem am Anfang ein ganz gutes Gefühl dafür geben, was einen erwarten kann.

WORAUF MUSS ICH BEI DER BESICHTIGUNG EINES LOST PLACE ACHTEN?

Damit es keine rechtlichen Probleme gibt und das Erkunden von Lost Places auch in Zukunft ein spannendes Abenteuer bleiben kann, das nicht in Verruf gerät, ist es extrem wichtig, dass Sie sich dabei an die folgenden Regeln halten:

1. Sie sind Gast! Verhalten Sie sich also auch dementsprechend. Machen Sie nichts kaputt, nehmen Sie nichts mit und hinterlassen Sie alles möglichst komplett ohne Spuren.
2. Verhalten Sie sich vorsichtig, wachsam und unauffällig. Machen Sie keinen Lärm, achten Sie darauf, dass Sie möglichst niemand sieht, und passen Sie auf sich und auf den Platz auf. Sorgen Sie dafür, dass sich Anwohner oder Nachbarn nicht gestört oder belästigt fühlen.
3. Seien Sie stets höflich, freundlich und professionell. Wenn Sie jemand beim Besichtigen eines Lost Place ertappt, begegnen Sie ihm respektvoll und höflich, auch wenn er selbst es nicht ist. Stellen Sie klar, dass Sie keine bösen Absichten haben, sondern lediglich von diesem Ort fasziniert sind. Oft hilft es auch, Fragen zum Ort zu stellen, da dies einem möglicherweise erzürnten Besitzer oder Wachmann automatisch die Rolle des »Erklärbärs« überträgt. Und niemand wird gleichzeitig einen geschichtlichen Vortrag halten und jemanden verklagen oder vertreiben.

Neben den bereits erwähnten rechtlichen Punkten sollten Sie beim Erkunden von Lost Places vor allem immer auf Ihre eigene Sicherheit achten. Es sind vergessene Orte, die unter Umständen seit Jahren niemand mehr betreten hat und die mitunter sehr spontan verlassen wurden. Das bedeutet, dass es hier eine Menge Gefahrenquellen geben kann – angefangen bei herumliegenden Nägeln und Scherben bis hin zu einsturzgefährdeten Dachkonstruktionen. Seien Sie also immer wachsam und schauen Sie sich alles genau an. Wenn Sie mehrstöckige Gebäude betreten, testen Sie zudem immer erst einmal, ob der Boden noch stabil ist. Gehen Sie nie weiter, als es sich für Sie gerade gut anfühlt. Achten Sie darauf, dass Ihre Ausrüstung für die Erkundung des Platzes ausgelegt ist. Wenn Sie merken, dass Ihnen beispielsweise eine leistungsstärkere Taschenlampe oder ein Seil zur Sicherung fehlt, kehren Sie um. Kommen Sie ein anderes Mal mit einer besseren Ausrüstung zurück.

Verhalten Sie sich leise und unauffällig, aber nicht verdächtig leise und unauffällig. Wenn Sie sich fühlen wie ein Schwerverbrecher, wird dies auf jeden Fall mehr Aufmerksamkeit auf sich ziehen, als wenn Sie mit dem Bewusstsein unterwegs sind, etwas vollkommen Normales und Legitimes zu unternehmen.

Wichtig: Informieren Sie immer jemanden darüber, wo Sie hingehen und wann Sie planen, wieder zurück zu sein. Auch wenn die Plätze harmlos sind, kann immer mal etwas Unvorhersehbares passieren. Zudem bewegen Sie sich an Orten, die mitunter vollkommen unbekannt sind und an denen Sie niemand per Zufall finden würde. Nehmen Sie auch immer ein Mobiltelefon mit, um im Notfall Hilfe holen zu können. Seien Sie sich aber auch bewusst, dass Sie nicht unbedingt immer Empfang haben werden.

WAS KANN ICH AN EINEM LOST PLACE ALLES TUN?

Nachdem wir uns nun sehr ausgiebig mit den Gefahren und Risiken einer Lost-Place-Besichtigung beschäftigt haben, kommen wir endlich auch einmal zum schönen Teil! Denn Lost Places sind wie geschaffen dafür, spannende Abenteuer zu erleben. Nehmen Sie auf jeden Fall immer eine Fotoausrüstung mit – egal, ob Sie nun ein guter Fotograf sind oder nicht. Es gibt immer viel zu sehen und stets auch Motive, die es verdient haben, auf einem Foto festgehalten zu werden. Lassen Sie darüber hinaus Ihren inneren Sherlock Holmes die Oberhand gewinnen! Werden Sie zum Detektiv und versuchen Sie herauszufinden, was an diesem Ort vor Ihrer Ankunft geschehen ist. Wer hat hier gelebt oder gearbeitet? Was wurde hier gemacht, hergestellt oder verarbeitet? Wie haben sich die Menschen gefühlt, die hier waren? Was haben sie gedacht? Was hat sie bewegt? Wie haben sie die Welt gesehen? Welche Stimmung herrscht hier noch immer? Warum wurde der Ort verlassen und aufgegeben? Wie lange steht er schon leer? Sind Sie der Erste, der ihn wiederentdeckt hat? Oder waren andere vor Ihnen da? Wenn ja, mit welcher Motivation? Wurde der Platz, nachdem er verlassen wurde, vielleicht sogar noch einmal wieder belebt? Ist er es womöglich noch immer?

Was sagt dieser Lost Place über die vergangene Zeit aus? Und über die aktuelle? Was kann man von ihm lernen?

ABENTEUER- UND LERNPOTENZIAL

Lost Places sind eine großartige Umgebung für angehende Abenteurer, Forscher, Entdecker und Detektive, um sich zu schulen und um die eigenen Abenteuerskills zu trainieren. Es macht einfach Spaß, Lost Places zu erkunden, und der Forschergeist wird auf ganz natürliche Weise angeregt. Außerdem trainiert es die Aufmerksamkeit, gerade weil man stets wachsam sein muss. Sie lernen, Hinweise und Indizien zu erkennen und eigene Rückschlüsse zu ziehen. Das Spinnen von möglichen Szenarios der Vergangenheit fördert Ihre Fantasie und Ihre Vorstellungskraft. Zudem lernen Sie, mögliche Gefahren richtig einzuschätzen. Gleichzeitig üben Sie sich darin, unauffällig zu sein, keine Spuren zu hinterlassen und nicht verdächtig zu wirken.

VORSICHT: SUCHTGEFAHR!

Jeder einzelne Ort, den Sie entdecken, bietet zudem noch weitere individuelle Herausforderungen, sodass die Besichtigung von verschiedenen Lost Places jedes Mal wieder ein ganz neues Abenteuer ist, das nie langweilig wird. Im Gegenteil:

Die Erkundung von Lost Places hat sogar einen gewissen Suchtfaktor. Achten Sie bei aller Euphorie und Entdeckerfreude jedoch darauf, dass, dass Sie Ihre Wachsamkeit nicht verlieren und versehentlich unvorsichtig oder leichtsinnig werden.

20. GEOCACHING – DIE SCHATZSUCHE FÜR ERWACHSENE

Outdoor

Schwierigkeitslevel: leicht bis mittel

Dauer: 1 bis 5 Stunden – mitunter auch länger

Kosten: keine Kosten

Ort: An jedem Ort, an dem es Geocaches gibt.

Ausrüstung:

- GPS-Gerät oder ein GPS-fähiges Smartphone
- Taschenlampe
- Draht zum Bauen eines Greifarms oder eine Angel, um an den Cache zu kommen.
- Pinzette, wenn Sie sich an Nanocaches trauen. Manchmal sind die Nanos so klein, dass man sie nur mit der Pinzette greifen kann.
- Für die regulären Tradis (Caches) brauchen Sie keinen Stift oder Notizblock. Wenn Sie sich jedoch an einen Mystery- oder Multi-Cache heranwagen wollen, benötigen Sie einen, um sich die Koordinaten zu notieren. Vor allem bei den Rechenaufgaben oder bei den Denkspielen sind ein Notizbuch und ein Stift unerlässlich.

Gut zu wissen!

Fünf ungeschriebene Geocaching-Regeln:

1. Hinterlassen Sie keine Spuren.
2. Verhalten Sie sich unauffällig.
3. Setzen Sie immer einen Wegpunkt bei Ihrem Ausgangspunkt, sodass Sie leicht dorthin zurückfinden können.
4. Fotografieren Sie nichts, was ein Spoiler sein könnte, sodass ein anderer den Cache erahnen könnte. Sie wollen ja niemandem die Freude und Spannung nehmen.
5. Haben Sie immer die passende Kleidung dabei, sodass Sie auch bei einer Wetterveränderung weitersuchen können.

Geocaching ist in aller Munde. Trotzdem gibt es noch sehr viele Personen, die nach einem Abenteuer suchen und von diesem unglaublich faszinierenden Spiel noch nie etwas gehört haben. Daher hier zum Einstieg ein paar interessante Zahlen:[11]

- Weltweit gibt es mehr als 3 Millionen aktive Geocaches.
- Geocaches sind in 191 verschiedenen Ländern auf allen sieben Kontinenten (sogar in der Antarktis) versteckt!
- Seit dem Start des Spiels im Jahr 2000 wurden über 585 Millionen »Gefunden«- und »Ereignis besucht«-Logs aufgezeichnet.
- Derzeit gibt es über 360.000 aktive Geocache-Besitzer auf der ganzen Welt.
- Geocacher treffen sich jährlich auf über 35.000 Veranstaltungen, um Geschichten auszutauschen und das Spiel zu spielen.
- Es gibt rund 200 Geocaching-Organisationen auf der ganzen Welt.
- Geocaching.com ist in 24 Sprachen übersetzt, die Android- und iOS-Apps sind in über 20 Sprachen übersetzt.

WAS IST GEOCACHING?

Geocaching ist eine GPS-Schnitzeljagd. Die Verstecke werden anhand geografischer Koordinaten im Internet veröffentlicht und können dann mithilfe eines GPS-Gerätes gesucht werden.

Tobias und ich waren bei unserer Reise in ganz Europa auf GPS-Schnitzeljagd und haben dabei die verschiedensten Geocache-Verstecke gefunden. Viele Geocache-Ziele befinden sich an ganz alltäglichen Orten: versteckt in einem hohlen Baumstamm, hinter einer losen Zaunlatte oder unter einer Parkbank. Sie eignen sich hervorragend für Einsteiger und sind optimal, wenn man eine neue Gegend kennenlernen oder mehr von seiner eigenen Heimat entdecken will. Nicht wenige davon befinden sich ganz bewusst an schönen Aussichtspunkten, besonderen, aber wenig bekannten Sehenswürdigkeiten und beeindruckenden Naturplätzen. Das Schöne am Geocaching ist, dass sich die meisten Spieler, die Caches für andere verstecken, Gedanken darüber machen, wo sie die Schätze platzieren, damit andere ihre Lieblingsplätze entdecken können. Man kann mit jedem Cache also gewissermaßen die Welt aus einer anderen Perspektive entdecken.

Die Geocaches werden außerdem in verschiedene Kategorien eingeteilt, die unter eingefleischten Geocachern bereits zu feststehenden Begriffen geworden sind.

So unterteilt man je nach Größe des zu findenden Schatzes in folgende Cache-Typen:

- Nano-Caches, die so klein sind, dass man sie teilweise nur mit Pinzette bergen kann
- Micro-Caches, die für gewöhnlich aus einer kleinen Filmrolle bestehen
- Small-Caches, die die Größe einer kleinen Brotdose haben
- Regular-Caches, bei denen eine kleine Kiste versteckt wird
- Large-Caches mit echten »Schatzkisten«, die etwa 20 Liter Fassungsvolumen haben

- Caches, die individuelle Größen haben
- Caches, die keinen auffindbaren Schatz enthalten: Hier muss man in der Regel ein Foto von sich am Zielort veröffentlichen oder ein Rätsel lösen, das man nur vor Ort entschlüsseln kann

Die Schatzsuchen selbst haben ebenfalls unterschiedliche Formen, für die es ebenfalls gängige Bezeichnungen gibt:

- Single-Caches sind Caches, bei denen man an den angegebenen Koordinaten direkt den Schatz findet.
- Multi-Caches sind Schnitzeljagden, bei denen man zunächst nur die erste von zwei oder mehreren Koordinaten bekommt. Hat man diese gefunden, erhält man dort die nächsten Koordinaten, bis man schließlich am Schatz angelangt ist.
- Traditional-Caches (Tradis) sind die häufigste Form der Geocaches, bei denen man am Ende einen kleineren oder größeren Schatz findet. Hier darf man sich dann in ein Logbuch eintragen und meist auch eine Kleinigkeit mitnehmen – allerdings unter der Bedingung, dass man für den nächsten Finder ebenfalls wieder einen kleinen Schatz hinterlässt. Dieser sollte dem Gefundenen in Größe, Art und Wert möglichst ähnlich sein.
- Mystery-Caches oder auch Puzzle-Caches erfordern die Lösung verschiedener Aufgaben, um an den Schatz zu gelangen. Viele sind so aufgebaut, dass man das Rätsel zunächst zu Hause lösen muss und sich anschließend auf den Weg zum Zielort macht. Andere hingegen offenbaren ihre Geheimnisse erst vor Ort oder stellen einem mehrere Rätsel, die man immer erst dann bekommt, wenn man das vorherige gelöst hat.
- Event-Caches sind Caches, die – wie der Name bereits vermuten lässt – nicht zu einem Schatz, sondern zu einem geheimen Event führen. Es kann sich dabei um kleinere, lokale Events handeln, bei

denen sich einige Geocacher treffen, um gemeinsam etwas zu unternehmen. Es gibt allerdings auch sogenannte Mega-Events mit mehr als 500 Teilnehmern oder sogar Giga-Events mit über 5000 Teilnehmern. Hier treffen sich dann meist Geocacher aus aller Welt.

Darüber hinaus gibt es natürlich noch eine ganze Reihe weiterer Cache-Kategorien, aber sie alle zu erklären, würde hier etwas ausarten. Wenn Sie das Thema interessiert, werden Sie früher oder später ohnehin dahinterkommen.[12]

DIE RICHTIGEN CACHES FÜR DIE RICHTIGE GELEGENHEIT FINDEN

Wenn Sie noch nie zuvor in Ihrem Leben beim Geocachen waren, sollten Sie erst einmal mit einfachen Single-Caches anfangen, um herauszufinden, ob Ihnen das Prinzip überhaupt liegt. Während es Erwachsenen in der Regel vor allem um die Herausforderung an sich geht, ist für Kinder meist der Schatz, den man am Ende finden kann, das Interessanteste. Wenn Sie mit Kindern unterwegs sind, sind Mikro-Caches daher als Ziel nicht so geeignet, da sich in ihnen oft nur ein Logbuch, aber kein Schatz befindet. Das kann für ein Kind echt enttäuschend sein.

Besonders faszinierend sind Mystery-Multi-Caches, also spezielle Schnitzeljagden, bei denen man bestimmte Aufgaben erfüllen muss, um am Ende den Schatz zu finden. Einige beinhalten knifflige Rätsel und Denksportaufgaben. Andere lassen sich nur in der Nacht finden. Wieder andere führen in verlassene Kanalisationssysteme, einsame Gebäude, Höhlen oder Bergwerke. In diesen Fällen wird also Geocaching mit dem Erkunden von Lost Places (siehe Abenteuer Nr. 19) kombiniert. Und dann gibt es noch Caches, die eine spezielle Ausrüstung sowie gewisse körperliche Voraussetzungen und Fähigkeiten verlangen, weil man sie beispielsweise nur durch Klettern, Abseilen oder Tauchen erreichen kann.

Einmal haben Tobias und ich einen sogenannten »Nightmare Geocache« gemacht. Es war ein Multi-Cache, der von den Maskenbildern eines Theaters erstellt worden war und der einen in eine Art erlebbaren Gruselfilm entführte. Man schlüpfte in die Rolle eines Detektivs, der die brutalen Gräueltaten eines psychopathischen Serienmörders aufklären musste. Der Cache führte mitten durch den Wald, über verlassene stillgelegte Fabrikgelände und in längst verlassene Gebäude. Immer wieder lotsten uns die Geo-Koordinaten zu neuen Hinweisen, die uns Informationen zum Tathergang und zur Identität des Mörders lieferten. Doch sie führten uns auch zu den grausam zugerichteten Leichen der Opfer, die von den Maskenbildnern täuschend echt aus Bühnenrequisiten erschaffen und an besonders gruseligen Plätzen drapiert worden waren. Wir hatten oft Angst. Zugleich waren wir wie gefesselt. Glauben Sie mir, nach diesem Cache kamen uns Horrorfilme im Fernsehen nur noch wie Gutenachtgeschichten vor.

Vollkommen anders, aber genauso spannend, war ein Cache, der uns in ein unterirdisches Höhlensystem führte, in dem wir uns viermal abseilen und durch einige Gänge kriechen mussten, die kaum größer waren als wir selbst. Ein anderes Mal wurden wir durch Kanalschächte zu einem verlassenen U-Bahnhof geleitet, der auch ohne künstliche Leichen schon so gruselig war, dass uns der Atem stockte.

Geocaches können einem aber auch auf eine ganz andere Weise einen Nervenkitzel bereiten! So mussten wir uns einmal von einer Brücke abseilen, um an einen Cache zu gelangen, der vier Meter über dem Boden in einer Nische im Brückenpfeiler versteckt worden war. Nachdem wir verstanden hatten, worum es hierbei genau ging, haben wir die passende Ausrüstung besorgt. Dann war es kein Problem mehr, an den Cache zu kommen. Anders sah es mit einigen Kletter-Caches aus, die in steilen Felswänden versteckt waren. Für deren Bergung musste man geradezu unbezwingbare Kletterrouten bewältigen. Hier scheiterten wir bereits nach ein paar Metern und mussten zugeben, dass diese Schätze wohl nur den besten Kletterern vorbehalten waren.

Sie merken schon: Geocaching lässt sich von einem einfachen Sonntagsspaziergang im Park bis hin zu einer mehrtägigen Schatzsuche, einem Gruselabenteuer oder einem kaum bezwingbaren Sportereignis steigern. Je nachdem, wonach einem gerade ist.

Es gibt normale Geocache-Abenteuer, aber auch die ultimativen Erlebnisse, von denen man sich noch nach Monaten erzählt. Es ist ein wenig wie bei der Lost-Place-Bewegung aus dem vorhergehenden Abenteuer. Sobald man in der entsprechenden Community ist, kommt man sehr schnell an Informationen, wo es die spannendsten und aufregendsten Multi-Caches gibt und welche man unbedingt gemacht haben sollte. Ohne Geocaching hätte ich viele traumhafte Orte in Deutschland, aber auch in anderen Ländern niemals gesehen. Das Schöne beim Geocachen ist, dass viele ihre Caches an ihren Lieblingsorten oder an ganz speziellen und außergewöhnlichen Plätzen verstecken. Man kann also oft nicht nur einen kleinen Schatz, sondern auch den persönlichen Traumort einer völlig fremden Person entdecken, den diese bewusst auch anderen zeigen will.

DIE WICHTIGSTEN GRUNDLAGEN DES GEOCACHINGS

- Ein Geocacher versteckt einen Geocache. Anschließend veröffentlicht er die Koordinaten auf Geocaching.com, sodass andere den Cache finden können.
- Die Spieler navigieren dann mit der Geocaching®-App oder einem GPS-fähigen Gerät zu den angegebenen Koordinaten.
- Es gibt Single- und Multi-Caches. Bei einem Single-Cache müssen Sie den Cache an einer bestimmten Koordinate finden. Dagegen sind Multi-Caches Schnitzeljagden, die immer wieder neue Koordinaten preisgeben, sodass Sie zum Endziel kommen können. Multi-Caches sind häufig mit Denkaufgaben verbunden.
- Die Geocaches enthalten mindestens ein Logbuch, in das sich die Spieler eintragen können. Nach dem Unterschreiben protokollieren die Spieler ihr Erlebnis in der Geocaching®-App oder auf Geocaching.com. Sie können dann eine Belohnung bzw. eine Wertschätzung in Form eines Punktes und eines digitalen Smileys an den Ersteller des Caches vergeben.

- Einige Geocaches enthalten kleine Schmuckstücke zum Tauschen. Wenn ein Geocacher etwas aus dem Geocache nimmt, lässt er etwas anderes zurück, das dengleichen oder einen höheren Wert hat.
- Auch reisende Spielfiguren, sogenannte Trackables, können in Geocaches gefunden werden. Diese Trackables haben eine eindeutige Tracking-Nummer eingraviert und bewegen sich von Geocache zu Geocache in Richtung eines Ziels.
- Geocaches sind oft gut versteckt, aber nie vergraben.
- Geocaches werden grundsätzlich an den Ort zurückgelegt, an dem sie gefunden wurden, damit der nächste Geocacher sie ebenso gut entdecken kann.

Schließen Sie sich der größten Schatzsucher-Community der Welt an!

Geocaching ist ein echtes Abenteuer in der freien Natur, das ständig und überall auf der Welt stattfindet. Es gibt Millionen von Geocaches in 190 Ländern, die nur darauf warten, entdeckt zu werden. Wahrscheinlich gibt es auch einige direkt vor Ihrer Haustür!

21. TIERISCHE AUSFLÜGE

Indoor und Outdoor

Schwierigkeitslevel: leicht

Dauer: 3 bis 6 Stunden

Kosten: 0 bis 80 Euro, Hai-Tauchen circa 150 bis 200 Euro

Ort: deutschlandweit

Ausrüstung: keine

Gut zu wissen!

Achten Sie bei der Wahl Ihrer tierischen Ausflüge genau darauf, dass Sie nicht bei einem Anbieter buchen, bei dem die Tiere leiden oder misshandelt werden. Es gibt Tiererlebnisse, bei denen Mensch und Tier sich gegenseitig bereichern. Aber es gibt auch solche, bei denen die Tiere zu reinen Objekten degradiert werden. Leider lassen sich die einen von den anderen oft nicht so leicht unterscheiden und es gibt hier auch keine klare Grenze, sodass man sagen kann, diese Tiererlebnisse sind gut und andere sind schlecht. Sobald ein Tier für menschliche Ziele eingesetzt wird, wird es in seiner natürlichen Lebensweise eingeschränkt. Haustiere leben niemals artgerecht und sind zum Teil grauenhaft überzüchtet. Dennoch bedeutet das nicht, dass ihre Besitzer sie nicht lieben und alles daransetzen, ihnen ein schönes Leben zu ermöglichen. Wir möchten an dieser Stelle nicht urteilen, sondern Sie stattdessen bitten, selbst nach Ihrem eigenen Gefühl vorzugehen und nur Erlebnisse zu machen, bei denen Sie ein gutes Gefühl haben. Gehen Sie außerdem immer respektvoll mit den Tieren um. Begegnen Sie Ihnen stets mit der Absicht, auch ihnen etwas Gutes zu tun und zu ihrem Wohlbefinden beitragen zu wollen.

Beachten Sie auch, dass Sie für einige Tiererlebnisse wie das Ausführen von Heim-Hunden evtl. erst einen Kurs machen müssen, in dem Sie den richtigen Umgang mit den Tieren erlernen.

Tierbegegnungen sind immer etwas ganz Besonderes: Tiere spiegeln uns auf eine Art und Weise, die wir von Menschen nicht gewohnt sind. Dadurch kann Ihnen der Umgang mit Tieren sehr viel über sich selbst verraten und Sie können viel von Ihren neuen Bekannten aus dem Tierreich lernen.

Das sympathischste Mikroabenteuer mit Tieren ist sicherlich ein Besuch im Tierheim mit der Absicht, einem Hund, einer Katze oder einem anderen Tier ein neues Zuhause zu geben. Worüber sich die Tiere im Tierheim aber ebenfalls freuen? Wenn Sie einen Hund ausführen und mit ihm eine lange und ausgiebige

Runde durch den Wald drehen. Somit tun Sie sich beiden einen Gefallen: Sie erleben einen schönen Tag mit dem Hund und er darf dank Ihnen raus in die Freiheit. Vielleicht gewöhnen Sie sich auch so sehr an den Leihhund, dass Sie ihn gar nicht mehr hergeben wollen, wenn die treuen Hundeaugen Sie anblicken, Ihr Herz weich wird und Sie wissen, dass Sie einen neuen Partner für Mikroabenteuer gefunden haben. Alternativ können Sie sich auch in Ihrer Nachbarschaft umhören, ob jemand Hilfe beim Gassigehen braucht.

Natürlich gibt es noch viele weitere spannende Erlebnisse mit Tieren, die Sie machen können, angefangen bei einem Besuch im Wildpark in Ihrer Nähe bis hin zu einer Fotosafari in Afrika.

TIERISCHE ABENTEUER SIND BALSAM FÜR DIE SEELE

Haben Sie schon einmal einen Hai aus der Nähe beobachtet, sind mit Delfinen geschwommen, haben Kängurus gestreichelt, Tiger gefüttert oder sind Sie mit einem Rentier spazieren gegangen? Tiere sind Balsam für die Seele und durch ihren geheimen Zugang zum Herzen des Menschen wirken sie manchmal besser als jede Medizin. Gemeinsame Abenteuer, spielerische Bewegung und belebende Unbeschwertheit verschönern nicht nur den Alltag, sondern auch den Urlaub.

Tiere bewerten uns nicht. Daher ist die Beziehung zwischen Mensch und Tier von einzigartiger Natur. Wer Sie sind, ob Sie gesund sind oder wie Ihr sozialer Status ist, ist für die Tiere nicht von Belang. Nur Ihr Charakter, Ihre Aura und der Umgang mit dem Tier über Körperkontakt und Körpersprache zählen. Wer Liebe und Freude gibt, bekommt genau dies wieder zurück. Mikroabenteuer mit Tieren bietet Ihnen an vielen Orten zahlreiche Möglichkeiten, Ihren Alltagsstress zu vergessen und neue Energie zu tanken. Ein paar dieser tierischen Abenteuer möchten wir Ihnen gerne vorstellen.

WELCHE TIERISCHEN ABENTEUER KANN ICH ERLEBEN?

Es gibt zahlreiche Möglichkeiten, ein Abenteuer mit Tieren zu unternehmen, zum Beispiel:

- Eine Alpaka-Wanderung unternehmen
- Eine Wanderung mit Huskys machen
- Eine Lama-Wanderung machen
- Ein Esel-Trekking mitmachen
- Rentierschlittenfahren oder Rentierwanderungen genießen
- Falkner für einen Tag sein
- Kranke Tiere pflegen
- Kamelreiten lernen
- Wanderreiten ausprobieren
- Eine Tour mit dem Hundeschlitten machen
- Einen Schnupper-Reitkurs besuchen
- Holzrücken mit Pferden ausprobieren
- In den Zoo gehen
- Sea Life besuchen
- Haustier-Fotoshooting mit Ihrem Liebling machen
- Ein Reptilienhaus besuchen
- Löwen oder Tiger füttern
- Mit Haien tauchen
- Ein Picknick in einem Wildpark machen
- Einen Tag auf einem Bauernhof verbringen
- Vögel beobachten

22. GLÜCKSRAD-URLAUB

Outdoor

Schwierigkeitslevel: leicht

Dauer: Flexibel, je nach Dauer das Urlaubs

Kosten: Ticket- und Hotelkosten

Ort: Wird durch das Spiel entschieden

Ausrüstung: Glücksrad und Gepäck

Gut zu wissen!

Glücksrad-Urlaub ist kein echtes Mikroabenteuer. Vielmehr ist es ein Megaabenteuer, von dem Sie Ihren Enkeln erzählen werden!

Als wir jung und wild waren, sind wir ab und an an den Flughafen gefahren und haben am Schalter nach Flügen für einen Mikroabenteuer-Urlaub Ausschau gehalten. Der Deal war so einfach wie wahnwitzig: Wir haben ein Glücksrad gebastelt, auf dem wir vor Ort alle Namen der aktuell verfügbaren Flugziele eintragen konnten. War das erledigt, spielten wir Glücksrad – und zwar nach den üblichen Regeln. Mit anderen Worten: Genau dort, wo das Rad stehen blieb, flogen wir hin.

Beim ersten Mal blieb unser Glücksrad auf der Türkei stehen. Also buchten wir den günstigsten Flug in die Türkei. Wenig später landeten wir dort und wussten nicht, was auf uns zukommen würde. Es war nichts organisiert und wir mussten uns um alles selbst kümmern. Aber genau das machte die Spannung und das Erlebnis aus. Denn gerade dadurch entstand so manche unvergessliche Begegnung und selbst das Buchen eines Hotels vor Ort wurde ein Abenteuer.

VARIATIONSMÖGLICHKEIT

Mindestens genauso lustig, aber etwas schonender für den Geldbeutel war es, die Reise nicht auf der Basis vom Glücksrad, sondern von »Der Preis ist heiß!« zu buchen. Hierfür fuhren wir zum Flughafen unserer Wahl und fragten am Schalter nach, welche Flieger in der nächsten Stunde abheben würden. Dann wählten wir den günstigsten aus und flogen hin, wo immer er uns auch hinführte. Beim ersten Mal landeten wir auf diese Weise in London und verbrachten dort ein Wochenende.

Tipp: Diese Art der Mikroabenteuer kann durchaus Spaß machen und sogar besonders aufregend sein, wenn man sie alleine macht. Denn so ist man darauf angewiesen, vor Ort andere Menschen kennenzulernen. Gerade am Anfang ist es jedoch ratsam, wenn man diese verrückten Reisen mit Gleichgesinnten unternimmt, sodass man jemanden bei sich hat, mit dem man seine Erlebnisse teilen kann.

23. HORROR-MOVIE-NIGHT IM GEISTERHAUS ODER IM WALD

Indoor und Outdoor

Schwierigkeitslevel: leicht

Dauer: 1 Abend bis 1 Nacht

Kosten: Verpflegung und eventuell Leihgebühr für einen Horrorfilm

Ort: gruseliger Ort Ihrer Wahl

Ausrüstung: Laptop, Decke, Leckereien zum Schlemmen und schmackhafte Getränke

Gut zu wissen!

Achtung! Nichts für schwache Nerven. Falls Ihnen Horrorfilme bereits unter normalen Umständen zusetzen, dann ist dieses Abenteuer vielleicht nicht ganz das Richtige für Sie. Und: Wenn Sie Geisterhäuser aufsuchen wollen, müssen Sie darauf achten, dass Sie keinen Hausfriedensbruch begehen.

Falls Sie sich gerne gruseln und ein Fan von Horror- oder Gruselfilmen sind, ist dieses Abenteuer wie gemacht für Sie! Die Idee ist ebenso einfach wie effektvoll: Suchen Sie sich einen besonders gruseligen Ort mit einer unheimlichen Atmosphäre und sehen Sie sich dort auf dem Laptop einen Horrorfilm an. Nichts bringt mehr Adrenalin in den Körper, als einen Horrorfilm in einer Burg, in einem Geisterschloss, in einer Gruselvilla oder einem Folterkeller zu gucken. Noch gruseliger wird es, wenn Sie sich mit Freunden in den Wald begeben und dort einen Horrorfilm ansehen, der auch in einem Wald spielt. Generell wird der Effekt umso größer, je mehr der Ort, den Sie für Ihre Horror Movie Night auswählen, den Schauplätzen im Film ähnelt. Laden Sie sich einfach einen Horrorfilm auf den Laptop, packen Sie Ihre Freunde ein und begeben Sie sich an einen Ort mitten im Wald. Sie können sich sicher vorstellen, wie sehr es die Spannung steigert, wenn es genau in dem Moment in den Bäumen hinter Ihnen knackt und raschelt, wenn sich der Serienmörder im Film gerade an sein nächstes Opfer heranschleicht.

ERWEITERUNGSMÖGLICHKEITEN

Dieses Abenteuer lässt sich auch super mit der Gruselnachtwanderung aus Abenteuer 24 kombinieren oder an Orten veranstalten, die man bereits durch die Erforschung der Lost Places aus Abenteuer 19 entdeckt hat. Vergessen Sie jedoch nicht, dass Sie sich an geltendes Recht halten und keine Orte aufsuchen, an denen Sie Hausfriedensbruch begehen. Es gibt viele Burgen und alte Gebäude, die frei zugänglich sind. Sie entscheiden, wo Sie sich gruseln wollen.

Unsere besten Gruselabenteuer haben Tobias und ich auf unserer Wanderung durch Europa erlebt. Hier haben wir stets die ungewöhnlichsten Schlafplätze zur Verfügung gestellt bekommen. Einige davon waren wirklich sehr gruselig. Wenn wir an einem solchen Ort landeten, suchten wir uns den dafür passenden Horrorfilm heraus. Die Highlights waren dabei Der Exorzist in einer alten Friedhofskapelle, Saw in einem verlassenen Irrenhaus und Escape Room nachts allein im Museum.

24. DIE NACHTWANDERUNG ALS CHALLENGE

Outdoor

Schwierigkeitslevel: leicht bis mittel

Dauer: 3 bis 5 Stunden

Kosten: keine, eventuell ein Zooticket

Ort: heimatnah

Ausrüstung:

- Wanderkleidung – dem Wetter angepasst
- Stirn- oder Taschenlampe
- Fotoapparat oder Smartphone
- Eventuell Grabkerzen oder Teelichter in Gläsern, kleine Knicklichter aus dem Anglerbedarf, Fackeln, ein langes, stabiles Seil oder ein fester Strick, der sich nicht mit der Hand zerreißen lässt
- Je nach Aktion: »Grusel-Requisiten«, Augenbinden, verschiedene Lebensmittel als Probierhappen, GPS-Gerät oder Smartphone mit GPS-Funktion, Kompass, Tücher oder Stoffstreifen als »Lebensbänder«

Gut zu wissen!

Es gibt Wälder, die man nicht in der Nacht betreten darf, hier sollten Sie sich vor Ort informieren.

Nachts wirkt alles anders, es ist mysteriöser. Die Geräuschkulissen verändern sich und die Tiere im Wald haben nun eine ganz andere Wachsamkeit. Im Sommer ist die ideale Zeit, um das Mikroabenteuer einer Nachtwanderung anzugehen. Denn die Sommernächte sind lau und wenn man den Heimweg nicht sofort findet, ist es nicht schlimm, weil die Nacht zum Verweilen einlädt.

WELCHE ARTEN VON NACHTWANDERUNGEN GIBT ES?

- Klassische Nachtwanderung im Wald
- Nachts im Zoo (wenn dies als offizielle Veranstaltung vom Zoo angeboten wird)
- Nachtwanderung für Tierbeobachter
- Nachtwanderung für Gruselfans
- Nachtwanderung für Sternforscher
- Nachtwanderung mit Orientierungs-Challenge
- Nachtaktion: Jäger und Gejagte

1. KLASSISCHE NACHTWANDERUNG IM WALD

Die meisten kennen diese Art der Nachtwanderung noch aus ihrer Kindheit. Doch sie macht auch Erwachsenen jede Menge Spaß. Am schönsten ist es, wenn man sich hierfür in einer kleinen Gruppe zusammentut und ein oder zwei Personen die Nachtwanderung vorbereiten. Dadurch kann man verschiedene Elemente einbauen, die dieses Mikroabenteuer spannender, interessanter und auch intensiver machen. Suchen Sie sich dazu am besten bereits im Hellen eine Strecke aus, die für Ihre Nachtwanderung besonders gut geeignet ist. Markieren Sie alle wichtigen Punkte, sodass Sie diese auch im Dunkeln wiederfinden. Gerade in dichten Wäldern und/oder bei Nächten mit wenig Mondschein kann es sinnvoll sein, Abzweigungen mit Knicklichtern zu markieren, um diese später ohne Taschenlampe wiederzufinden.

Am stimmungsvollsten ist diese Art der Nachtwanderung, wenn Sie dabei keine Taschen- oder Stirnlampen verwenden. Stattdessen können Sie folgende Elemente zur Orientierung in die Nachtwanderung einbauen:

- Fackelwanderung: Jeder bekommt eine Fackel, die er in der Hand hält, und man geht gemeinsam – am besten schweigend – durch den Wald. Vorsicht: Fackeln sind nicht ganz ungefährlich, vor allem, wenn es windig ist. Passen Sie also gut auf, dass sich niemand verbrennt. Befestigen Sie gegebenenfalls Pappscheiben am Fackelstiel, damit kein Wachs auf die Finger tropfen kann.
- Kerzengang: Stellen Sie Grabkerzen oder Teelichter in Gläsern entlang des Weges auf, sodass man immer von einem Licht zum nächsten gehen kann. Dies ist vor allem auf geschwungenen Trampelpfaden in dichteren Wäldern besonders schön, wenn man immer nur wenige Kerzen im Voraus sehen kann und wenn man nacheinander geht, sodass jeder das Gefühl hat, allein zu sein.
- Lichtergang: Anstelle von Kerzen kann man auch kleine Knicklichter verwenden. Diese wirken im Dunkeln ein wenig wie Glühwürmchen. Spannend ist das vor allem, wenn wirklich Glühwürmchen unterwegs sind und man immer abschätzen muss, welche Lichter einem den Weg weisen und welche nur zufällig da sind.
- Nightline: Dies macht vor allem an sehr dunklen Stellen Spaß, wenn man fast nichts mehr sehen kann. Spannen Sie dafür im Hellen eine stabile Schnur oder ein dünnes Seil als Führungslinie kreuz und quer zwischen die Bäume. Wichtig ist, dass die Schnur oder das Seil so stabil ist, dass nichts reißen kann. Denn sonst steht man schnell ohne Orientierung da. Im Dunkeln kann sich dann einer nach dem anderen am Seil entlangtasten, bis er das Ende erreicht. Hier ist

es sinnvoll, wenn einer der Organisatoren die Ankommenden in Empfang nimmt, damit sie wissen, dass die Führungslinie endet und wohin sie nun gehen sollen. Wenn es nicht so dunkel ist, dass man sich rein aufs Fühlen verlassen muss, kann man auch Augenbinden verwenden.

- Tasting in the Dark: Wenn Sie mehrere Personen sind, können Sie sogar einen Wettbewerb starten. Als ich eine Ausbildung zum Waldkindergärtner geleitet habe, wollten die Teilnehmer mit mir ein Spiel machen. Also wurden die unterschiedlichsten Nahrungsmittel aus unserem Camp mit zur Nachtwanderung genommen. Dort durfte ich im Wald dann verschiedene Kostproben essen und erraten, was es war. Und ja, ich war nicht der Held darin, aber wir hatten einen Wahnsinnsspaß damit!

2. NACHTS IM ZOO

Einige Zoos bieten an, dass man sie an bestimmten Tagen auch nachts besuchen darf. Die Pforten werden meistens zwischen 19:30 und 20:00 Uhr geöffnet und man darf die ganze Nacht die Gewohnheiten der Tiere beobachten. Ich selbst war ein absoluter Fan davon, nachts in den Zoo zu gehen, da es unglaublich faszinierend ist, was sich verändert, wenn kaum mehr Gäste da sind und die Tiere sich ungestört fühlen. Oft habe ich Stunden vor einzelnen Gehegen ausgeharrt und einfach nur das Verhalten der Tiere studiert. Denn für mich waren vor allem die Tiere interessant, die sehr nachtaktiv waren. In der Zeit, als ich im Nationalpark Bayerischer Wald gearbeitet habe, bin ich oft noch nachts im Wald spazieren gegangen und habe das Wolfs- und Bisongehege oder die Greifvogelvolieren besucht. In der Nacht ist die Stimmung vollkommen anders als am Tag. Man hat das Gefühl, als würden einen die Tiere nun in eine geheime Welt mitnehmen, die den Besuchern tagsüber verborgen bleibt. Vor allen nach anstrengenden Arbeitstagen war dies für mich wie eine Belohnung am Abend. Ich konnte mich entspannen und ganz für mich sein. Gleichzeitig spürte ich eine unglaubliche Verbundenheit mit den Raubvögeln, den Wölfen und den Bisons, die voller Wachsamkeit in der Dunkelheit umherstreiften und mich mindestens so genau beobachteten wie ich sie.

3. NACHTWANDERUNG FÜR TIERBEOBACHTER

Als ich täglich eine Stunde an meinen Sitzplatz in der Natur verbracht habe (siehe Abenteuer Nr. 7), habe ich das für längere Zeit ganz bewusst in der Nacht gemacht. Denn ich wollte erleben, was der Wald im Schutz der Dunkelheit zu bieten hat. Dadurch machte ich ganz automatisch regelmäßige Nachtwanderungen, um zu meinem Platz zu gelangen und anschließend wieder zurückzugehen. Es ist so unglaublich spannend, was man im Wald alles hören und sehen darf, wenn es dunkel wird. Die Tiere sind nun in ihrem Element – allein und ungestört. Ich habe in dieser Zeit mehr Tiere beobachten können als bei allen anderen Wanderungen. Fledermäuse, Eulen, Uhus, Füchse, Dachse und viele andere werden nachts erst so richtig aktiv. Der Waldkauz ruft, es raschelt und knistert und vieles mehr. Einmal konnte ich mich sogar mit einem Kuckuck unterhalten, indem ich seinen Ruf spiegelte, sodass er irgendwann immer näherkam. Vertraut und gar nicht mehr schüchtern waren auch ein Igel und ein Marder, die ich ein anderes Mal treffen durfte. Bei einer Nachtwanderung mit Teilnehmern unserer Wildnisschule sind wir ganz zufällig in ein Tal mit Glühwürmchen gekommen. Sie können sich sicherlich vorstellen, wie magisch dies für uns war.

Vor allem, wenn man leise und vorsichtig ist, kann man bei einer Nachtwanderung im Wald eine Vielzahl von Tieren hören und sogar beobachten. Je weniger Sie Ihre Taschenlampe benutzen und je leiser Sie durchs Unterholz schleichen, desto mehr Tiere werden Sie schließlich sehen. Wichtig dabei ist, dass Sie die Tiere nicht stören. Einige der nachtaktiven Waldbewohner können in der Dunkelheit fast genauso gut sehen wie am Tag. Diese hervorragende Fähigkeit haben wir Menschen nur zum Teil. Wenn das menschliche Auge länger als 40 Minuten keine Lichtquelle gesehen hat, wird die Fähigkeit, im Dunkeln zu sehen, meist leicht verstärkt. Dadurch nehmen Sie immer mehr Schatten und Silhouetten wahr. Die meisten Waldtiere kann man nur nachts belauschen, wofür man am besten die »Rehohren-Methode« anwendet. Dazu nehmen Sie die Hände, halten diese hinter die Ohren und richten den dadurch erzeugten Schalltrichter in die Richtung, in der Sie lauter hören wollen. Plötzlich hören Sie das Zirpen der Grillen, das Knacken der Äste von den Schritten eines Rehs, den Ruf eines Hirsches oder den Nachtruf des Kauzes.

Welche Challenges kann ich in meine Nachtwanderung zur Tierbeobachtung einbauen?

- Wer kann die meisten Tiere mit den Augen ausmachen?
- Wer kann die meisten Tiere mit den Ohren ausmachen?
- Wer kann die meisten Vögel an ihrem Ruf erkennen?
- Wer kann ohne Taschenlampe Dinge am Waldboden erfühlen und dann erraten, worum es sich handelt?

4. NACHTWANDERUNG FÜR GRUSELFANS

Wenn es nicht zu viel wird und keine echte Angst daraus wird, macht es durchaus Spaß, sich ein wenig zu gruseln. Und eine Nachtwanderung ist natürlich geradezu prädestiniert dafür. Vor allem, wenn man sie gemeinsam mit einer kleinen Gruppe macht. Hierfür bereitet jeder eine Gruselgeschichte vor, mit der er die anderen ängstigen kann. Die Challenge besteht darin, eine Geschichte zu erzählen, die so gruselig ist, dass den anderen Teilnehmern allein schon vom Zuhören die Haare zu Berge stehen.

Als ich damals mit einem Schäfer und mehreren Wildnispädagogen dieses Spiel bei einer Nachtwanderung gemacht habe, packte der Schäfer einen Stock und schmierte sich Schlamm ins Gesicht. Mit einem Schafsfell als Umhang und seinem Filzhut lehrte er uns eindrucksvoll das Schaudern. Wir dachten wirklich, wir wären direkt in einem Horrorfilm gelandet, so gut wurde uns die gruselige Geschichte präsentiert.

Apropos Horrorfilm: Die Horror Movie Night (siehe Abenteuer Nr. 23) lässt sich sehr gut mit einer Gruselnachtwanderung verbinden. Dafür können Sie beispielsweise den Ort, an dem Sie den Horrorfilm schauen wollen, mit einer Gruselwanderung erreichen.

Welche Challenges kann ich in meine Nachtwanderung für Gruselfans einbauen?

- Teilen Sie sich zunächst in zwei Gruppen auf. Jede Gruppe versucht, die andere bestmöglich zu erschrecken. Die Gruppe, die den anderen den größten Schrecken eingejagt hat, hat gewonnen.
- Welche Gruselgeschichte war die beste? Gestalten Sie die Horrorstunde als Wettbewerb. So ist jeder noch motivierter, die beste Horrorgeschichte zu erzählen.
- Geisterbahn im Wald: Jeder kennt Geisterbahnen vom Jahrmarkt. Die meisten lieben sie, selbst wenn die Schrecken in der Regel noch so schlecht inszeniert sind. Lassen Sie sich von diesem Retro-Grusel-Stil inspirieren und inszenieren Sie eine Geister-Wanderung im Wald. Dazu müssen Sie die Strecke bereits bei Tag begehen und verschiedene »Fallen« und »Dekorationen« anbringen. Am besten können Sie sich zur Halloween-Zeit mit den entsprechenden Utensilien eindecken. Lassen Sie eine abgehackte Hand auf einem Baumstamm liegen, Spinnen von einem Baum direkt über den Weg baumeln und ein Skelett zwischen den Baumen hervorlugen. Noch besser ist es natürlich, wenn es Ihnen gelingt, Statisten für Ihre Grusel-Wanderung zu gewinnen, die als Zombies, Geister oder berühmte Horrorfilm-Killer durch den Wald huschen und die Teilnehmer erschrecken.

5. NACHTWANDERUNG FÜR STERNFORSCHER

Wofür könnte eine Nachtwanderung besser geeignet sein, als zum Sternebeobachten? Damit das auch wirklich ein schönes Erlebnis wird, sollten Sie vor allem in sehr klaren Nächten rausgehen. Zudem sollten Sie sich von Städten und großen Siedlungsräumen fernhalten, wo die vielen Stadtlichter den Sternenhimmel leider verschmutzen. Für jemanden, der in einer Stadt lebt, ist der Anblick eines Sternenhimmels in voller Pracht zumeist ein sehr seltener Anblick. Umso beeindruckender ist es dann natürlich, wenn man doch einmal die Gelegenheit bekommt, einen solchen Himmel in aller Ruhe zu beobachten. Draußen in der Natur gibt es kein künstliches Licht – und so können Sie plötzlich alle Sterne und sogar die Milchstraße am Firmament wahrnehmen. Es ist kein Wunder, dass die Menschen seit Jahrhunderten von den Sternen in den Bann gezogen werden. Schon in der Antike begannen die ersten Astronomen in Griechenland, die Sternbilder nach den Zeitaltern zu benennen. Wenn Sie eine Nachtwanderung für Sternforscher machen, können Sie die ganze Pracht des Himmels in vollen Zügen genießen und gleichzeitig noch lernen, wie Sie sich am Himmel zurechtfinden und mithilfe der Sterne navigieren können. Denn auch, wenn wir theoretisch fast jede Nacht in der Lage wären, den Himmel zu beobachten, kennen die meisten von uns vielleicht gerade einmal den Großen Wagen. Das wollen wir nun ändern.

Orientieren anhand der Sterne: Was muss ich dafür wissen?

Die erste Frage, die wir uns stellen sollten, wenn wir uns anhand der Sterne orientieren möchten, ist: »Wie finde ich den Nordstern?« Wenn Sie den Nordstern gefunden haben, wissen Sie automatisch, wo Norden liegt. Damit sind Sie ein großes Stück weiter. Legen wir also los und sehen wir uns einmal an, wie wir den Nordstern (auch Polarstern genannt) sicher und zweifelsfrei am Himmel ausmachen können. Der Nordstern befindet sich immer genau an dem Punkt, auf den auch die Nadel von jedem Kompass zeigt. Und obwohl nahezu alle Sterne permanent über den Himmel wandern, bleibt der Nordstern immer genau an derselben Stelle.

Was muss ich über den Nordstern wissen?

Vertraut man den Erkenntnissen, die unsere Astronomen aus ihren Forschungen über das Weltall gewonnen und veröffentlicht haben, dann ist der Nordstern eigentlich gar kein einzelner Stern, sondern eher ein kleines Sternensystem. Dieses besteht aus drei Sternen, die eine zentrale Masse umkreisen. Der größte dieser Sterne trägt den Namen Polaris A. Er ist ein massereicher gelber Riese, der etwa drei- bis siebenmal so groß ist wie die Sonne. Abgesehen von seiner gewaltigen

Größe ist Polaris A auch extrem hell – er leuchtet heller als 2500 Sonnen. Da er drei- bis vierhundert Lichtjahre von der Erde entfernt ist (was im kosmischen Vergleich relativ wenig ist), ist er sehr leicht zu erkennen.[13]

Für einen Sternengucker ist das Wichtigste, was man über den Nordstern wissen sollte, dass er fast am nördlichsten Himmelspol der Erde steht. Mit anderen Worten: Er steht direkt über ihm. Aus diesem Grund scheint der Nordstern sich nur wenig zu bewegen, während sich der Rest des Himmels um ihn dreht. Um dieses Phänomen sichtbar zu machen, brauchen Sie nur eine Fotokamera mit großer Lichtstärke und einer Langzeitbelichtungsfunktion. Wenn Sie das Bild geschossen haben, sehen Sie, dass alle Sterne einen Schweif haben – bis auf einen. Genau um diesen Stern geht es hier. Er ist der Stern, der uns in klaren Nächten verrät, wo Norden ist. Das heißt, wenn Sie den Nordstern ansehen und Ihre Arme ausstrecken, zeigt Ihre rechte Hand nach Osten und Ihre linke Hand nach Westen.

Missverständnisse über den Nordstern

Der Nordstern ist einfach zu finden, wenn man weiß, wonach man suchen muss. Dennoch gibt es einen weit verbreiteten Irrglauben, der dazu führen kann, dass man sich verirrt, wenn man nicht vorsichtig ist:

Der Nordstern ist nicht der hellste Stern am Himmel, sogar nicht einmal annähernd. Denn diese Auszeichnung geht an Sirius A – auch bekannt als der »Hundsstern«. So mancher Amateur-Navigator hat sich verirrt, weil er dem Hundsstern folgte, während er dachte, er hätte den Polarstern im Visier.

Wie kann ich den wahren Nordstern finden?

Ein weiterer häufiger Fehler, den es zu vermeiden gilt, ist die Verwendung der falschen Sternmuster, um den Nordstern zu finden. Der Polarstern ist die Spitze des Henkels des Kleinen Wagens. Da man den Großen und den Kleinen Wagen leicht verwechseln kann, wird häufig der falsche Stern für den Nordstern gehalten. Auch dies führt zu einer Fehlnavigation. Um dieses Problem zu lösen, sollten Sie zuerst nach dem Großen Wagen suchen. Denn der Große Wagen ist eines

der am einfachsten zu findenden Sternmuster. Zudem erscheint er auf der Nordhalbkugel jede Nacht am Himmel. Er ist heller und größer als der Kleine Wagen, deshalb werden Sie ihn in der Regel auch zuerst sehen.
Die einzige Schwierigkeit besteht darin, dass er je nach Jahreszeit an einer anderen Position und in einem anderen Winkel zu finden ist. Es ist daher sehr hilfreich, sich das folgende Sprichwort zu merken, mit dem man sich die Suche direkt etwas erleichtern kann: »Spring up, fall down!«

Denn im Frühling und Sommer befindet sich der Große Wagen an seinem höchsten Punkt am Himmel, wohingegen er in den Herbst- und Wintermonaten weiter unten am Horizont zu sehen ist. Das Sprichwort verbindet hier also das englische Wort »spring« für Frühling in einer Eselsbrücke mit dem Wort »up« für oben. Zudem schafft es durch das Wort »fall« eine Assoziation zu den fallenden Blättern im Herbst. Diese wiederum werden mit dem Wort »down« für unten in Verbindung gebracht. Selbst wenn Sie sich nicht an dieses Sprichwort erinnern, dauert es in der Regel nicht lange, bis Sie die auffällige, hell leuchtende Formation am Himmel gefunden haben, die aussieht wie ein Karren mit einem Handgriff. Sobald Sie den Großen Wagen entdeckt haben, ist es einfach, auch den Kleinen Wagen zu finden.

Wenn Sie den Großen Wagen gefunden haben, suchen Sie die beiden hinteren Sterne des »Bollerwagens«, die die Rückwand des Wagens bilden. Denken Sie sich nun eine Linie, die diese beiden Sterne verbindet. Verlängern Sie diese Linie nach oben, also aus dem Bollerwagen hinaus, bis sie genau fünfmal so lang ist, wie die Bollerwagenrückwand. Dann haben Sie genau den Punkt, an dem Sie auf den Polarstern treffen.

Wenn Sie es richtig gemacht haben, müsste sich an dieser Stelle nun genau der äußerste Stern der Deichsel des Kleinen Wagens befinden. Also praktisch der Stern, der den Handgriff des kleinen Wagens bildet. Der Polarstern ist zwar nicht der hellste Stern am Himmel, er ist aber der hellste Stern des Kleinen Bären und kann deswegen kaum verfehlt werden.

Zusätzliche Möglichkeiten, wie jeder den Nordstern zuverlässig finden kann

Je nach Standort und den örtlichen Wetterbedingungen kann es schwierig sein, den Großen Wagen zu finden. Beispielsweise, weil er im Herbst an seinem tiefsten Punkt steht und sich kaum über den Horizont erhebt, oder auch einfach, weil er hinter Wolken versteckt ist. Zum Glück können Sie dann das Sternbild Kassiopeia, das von September bis November am klarsten zu sehen ist, nutzen, um den Großen Wagen zu finden. Suchen Sie dazu nach fünf Sternen, die am Nordhimmel den Buchstaben »W« bilden. Falls Sie kein »W« entdecken können, halten Sie stattdessen nach dem Buchstaben »M« Ausschau, denn Kassiopeia steht manchmal auf der Seite oder auf dem Kopf.

Betrachten Sie die drei Sterne, die den Mittelpunkt des »Ws« oder »Ms«

bilden, als Spitze eines Pfeils. Folgen Sie diesem Pfeil so lange, bis Sie einen hellen Stern erreichen. Dieser sollte der Nordstern sein. Um zu überprüfen, ob Sie richtigliegen, versuchen Sie, die anderen Sterne im Kleinen Wagen zu finden. Diese Methode ist jedoch ungenauer als die erste und erfordert daher etwas mehr Übung.

Die nächste Technik, um den Nordstern zu finden, erfordert Zeit und Geduld. Aber wenn Sie ohnehin gerade beim Sternebeobachten sind, kann dies eine gute Möglichkeit sein, den Nordstern zu finden. Beobachten Sie den Nachthimmel eine Weile – auch ein paar Stunden, sofern Sie Zeit haben. Achten Sie auf den Stern, der still steht, während andere sich um ihn herum bewegen: Das ist der Nordstern! Falls Sie den Nordstern noch nie finden konnten, ist diese Technik ein Garant dafür, dass Sie das erste Mal den Nordstern finden werden. Diese Technik eignet sich übrigens auch hervorragend als Aktion an Ihrem Sitzplatz im Wald (siehe Abenteuer 7).

Eine weitere Technik bezieht sich auf die Farbe des Nordsterns, den Sie finden sollten. Es gibt zwei Farben, bei denen Sie auf der Suche nach dem Nordstern Ausschau halten sollten: Gelb und Schwarz. Gelb ist die Farbe des Nordsterns, deshalb wirkt er, als wäre er ein gelber Riese. Zudem hat er einen leicht gelblicheren Farbton als einige andere Sterne in seiner Umgebung. Schwarz steht für die Region des Himmels, in der sich der Nordstern befindet. Der Polarstern hält sich in einem Teil der Milchstraße auf, in dem es weniger Sterne gibt, sodass der Bereich um ihn herum relativ dunkel wirkt.

Einige Kinder sagten in unseren Survival-Kursen, dass man den Polarstern auch über eine App finden könne. Das ist nicht ganz richtig. Denn die App kann weder auf den Polarstern zeigen noch kann man damit den Himmel scannen, sodass eine bunte Markierung auftaucht, wenn man die richtige Stelle erwischt hat. Die App zeigt lediglich, wie die Sternenmuster aussehen, und dient damit gewissermaßen als Himmelskarte, mit der man sich etwas leichter orientieren kann. Es gibt tatsächlich einige dieser Apps, die sehr gut und genau sind und die daher auch hilfreich sein können. Dennoch ist es nicht das Ziel, bei einer Nachtwanderung für Sternforscher schon wieder nur auf seinen

Handybildschirm zu starren. Versuchen Sie daher, zunächst einmal ohne die moderne Technik auszukommen.

Sobald Sie diese Challenge gemeistert und den Polarstern gefunden haben, können Sie versuchen, sich ein wenig anhand der Sterne zu orientieren. Seien Sie aber vorsichtig, dass Sie dabei nicht von Ihrem Weg abkommen oder sich gar verletzen, weil Sie nur noch in den Himmel, nicht aber auf eventuelle Hindernisse schauen. Am besten ist es daher, wenn Sie Ihre Nachtwanderung lieber immer wieder unterbrechen und an Stellen mit einer besonders schönen Sicht auf den Himmel stehen bleiben.

Den Sternenhimmel erforschen

Neben dem Nordstern gibt es natürlich noch weitere spannende Phänomene, die Sie am Himmel entdecken können. Es gibt immer wieder Tage im Jahr, an denen man besonders viele Sternschnuppen beobachten kann. Meist wird dies in Astronomieforen oder auch in der Presse angekündigt. Nehmen Sie sich Zeit, um eine Nachtwanderung zu unternehmen und die Sternschnuppen zu zählen. Derjenige von Ihnen, der am meisten Sternschnuppen gezählt hat, hat auch den größten Wunsch frei. In Spanien durfte ich einmal ganze Sternschnuppenschwarme beobachten, die aussahen wie leuchtende Regentropfen, nur noch etwas romantischer. Solche Nächte zu erleben ist etwas so Magisches, dass es einem für immer im Gedächtnis bleibt.

Falls Sie oder ein Freund ein Fernglas oder Teleskop haben, nehmen Sie es mit und schauen Sie sich die Mondoberfläche einmal genau an. Was fällt Ihnen auf? Ich selbst beobachte den Mond nun schon seit Jahren und die Schatten auf dem Mond wandern nicht. Sie sehen immer gleich aus – egal, zu welcher Nacht- oder Jahreszeit. Warum ist das wohl so?

Die Erklärung der Wissenschaft dazu lautet: Der Mond dreht sich zwar um die eigene Achse, doch er braucht für eine volle Drehung um sich selbst genauso lange, wie für eine Umrundung der Erde – nämlich 27 Tage und 7 Stunden. Aus diesem Grund wendet er uns immer dieselbe Seite zu.[14] Ob dies wirklich so ist oder ob es vielleicht eine ganz andere Erklärung gibt, kann letztlich niemand mit

Sicherheit sagen. Aber jeder kann mit eigenen Augen beobachten, dass der Mond immer genau gleich aussieht. Spannend, oder? Mysterien wie dieses gibt es noch viele und es kann sehr interessant sein, sich objektiv damit auseinanderzusetzen. Spannend ist es zum Beispiel, sich Erkenntnisse und Aussagen der Wissenschaftler über das Universum und seine Entstehung anzuhören oder durchzulesen und dann nach draußen zu gehen und zu prüfen, ob man Anzeichen dafür findet, die diese Aussagen stützen oder widerlegen.

Eine weitere sehr spannende Challenge ist es, mit einer Sternkarte so viele Sternbilder wie möglich zu finden. Hierfür haben wir einen Laserpointer verwendet, um den anderen Sternforschern zu zeigen, wo wir das Sternbild vermuten. Zusammen konnten wir sogar wirklich viele Sternbilder finden. Je länger man sich damit beschäftigt, desto leichter fällt es einem, ein Muster darin zu erkennen, wie sich die Sterne über unseren Himmel verteilen. Dadurch gelingt es Ihnen auch immer besser, sich einzelne Sternbilder einzuprägen.

6. NACHTWANDERUNG MIT ORIENTIERUNGS-CHALLENGE

Diese Nachtwanderung sollten Sie in einem Gebiet durchführen, das Sie gut kennen. Wichtig ist, dass in jede Richtung bereits nach wenigen Kilometern eine Straße oder ein fester Weg kommt. So können Sie besser zu Ihrem Ausgangspunkt zurückfinden. Packen Sie zudem eine helle Taschenlampe sowie ein Smartphone mit GPS-Funktion ein, damit Sie jederzeit wieder sicher navigieren können. Beides ist jedoch nur für den Notfall gedacht und sollte während der Challenge ansonsten nicht verwendet werden.

Suchen Sie sich einen Ausgangspunkt auf der einen Seite eines Waldgebiets und einen Zielpunkt auf der gegenüberliegenden Seite. Das Ziel sollte am Anfang maximal einen Kilometer entfernt sein. Mit der Zeit können Sie sich dann immer mehr steigern. Versuchen Sie, ohne Orientierungshilfen und nur mit dem Licht des Mondes und der Sterne zum Zielort zu gelangen. Wenden Sie dabei gerne Ihr Wissen aus der Nachtwanderung für Sternforscher an und nutzen Sie gleich von Beginn an die Techniken aus Abenteuer 24, um sich den Rückweg zu merken. Hören Sie zudem auf Ihre Intuition und Ihr Bauchgefühl. Versuchen Sie aber auch, trotz der Dunkelheit so viel wie möglich wahrzunehmen, um so markante Orientierungspunkte oder vielleicht sogar bekannte Stellen auszumachen und für die Aufgabe zu nutzen.

Wenn Sie das Ziel erreicht haben, halten Sie einen Moment inne. Genießen Sie den Erfolg und die Atmosphäre der Nacht und erholen Sie sich einen Moment. Versuchen Sie nun, exakt denselben Weg zurückzugehen, auf dem Sie hergekommen sind. Dann müssten Sie am Ende wieder genau an Ihrem Startpunkt herauskommen.

7. NACHTAKTION: JÄGER UND GEJAGTE

Die letzte Nachtwanderung ist eigentlich eine Nachtaktion bzw. ein Spiel, das man mit mehreren Leuten nachts im Wald spielen kann. Ich habe es von einigen Medizinleuten kennengelernt und es hat mich zutiefst bewegt.

Zu Beginn haben wir uns alle gemeinsam am Lagerfeuer versammelt, um uns auf die Übung einzustimmen. Dabei sollte sich jeder ein Tier aussuchen, das er in dieser Nacht verkörpern und dessen besondere Stärken und Fähigkeiten er annehmen wollte. Die Aufgabe war es, sich so gut wie möglich in dieses Tier hineinzuversetzen und sich genauso zu verhalten, wie es auch das Tier tun würde. Anschließend schwärzte sich jeder mit Kohle das Gesicht und die Hände. Als letzte Vorbereitungsaktion bekam jeder ein weißes Tuch, das er sich am Rücken in den Hosenbund stecken sollte. Dieses war das »Lebensband«, auf das man während der gesamten Aktion gut achtgeben sollte. Dann verschwand jeder für sich im Wald.

Das Ziel des Spieles war es, vollkommen unsichtbar zu werden und dabei so aufmerksam zu sein, dass man die anderen Spieler trotzdem wahrnimmt und sich an sie heranschleichen kann, um ihnen das Lebensband zu klauen Dabei waren wir barfuß und hatten nur Kleidung an, die nicht rascheln oder Licht in irgendeiner Art reflektieren konnte. Im Mondlicht konnte man somit nur das weiße Lebensband am Po erkennen. Damals glaubte ich noch, dass ich den Medizinleuten ebenbürtig sein könnte, da ich bereits sehr viel Zeit in der Natur verbracht und dadurch vieles erlebt und erfahren hatte. Sie waren in dieser Nacht jedoch wie unsichtbar für mich. Ich wusste, dass sie permanent in meiner unmittelbaren Nähe waren, konnte sie aber trotzdem einfach nicht wahrnehmen. Ständig hörte ich an einer anderen Stelle einen Ruf, ein Rascheln oder Knacken und dachte mir: »Jetzt habe ich euch!« Erst später wurde mir bewusst, dass ich in dieser Nacht kein einziges Geräusch von den Medizinleuten gehört hatte, das ich nicht auch hatte hören sollen und das sie bewusst eingesetzt hatten, um mich in die Irre zu führen. Es machte mich wahnsinnig, zu erkennen, dass ich in diesem Spiel am schlechtesten abschneiden würde. Aber ich konnte nichts dagegen tun. Immer wenn ich mir sicher war, einen anderen Spieler in der Falle zu haben, weil er zweifelsfrei auf einem Ast über mir saß und keinen Fluchtweg mehr hatte, stellte ich überrascht fest, dass der Baum leer war. Mein Ehrgeiz war geweckt. Auch wenn ich wusste, dass ich keine Chance hatte, das Spiel zu gewinnen, war ich vollkommen fasziniert davon. Ich habe ehrlich gesagt selten so ein spannendes Spiel gespielt wie dieses. Irgendwann hatte ich jedes Zeitgefühl verloren und war wie in einem Rausch, besessen von der Idee, doch wenigstens ein Lebensband zu erhaschen. Schließlich legte ich mich auf den Boden und bedeckte mich mit Laub, sodass ich nun selbst ebenfalls vollkommen unsichtbar wurde. So verharrte ich eine gefühlte Ewigkeit in der Hoffnung, dass einer meiner Gegner ahnungslos an mir vorbeilaufen und so zur leichten Beute werden würde. Für einen Moment lang dachte ich, der Plan würde aufgehen. Ich hörte das sanfte Rascheln der Blätter von jemandem, der sich sehr geschickt darauf bewegte. Dann sah ich aus den Augenwinkeln ein weißes Band vor mir aufblitzen. Schnell wie ein Wiesel sprang ich auf, ließ meine siegessichere Hand nach vorne schnellen und … griff ins Leere.

Genau in diesem Moment spürte ich, wie mir selbst das Lebensband entrissen wurde, während ich die anerkennende und zugleich amüsierte und verschmitzte Stimme meines Mentors hörte, der mir leise zuflüsterte: »Netter Versuch, Heiko!«

Seither habe ich das Spiel nun schon viele Male mit unterschiedlichsten Leuten in verschiedensten Konstellationen gespielt. Daher kann ich sagen, dass es vollkommen egal ist, wie viel oder wenig Erfahrung die Spieler mit dem Verstecken, Tarnen, Täuschen und Schleichen haben. Das Spiel weckt in jedem den »Jagdinstinkt«, wenn er sich darauf einlässt. Es sorgt immer für jede Menge Spaß und Spannung.

25. MACGYVER-DAY: BIERDOSEN-KOCHER BASTELN UND IN DER NATUR WEISSWÜRSTE MIT BREZEN ESSEN

Outdoor

Schwierigkeitslevel: leicht

Dauer: 3 bis 5 Stunden

Kosten: 1 Euro für die Dose und das Essen, das Sie zubereiten möchten

Ort: Wald oder ein anderer schöner Ort

Ausrüstung: Dose, Taschenmesser, Schleifpapier mit 0er-Körnung, Schere, Weißwürste und Brezen

Gut zu wissen!

Versuchen Sie nicht, mit dem Bierdosen-Kocher Brennstoffe auf Benzinbasis zu verwenden!

Sich sein Picknick auf einem mitgebrachten Kocher in der Natur zuzubereiten, ist eine ziemlich coole Sache. Noch bedeutend cooler ist es allerdings, wenn Sie den Kocher mit wenigen Handgriffen aus ein paar einfachen Alltagsgegenständen selbst bauen. Dazu gibt es die verschiedensten Methoden. Im Internet finden

Sie schnell eine ganze Reihe an guten Bastelideen, mit denen Sie sich einen wöchentlichen oder monatlichen MacGyver-Day einrichten können, um Ihr handwerkliches Geschick und Ihr Improvisationstalent regelmäßig zu trainieren. Wir möchten Ihnen hier nur eine Idee mitgeben, die uns besonders gut gefallen hat und die zu unseren ersten MacGyver-Bauprojekten gehörte: der »Bierdosen-Kocher«. Hier geht es darum, mit einer Aluminiumdose, einem Taschenmesser und anderen Alltagswerkzeugen einen kleinen Kocher zu bauen.

Beim Bau unseres ersten Bierdosen-Kochers hätten wir nicht geglaubt, dass uns diese Aktion auf unserer Weltreise wirklich einmal vor dem Hungern retten würde. Doch unser Multifuel-Kocher gab bereits nach einem guten halben Jahr den Geist auf. Da wir uns mitten in der Pampa von Spanien befanden, weit entfernt von jedem Campingladen, mussten wir improvisieren. Zum Glück erinnerte ich mich noch daran, dass ich gelernt hatte, einen gut funktionierenden Kocher selbst zu bauen, der aus nichts anderem als einer ausrangierten Getränkedose besteht. Wir konnten die Rohstoffe aus dem Mülleimer holen, den Kocher in zehn Minuten mit einem Taschenmesser bauen und den Brennstoff in jeder Apotheke oder jedem Baumarkt kaufen. Oh, und es kostete rund 100 Euro weniger als ein professioneller Outdoor-Spirituskocher. Was gibt es da noch zu überlegen? Holen Sie den inneren MacGyver aus sich raus und legen Sie los!

WIE KANN ICH EINEN DOSEN-KOCHER SELBER BAUEN?

Wer sich eine Getränkedose leisten kann, kann sich auch einen Dosen-Kocher leisten. Einer meiner Mentoren hat mal zu mir gesagt: »Was umsonst ist, muss nicht schlecht sein.« Also rein mit den Fingern in den Müll. Holen Sie sich Ihren neuen Dosen-Kocher aus dem Abfall. Das Spannende an dem Dosenkocher ist, dass fast jeder das passende Werkzeug zu Hause hat. Und: Wer den Kocher einmal gebaut hat, kann ihn überall auf der Welt wieder herstellen.

Schnappen Sie sich eine 0,33 Liter Dose – und los geht's. Ja, Sie haben richtig gelesen, Sie können aus einer superleichten Aludose einen Spiritus-Kocher selber herstellen. Zeigen Sie endlich Ihren Kindern, dass eine echte MacGyver-

Frau oder ein echter MacGyver-Mann in Ihnen schlummert. Sie brauchen nur ein wenig Geschick und Ihre Kinder werden vor Begeisterung aus dem Staunen nicht mehr rauskommen. Um aber wirklich als Held dazustehen, gibt es einige Details zu beachten, damit Sie auch wirklich einen stabilen Dosen-Kocher bauen können.

Falls Ihr Dosen-Kocher sehr stabil werden soll, gehen Sie in den Super- oder Getränkemarkt und suchen Sie nach einer Getränkedose, die eine dickere Wandung hat. In manchen Fällen gibt es auch Eisendosen. Diese haben den Vorteil, dass sie später im Gebrauch deutlich länger halten. Das »Schloss«-Bier aus dem Netto zum Beispiel hat eine festere Wand. Je dicker die Wandstärke, desto schwieriger ist die Verarbeitung. Trotzdem lohnt es sich, wenn Sie einen stabilen Dosen-Kocher mit nur circa 20 Gramm herstellen wollen. Das Spannende an dem DIY-Dosen-Kocher ist, dass er gut einen Liter Wasser zum Kochen bringen kann.

VOR- UND NACHTEILE VERSCHIEDENER DOSEN:

- Aluminiumdosen können nicht rosten. Sie sind aber etwas fragiler als Stahldosen und halten nicht so lange. Allerdings sind Sie deutlich leichter zu bearbeiten.
- Stahldosen sind wesentlich stabiler als Aluminiumdosen. Sie können jedoch rosten – und das tun sie in den meisten Fällen auch. Außerdem sollten Sie berücksichtigen, dass Stahldosen deutlich schwerer zu bearbeiten sind.

Falls Sie einen besonders leichten Kocher bauen wollen, sollten Sie zu einer Aluminiumdose greifen. Wer dagegen einen besonders langlebigen Dosen-Kocher herstellen will, sollte eine Eisendose verwenden.

Als wir auf unserer Weltreise unsere Speisen mit einem Dosen-Kocher zubereitet haben, waren wir immer wieder erstaunt, wie gut er funktioniert hat. Der große Vorteil für uns war, dass man überall auf der Welt sehr leicht an Spiritus kommen kann und man diesen dann einfach nur in den Dosenkocher gießen muss. Unseren gekauften Gaskocher konnten wir hingegen über lange Strecken gar nicht nutzen, weil es in einigen Regionen keine Gaskartuschen mit dem passenden Anschluss gab. Hier hat uns unser MacGyver-Kocher dann sogar wirklich gerettet. Wenn man mit einer Alufolie einen Windschutz aufbaut, kann man sogar an windigen Tagen ungehindert kochen.

WAS BRAUCHE ICH FÜR MEINEN DOSEN-KOCHER?

- Bierdose – groß oder klein spielt keine Rolle
- Taschenmesser mit einer Messerverriegelung, damit es beim Schneiden nicht einklappen kann
- Schere

BAUANLEITUNG FÜR EINEN BIERDOSEN-KOCHER

Tipp: Wenn Sie den Dosen-Kocher besonders schön machen wollen, können Sie die Dosenaußenseiten mit einem Schleifpapier mit 60er-Körnung bearbeiten. Dadurch schleifen Sie die Farbe ab und erhalten am Ende einen glänzend silbernen, stylischen Spirituskocher. Das funktioniert allerdings nur mit ungeöffneten Dosen. Leere Dosen würden sich beim Abschleifen eindellen.

SCHRITT 1: ENTFERNEN SIE DEN DECKEL DER BIERDOSE

Als Erstes muss der Dosendeckel entfernt werden. Machen Sie dazu am äußeren Rand der Dosenoberseite mit dem Dosenöffner einen kleinen Schlitz. Stecken Sie nun Ihr Taschenmesser in den Schlitz. Schneiden Sie dann ganz am Rand den Deckel aus der Dose.

SCHRITT 2: TEILEN SIE DIE DOSE IN ZWEI HÄLFTEN

Stechen Sie mit dem Taschenmesser in der Mitte der Dose ein Loch in die Trinkwand. Gehen Sie dann mit der Schere in den Schlitz. Schneiden Sie die Dose kreisrund durch, sodass die obere und die untere Hälfte voneinander getrennt sind. Nehmen Sie dann den unteren Teil der Dose. Schneiden Sie die Dose so ab, dass sich insgesamt eine Höhe von 4 Zentimetern ergibt. Die obere Dosenhälfte, die Sie in Schritt 1 bereits vom Deckel befreit haben, sollten Sie so einkürzen, dass Sie am Ende circa 3 Zentimeter hoch ist.

SCHRITT 3: VERJÜNGEN SIE DIE OBERE DOSENHÄLFTE

Nehmen Sie nun die obere Dosenhälfte und verjüngen Sie diese. Dies funktioniert am besten, wenn Sie im Abstand einer Fingerbreite mit dem Taschenmesser Dellen in das Aluminium machen. Da die zwei Dosenhälften später ineinandergesteckt werden, dürfen die Dellen und somit die Verjüngung nach unten hin ruhig ausgeprägter sein. Oben sollte die Verjüngung sich jedoch nicht allzu kräftig abzeichnen.

Wichtig: Durch die Dellen und die Verjüngung entsteht ein Wellenmuster an der Unterseite der Dosenhälfte. Wichtig für den MacGyver zu wissen ist, dass die Wellen die kleinen Verbrennungskammern des Spirituskochers werden, durch die dann am Ende die Flammen zum Topf hochschlagen.

SCHRITT 4: STECKEN SIE DIE BEIDEN DOSENHÄLFTEN INEINANDER

Ist der obere Teil fertig bearbeitet, setzen Sie diesen in die untere Dosenhälfte ein. Beide Hälften sollten Sie nun ohne Probleme zusammenschieben können.

Wenn das nicht der Fall ist, haben Sie die obere Dosenhälfte noch nicht genug mit Dellen versehen.

Wichtig: Die obere Hälfte darf nicht ganz in der unteren Hälfte verschwinden. Es sollten noch etwa 2 Zentimeter der oberen Dose sichtbar sein!

SCHRITT 5: MACHEN SIE EIN WINZIGES LOCH IN DIE DOSE

Sie haben es schon fast geschafft, jetzt kommt der Endspurt. Die Weißwürste warten schon auf den MacGyver-Kocher und auf Sie. Wenn der Dosen-Kocher zusammengesetzt ist, müssen Sie nur noch ein winzig kleines Loch direkt unterhalb des oberen Dosenrandes machen. Das Loch sollte ungefähr den Durchmesser einer Stecknadel haben.

Hurra! Der Dosenkocher ist fertig und bereit für den Einsatz. Jetzt können Sie Ihren eigenen Dosenkocher testen und Ihre Weißwürste darauf erwärmen. Suchen Sie sich dafür am besten einen schönen Platz in der Natur aus und nehmen Sie sich Zeit, Ihren Bauerfolg gebührend mit einem Weißwurst-und-Brezen-Essen zu feiern. Für den Fall, dass Sie keine Weißwürste mögen oder generell kein Fleisch essen, lassen sich natürlich auch beliebige andere Speisen mit dem Kocher erwärmen. Champignons mit Kräuterbutter zum Beispiel.

WIE BETREIBE ICH DEN DOSEN-KOCHER RICHTIG?

Wichtig ist, dass Sie nur Spiritus für den Dosen-Kocher verwenden, ansonsten kann es zu schweren Verbrennungen kommen. Füllen Sie die gewünschte Menge Spiritus in den Kocher – 2,5 Zentimeter dürften für Weißwürste ausreichen. Falls es sehr kalt ist, brauchen Sie ein wenig mehr Brennstoff, da es länger dauert, bis der Kocher seine Betriebstemperatur erreicht. Entzünden Sie nun mit einem Streichholz den Dosen-Kocher. Stellen Sie dann einen Campingtopf auf den Kocher. Kontrollieren Sie, ob der Kocher sicher steht, sodass er nicht umfallen kann. Denn dadurch würde eine hohe Brandgefahr entstehen! Kochen Sie grundsätzlich nur dort, wo der Boden keine Feuergefahr darstellt. Wenn der Topf zu wacklig steht, sichern Sie ihn mit Steinen ab.

Nachdem Sie den Spiritus im Kocher entzündet haben, treten die Flammen durch die kleinen eingedellten Brennkammern in der oberen Dosenhälfte an den Topf. Wenn Sie 40 Milliliter Spiritus in den Kocher füllen, können Sie mit einer Brenndauer von 6 bis 7 Minuten rechnen. Die Düsen zünden etwa nach 5 bis 10 Sekunden. Ist das nicht der Fall, sollten Sie die Konstruktion noch mal kontrollieren. In der Regel kocht ein Liter Wasser nach circa drei bis fünf Minuten.

WIE LÖSCHE ICH MEINEN DOSEN-KOCHER?

Stülpen Sie einfach eine kleine Konservendose über den Kocher und ersticken Sie so die Flamme. Sobald Sie ein paarmal mit dem selbst gebauten Dosen-Kocher gekocht haben, werden Sie merken, dass Sie sehr gut im Einschätzen der Spiritusmenge werden. Nach der Abkühlphase des Kochers können Sie den Brennstoffrückstand zurück in die Flasche gießen. Warten Sie aber, bis der Brennstoff wirklich abgekühlt ist, sodass Ihnen nichts passieren kann.

WEITERE MACGYVER-PROJEKTE

Wenn Ihnen das Bauen eines Bierdosen-Kochers Spaß gemacht hat, probieren Sie gerne weitere Projekte aus und machen Sie den MacGyver-Day zu einer regelmäßigen Routine. Am Anfang können Sie dafür das Internet nach Ideen und Anleitungen durchstöbern. Suchen Sie dafür zum Beispiel nach Begriffen wie »Do it Yourself Ideen« oder »Gadgets selber bauen«. Mit der Zeit werden Sie merken, dass Sie immer kreativer werden und auf eigene Ideen kommen, die Sie austesten können. Dabei geht es nicht darum, dass Ihre Ideen am Ende auch wirklich funktionieren. Natürlich ist es schön, wenn sie das tun. Doch in erster Linie geht es um den Prozess und den Weg dahin. Ein kniffliges Projekt, das viele Male schiefläuft, bis Sie es richtig hinbekommen, kann viel erfüllender und lehrreicher sein, als eines, das gleich auf Anhieb gelingt.

26. VON PUNKT A NACH PUNKT B – DER WETTLAUF MIT DEN FREUNDEN

Outdoor

Schwierigkeitslevel: leicht

Dauer: 4 bis 6 Stunden

Kosten: keine

Ort: ergibt sich aus dem Abenteuer

Ausrüstung: Landkarte

Gut zu wissen!

Dieses Abenteuer funktioniert nur, wenn man nicht die Möglichkeit hat, permanent auf dem Handy nach der eigenen Position und dem Streckenverlauf zu schauen. Alle Teilnehmer sollten die Handys daher ausschalten, oder erst gar keine mitnehmen. Dadurch steigt die Spannung, weil man sich auch nicht einfach verständigen kann, wenn es nicht gleich glatt läuft. Hier muss man dann ebenfalls kreativ werden. Wenn es ein schwieriges Gelände ist, in dem man möglicherweise im Notfall nicht einfach nach Hilfe fragen kann, können Sie pro Gruppe auch ein Handy mitnehmen und unten im Rucksack verstauen, sodass man es nur dann benutzt, wenn es gar nicht anders geht.

Kaum etwas ist schöner, als eine gute Zeit gemeinsam mit Freunden zu verbringen. Doch es gibt weitaus mehr Möglichkeiten als Fernseh- oder Spieleabende und gemeinsame Kino-, Café- oder Restaurantbesuche. Dieses Abenteuer dient dazu, als ganzer Freundeskreis den inneren Schweinehund zu überwinden und gemeinsam etwas Außergewöhnliches zu erleben. Denn es geht raus in die Natur und es steht die Frage im Raum, wer von Ihnen die Herausforderung am schnellsten meistern wird. Teilen Sie sich dazu – je nach Größe des Freundeskreises, der an dieser Challenge teilnimmt – in zwei bis vier Gruppen ein. Wählen Sie dann einen Streckenmeister. Dieser soll blind auf eine Landkarte tippen und so den Zielort bestimmen. Alternativ können Sie auch die Dartpfeilmethode aus Abenteuer 1 oder die Würfelmethode aus Abenteuer 15 nutzen, um den Zielort zu ermitteln. Dieses Abenteuer funktioniert aber auch, wenn Sie bereits einen Zielort haben, an den Sie gerne gelangen wollen, den aber noch keiner aus der Gruppe kennt.

Bei diesem Mikroabenteuer geht es darum, den Zielort ohne Navigationshilfe nur durch Erfragen und Herantasten so schnell wie möglich zu erreichen. Jede Gruppe bekommt einen anderen Startort zugewiesen. Natürlich sollten alle Startorte gleich weit vom Ziel entfernt sein. Vereinbaren Sie einen Startzeitpunkt. Dann können alle Gruppen exakt zur gleichen Zeit starten, auch wenn sie sich nicht sehen. Ob Karten, Kompasse, GPS- oder Navigationsgeräte, Smart-Uhren oder Handy-Apps: Sämtliche Hilfsmittel, die zur Orientierung dienen könnten, sind verboten. Dagegen ist es erlaubt, sich anhand des Sonnenstands oder anderer natürlicher Hilfsmittel zu orientieren. Auch Passanten oder Anwohner können um Rat gefragt werden. Allerdings dürfen sie den Weg nur beschreiben und nicht auf einer Karte oder einem Smartphone zeigen. An der Challenge unbeteiligte Freunde über das Handy anzurufen und sich von ihnen zum Zielort leiten zu lassen, ist ebenfalls verboten. Die Gruppe, die als erste vollständig am Ziel eintrifft, hat gewonnen.

VARIATIONSMÖGLICHKEITEN

- Das Ziel muss in einem komplett unbekannten Gebiet zu Fuß erreicht werden.
- Gestartet wird von zu Hause aus. Es wird ein unbekanntes Ziel in einem teilweise bekannten Gebiet gesucht. Hierbei können Sie den unterschiedlichen Grad der Aufmerksamkeit auf die Probe stellen, mit dem die Teilnehmer normalerweise durchs Leben gehen.

- Die Verkehrsmittel dürfen grundsätzlich frei gewählt werden. Jede Gruppe kann sich während der Challenge überlegen, mit welchen Fortbewegungsmethoden sie wohl am schnellsten ans Ziel kommen wird.
- Es können verschiedene Verkehrsmittel genutzt werden, die aber keinem der Gruppenmitglieder gehören dürfen. Man darf sich also beispielsweise Fahrräder leihen, trampen oder mit öffentlichen Verkehrsmitteln fahren, aber nicht das eigene Auto oder Rad nutzen. Um diese Variante zu verschärfen, kann man die Regel hinzufügen, dass die Teilnehmer kein Geld für die Verkehrsmittel ausgeben dürfen. Achtung: Dies ist nicht als Aufruf zum Schwarzfahren gemeint. Stattdessen sollen entweder kostenlose Verkehrsmittel genutzt oder Wege gefunden werden, mit denen man öffentliche Verkehrsmittel kostenlos nutzen kann. Beispielsweise, indem man am Bahnhof nach Passanten sucht, die Gruppentickets haben, bei denen noch ein Platz frei ist. Auch Studenten haben häufig Tickets, bei denen sie eine weitere Person mitnehmen dürfen.

27. DIE RECHTS-LINKS-CHALLENGE

Outdoor

Schwierigkeitslevel: mittel

Dauer: 2 bis 5 Stunden

Kosten: eventuell Ticket für öffentliche Verkehrsmittel

Ort: Heimat

Ausrüstung: Smartphone mit einer Schrittzähler-App, Münze

> **Gut zu wissen:**
> Trainieren Sie dieses Abenteuer am besten in einem Gebiet, in dem Sie sich auskennen, da die Regeln so ausgelegt sind, dass man sich sehr schnell verläuft und die Orientierung verliert.

Dieses Abenteuer trainiert sowohl Ihre Aufmerksamkeit, als auch Ihr Erinnerungsvermögen und Ihren Orientierungssinn. Es ist eine Übung, die ich sehr gerne mit den Teilnehmern meiner Wildniskurse gemacht habe und die sowohl ihnen als auch mir jedes Mal eine Menge Freude bereitet hat.

Um die Übung interessanter zu gestalten, sollten Sie von einem Punkt starten, an dem Sie noch nicht waren oder von dem aus Sie noch nicht zu einer Wanderung aufgebrochen sind. Für den Anfang sollten Sie sich besiedelte Regionen, also schöne Stadt- oder Ortsteile aussuchen, die Sie noch nicht besonders gut kennen. Später können Sie die Übung auch auf Waldwegen machen.

Wenn Sie Ihren Ausgangspunkt erreicht haben, machen Sie von hier aus eine Wanderung. Legen Sie Ihre Route anhand der folgenden Regeln fest.

REGELN ZUR FESTLEGUNG DER ROUTE

REGEL 1: DIE MÜNZE ENTSCHEIDET

Gehen Sie so lange geradeaus, bis Sie zur dritten Kreuzung kommen. Werfen Sie bei der dritten Kreuzung eine Münze. Zahl oder Kopf? Ist die Zahl oben, gehen Sie nach rechts. Ist der Kopf oben, gehen Sie nach links. Als Kreuzung gilt alles, was von Ihrer aktuellen Straße abführt und weder eine Sackgasse noch ein Privatweg ist. Trampelpfade, Fußweg und Schleichwege zählen also. Bleiben Sie anschließend auf dem neuen Weg und folgen Sie diesem wiederum bis zur dritten Kreuzung. Lassen Sie dann die Münze über den weiteren Verlauf Ihrer Wanderung entscheiden.

Wenn Sie an eine T-Kreuzung kommen sollten, werfen Sie ebenfalls die Münze: Zeigt die Zahl oben, geht es nach links; zeigt der Kopf nach oben, geht es nach rechts.

REGEL 2: 20.000 SCHRITTE SIND PFLICHT

Lassen Sie einen Schrittzähler in Form einer App mitlaufen. Sie sollten 20 000 Schritte zurückgelegt haben, bevor Sie umkehren.

REGEL 3: HILFSMITTEL SIND NICHT ERLAUBT

Finden Sie den Weg zurück nach Hause ohne Hilfsmittel. Konnten Sie sich den gesamten Weg gut merken? Wie oft haben Sie sich verlaufen? Ab wann mussten Sie das Smartphone zücken und auf Google Maps nachsehen? Versuchen Sie, den Weg möglichst genau zurückzugehen. Haben die Münzen Sie also einmal im Karree geführt, dann gehen Sie auch diese Schleife genau zurück.

HILFESTELLUNG: SONGLINE-TECHNIK

Eine seit Jahrtausenden bewährte Methode, um sich seinen Rückweg zu merken, ist das Stricken einer sogenannten Songline. Dazu wählt man während des Gehens immer wieder markante Punkte aus – besonders dann, wenn man seine Richtung ändert – und baut diese in eine möglichst lebhafte Geschichte ein.

Am Anfang ist es hilfreich, wenn man die Geschichte laut ausspricht, um so einen intensiveren Bezug zu ihr aufzubauen. Wichtig ist jedoch vor allem, dass die Geschichte möglichst intensive Bilder, Farben und Gefühle in Ihnen hervorruft. Denn so bleibt sie besonders gut im Kopf haften. Wenn Sie sich dann wieder auf den Heimweg machen, können Sie sich die Geschichte noch einmal rückwärts erzählen. Dies hilft Ihnen, sich an die entscheidenden Markierungspunkte auf dem Weg zu erinnern. Sich zu merken, dass man am Supermarkt links abbiegen und anschließend beim Zahnarztschild rechts gehen muss, ist nicht so leicht. Sich zu merken, dass Fritzchen direkt aus der Süßigkeitenabteilung kam, bevor ihm der Zahnarzt ein fieses Loch in einen schmerzenden Zahn bohren musste, ist hingegen ein Kinderspiel. Wichtig dabei ist nur, dass Sie sich jedes Mal, wenn Sie abgebogen sind, noch einmal umdrehen, um zu schauen, ob man den letzten Wegpunkt Ihrer Songline von hier aus sehen kann. Andernfalls kann es passieren, dass Sie zwar genau Ihre Geschichte im Kopf haben, aber trotzdem nicht wissen, in welche Richtung Sie abbiegen müssen.

STEIGERUNGSFORMEN

Wenn Sie die Songline-Technik einmal beherrschen, können Sie die Rechts-Links-Challenge etwas ausweiten. Nehmen Sie beispielsweise einen Würfel mit, der entscheidet, wie viele Kreuzungen Sie geradeaus gehen müssen, bevor Sie abbiegen. Alternativ können Sie auch Ihr Bauchgefühl entscheiden lassen und an jeder Kreuzung in die Richtung weitergehen, die Ihnen gerade am sympathischsten vorkommt.

HILFESTELLUNG: MARKIERUNGSTECHNIK

Wenn Sie die Challenge nicht im urbanen Gelände machen, sondern dabei quer durch die Wälder laufen, kann es sein, dass die Songline-Technik nicht mehr funktioniert, weil es nicht mehr ausreichend markante Punkte gibt, die man zu einer Story zusammenfügen kann. In diesem Fall müssen Sie auf eine andere Orientierungstechnik zurückgreifen, um den Rückweg zu finden. Probieren Sie es am besten mit der Markierungstechnik.

WIE SETZE ICH DIE MARKIERUNGEN RICHTIG EIN, SODASS ICH MICH GUT ORIENTIEREN KANN?

Wenn Sie in einem Gebiet sind, in dem es nur wenige auffällige Orientierungspunkte gibt, können Sie Ihren Weg in regelmäßigen Abständen zur Orientierung markieren. Am besten eignen sich dafür Äste oder Steine, die Sie in ungewöhnlichen Formationen anordnen oder an Stellen legen, an denen sie natürlicherweise nicht vorkommen. Je nachdem wo und wie Sie unterwegs sind, müssen Sie zwischen den folgenden beiden Möglichkeiten abwägen: Ist es in der momentanen Situation hilfreicher, eine möglichst auffällige Spur zu legen, die dann aber auch von jedem anderen verfolgt werden kann? Oder ist eine Spur hilfreicher, die man nur erkennen kann, wenn man weiß, dass sie da ist? Letzteres birgt natürlich die Gefahr, dass Sie die Spur selbst übersehen. Jedoch wird eine auffällige Spur leichter zum Opfer bewusster Zerstörung. Achten Sie auch darauf, dass Sie die Zeichen so legen, dass Sie diese vor allem aus der Gegenrichtung gut erkennen können.

28. IT'S YOUR DAY – EIN TAG IN DER WOCHE GEHÖRT NUR IHNEN

Outdoor

Schwierigkeitslevel: leicht, ab und an mittel

Dauer: 2 bis 8 Stunden

Kosten: je nach Erlebnis

Ort: heimatnah

Ausrüstung:

Gut zu wissen!

Mit diesem Abenteuer bringen Sie sowohl Spannung als auch Entspannung und Genuss in Ihr Alltagsleben

Diese Idee mag banal klingen – und doch ist sie die vielleicht wichtigste in diesem Buch, da wir in unserer Leistungsgesellschaft in einem Hamsterrad leben. Alles muss immer noch schneller und noch schneller erledigt werden, daher fällt es uns oft sehr schwer, uns aus der Zeitnot selbst zu befreien. Sobald wir feste Routinen in unseren Alltag einbauen und diese unumstößlich sind, schaffen wir einen zeitlichen Freiraum, den wir für unsere Wunscherlebnisse nutzen können. Der »Its' your Day« sagt nichts anderes aus, als dass Sie mit sich selbst einen Wochentag vereinbaren, an dem Sie für mindestens fünf Stunden nur das tun, wonach Ihnen ist. Es gibt keine Ausreden. Egal, was passiert, an diesem Tag gehören diese Stunden nur Ihnen. Wichtig dabei ist, dass diese Regel nicht gebrochen wird, denn wenn man es einmal einreißen lässt, sagt man: »Ich bin es nicht wert, das andere ist wichtiger.« Doch was sollte für Sie wichtiger sein, als Ihre Akkus zu laden, sodass Sie dann wieder hilfreich für andere sein können?

Wer seinen Akku nicht auflädt, brennt irgendwann aus. Man könnte den Tag auch den Anti-Burn-out-Day nennen. Denn wer nicht innerlich ausbrennen will, muss sich gezielt Auszeiten für sich selbst nehmen. Für mich war damals der Sonntag mein Anti-Burn-out-Day. Hier konnte kommen, was wollte, dieser Tag war nur für mich. An jedem Sonntag habe ich mir etwas Neues überlegt, was ich gerne machen wollte. Klar kam es gelegentlich vor, dass ich auf das Gleiche oder auf etwas Ähnliches Lust hatte. Aber meine Grundabsicht war, etwas Neues erleben zu wollen.

DINGE, DIE ICH IN DIESER ZEIT AUSPROBIERT HABE

- Einen Halbmarathon laufen
- Den Sonnenuntergang anschauen
- Eine Stadtführung in der eigenen Stadt machen
- Zipline oder Flying Fox fahren
- Federball, Indiaka, Tennis oder Tischtennis spielen
- Flohmarkt-Hopping machen
- Einen Jahrmarkt oder ein Stadtfest besuchen
- Ins Open-Air-, Auto- oder Filmkunstkino gehen
- Eine Bootstour mit einem Tretboot, Kanu, Kajak, Sportboot oder Ruderboot machen
- Eisstockschießen
- Billard, Bowling oder Dartspielen

- Quad-, Gokart- oder Offroad-Fahren
- Trampolinspringen
- Einen Tanzworkshop oder einen Yogakurs besuchen
- Foot-, Mini- oder Frisbee-Golf oder Pit-Pat spielen
- Kuchen, Plätzchen oder Bananenbrot backen
- Eine Ausstellung, ein Museum oder einen Diavisionsvortrag besuchen
- Einen VHS-Kurs besuchen
- Eine Grillparty oder einen Brunch mit Freunden veranstalten
- Boccia oder Wikingerschach mit Freunden spielen
- Schlittschuhlaufen
- Video Gaming
- Außergewöhnlich essen gehen (Krimi-Dinner, Musical-Dinner, Dinner in the Dark, Ritteressen, Unterwasser Restaurant o.Ä.)
- Stand-up-Comedy, Oper, Operette, Komödienstadl, Poetry-Slam, Theater, Musical, Varieté, Zaubershow, Travestieshow oder Zirkus besuchen
- Einen Kochkurs besuchen oder selbst ausländische Rezepte kochen (z.B. äthiopisch, afrikanisch, thailändisch …)
- Sich kulinarisch verwöhnen lassen mit einem Käseseminar, Weintasting, Cocktail-Workshop, Weißwurst- oder Kräuterseminar o.Ä.
- Esel- oder Alpaka-Wandern oder Wanderreiten
- Ballonfahren, Segelfliegen, einen Hubschrauber-Rundflug oder Kunstflug machen
- Surfen oder Segeln gehen
- Schießtraining, Paintball, Tontaubenschießen oder Lasertag
- Survival Day, Zombie Day, SWAT-Training Day
- Sich eine Fußreflexzonenmassage geben lassen
- Wellness-Tag in der Therme, mit Sauna, Hamam, Floating oder Hot-Stone-Massage
- Segway-Fahren

- Im Drift-Taxi auf dem Nürburgring mitfahren oder ein Drift-Training machen
- Baggerfahren oder ein »Auto-Zertrümmern-Erlebnis« mitmachen
- Eine ungewöhnliche Sportart wie Hubble-Fußball, Zorbing oder Airboarding machen
- Eine Tour mit einem geliehenen Traumauto machen (Ford Mustang, Unimog, Hummer H1, Ferrari, etc.)
- Einen Hochseilgarten oder Freizeitpark besuchen
- Wandern mit einem Hund aus dem Tierheim
- Schneeschuhwandern
- Eine Rätseltour durch die eigene Stadt machen
- Einen Zoo, einen Tierpark, eine Greifenwarte oder ein Wolfgehege besuchen
- Ein Fotoshooting machen
- Einen Kreativkurs besuchen (Schmiedekurs, Lehmofenbauen, Bogenbaukurs, Instrumentenbau, Schnitzen mit der Kettensäge, Bildhauer-Workshop, Graffiti-Kurs o.Ä.)
- Im Schwebezelt übernachten
- Im Rennauto oder Formel-1-Taxi fahren oder einen Racing-Simulator machen
- Einen Action-Tag veranstalten mit Downhill-Fahren, Bungeejumping, Flyboarding, House Running oder einer Mountainbike-Tour im Bergwerk
- Pyrotechniker für einen Tag sein
- Bogenschießen oder Axtwerfen
- Mit einer Dampflokomotive mitfahren
- Holzrücken mit dem Pferd
- Eine Nachtwächter-Führung in einer schönen Altstadt oder auf einem spannenden Industriegelände mitmachen
- Ein Autorennen, Eishockeyspiel oder anderes Sportereignis besuchen

- Ein außergewöhnliches Tiererlebnis wie Hai-Tauchen, Raubtier-Füttern oder Reptilien-Pflegen mitmachen
- Steinschleuder-Parcours
- Eisklettern
- Bungee-Fitness
- Bockerl-Fahren oder Sommerrodelbahn
- Eine Kampfsportart wie Boxen, Krav Maga, Judo oder Karate lernen
- …

Dies ist Ihr Tag. Machen Sie, was immer Sie wollen, und haben Sie dabei eine Menge Spaß. Ich hatte trotzdem immer eine Grundregel: »Ich darf alles nur ein einziges Mal an meinem ›It's your Day‹ machen.« An allen anderen Tagen in der Woche durfte ich die Erlebnisse und Abenteuer, die mir besonders gut gefallen haben, wiederholen. Doch an meinem »It's your Day« sollte es jedes Mal etwas Neues sein. In den fünf Jahren, in denen mein »It's your Day« eine feste Routine war, habe ich das leider nicht immer geschafft. Rund zehnmal war mein innerer Schweinehund größer als der Drang, sich ein neues Erlebnis zu überlegen.

Mir persönlich hat bereits die Recherche schon sehr viel Spaß gemacht: »Was könnte ich diesen Sonntag machen? Was gibt es, was ich noch nicht erlebt habe?« Mir war fast immer auch das Geld egal, denn es war ja mein Tag. Und wenn ich schon sechs Tage die Woche durcharbeitete, dann hatte ich wenigstens einen Tag verdient, an dem ich all das erleben konnte, was ich mir wünschte. Aus diesem Grund setzte ich mir nur selten ein Limit. Ich stellte jedoch schnell fest, dass es überhaupt nicht teuer sein musste, um schön zu sein. Tatsächlich waren viele der schönsten Erlebnisse vollkommen kostenlos. Deshalb kam ich im Schnitt im Monat auf ungefähr 180 Euro an Ausgaben.

Wichtig beim »It's your Day« ist, dass Sie ihn zu einer festen Routine werden lassen und ihn konsequent einhalten. Als ich damals im Arbeitsleben noch härter eingespannt war, setzte ich meinen »Fühl dich wohl-Tag« einmal aus, weil es in dieser einen Woche einfach zu stressig war. Schon eine Woche später klopfte derselbe Störenfried wieder an und wollte, dass ich noch einen Sonntag opfere. Gott sei Dank erkannte ich damals, dass ich das auf gar keinen Fall zulassen darf. Ich schob direkt einen Riegel vor und meinte: »An allen anderen Tagen gerne, aber der Sonntag gehört nur mir!«

Mein absolutes Highlight ist nach wie vor das Hai-Tauchen, das wir auf unserer Weltreise erleben durften. Es gibt aber auch eine Möglichkeit im Münchener Sea Life, wo Sie mit verschiedenen Haien tauchen können. Das ist Nervenkitzel pur: Einem so großen und eindrucksvollen Tier so nahezukommen, ist ein einmaliges Erlebnis, das man nie wieder vergisst. Zu guter Letzt gibt es noch ein offenes Abenteuer, das ich noch nicht gemacht habe, das aber ganz weit oben auf meiner Liste steht: Bergwerktauchen.

29. STADT-ROULETTE

Outdoor

Schwierigkeitslevel: leicht

Dauer: 4 bis 7 Stunden

Kosten: Ticket für Nahverkehr und Ausgaben für die »Strafe« (die Gruppe einladen)

Ort: In einer Stadt Ihrer Wahl

Ausrüstung: Nahverkehrsplan, Ticket

Gut zu wissen!

Hier ist die Gruppendynamik besonders wichtig. Wenn Sie gut zusammenarbeiten, lernen Sie sowohl sich selbst als auch Ihre Freunde und Ihre Region noch einmal völlig neu kennen.

Fahren Sie mit Ihren Freunden in die nächstgrößere Stadt, die ein gutes Nahverkehrssystem mit U-Bahn, S-Bahn und Bussen besitzt. Nehmen Sie den Nahverkehrsplan zur Hand – und schon kann Ihr Stadt-Roulette beginnen.

WIE FUNKTIONIERT DAS STADT-ROULETTE?

Jeder in der Gruppe bekommt eine Nummer und genau in dieser Reihenfolge erledigen Sie auch die Aufgaben. Der erste aus der Gruppe nimmt den Nahverkehrsplan in die Hand und deutet mit geschlossenen Augen auf eine beliebige Stelle. Die Haltestelle, die an diesem Ort angezeigt wird, muss nun angefahren werden. Um Stadt-Roulette so witzig wie möglich zu gestalten, gibt es verschiedene Aufgaben während des Spiels. Nach jeder erledigten Aufgabe ist der Nächste an der Reihe und tippt ebenso »blind« auf die Karte wie sein Vorgänger. Dann fahren Sie zum neuen Zielpunkt und dürfen gemeinschaftlich die gestellte Aufgabe bewältigen. Das machen Sie so lange, bis Sie unsere oder eine von Ihnen selbst konzipierte Aufgabenliste abgearbeitet haben.

DIE AUFGABENLISTE

- Finden Sie einen Passanten, der für Ihre Gruppe singt.
- Finden Sie einen Passanten, der mit einem aus Ihrer Gruppe tanzt.
- Finden Sie einen Passanten, der einem aus Ihrer Gruppe etwas zum Essen schenkt.
- Finden Sie einen Passanten, der denselben Namen hat wie jemand aus Ihrer Gruppe.
- Finden Sie einen Passanten, der Ihr Alter auf Anhieb richtig schätzt.
- Finden Sie einen Passanten, der Sie huckepack 50 Meter trägt.
- Finden Sie einen Passanten, der Ihnen eine Massage gibt.
- Finden Sie einen Passanten, der ein Bier im Kopfstand trinken kann.
- Finden Sie einen Passanten, der Ihnen einen Witz erzählt.
- …

Derjenige, der die Aufgabe bekommt, hat immer nur so lange Zeit, diese zu erledigen, wie die Nahverkehrsfahrt gedauert hat. Wenn er diese Zeit überschritten hat, muss er die Gruppe auf ein Getränk einladen.

30. JUMPING DINNER – KOCHEN UND FREUNDE FINDEN

Indoor

Schwierigkeitslevel: leicht

Dauer: 4 bis 6 Stunden

Kosten: 25 bis 30 Euro

Ort: In Ihrer Heimatstadt

Ausrüstung: Küche und Kochutensilien

Gut zu wissen!

Schlemmen mit Flirtfaktor und Freundschaftsoptionen!

Beim Jumping Dinner geht es darum, mit einem Kochpartner für fremde Leute zu kochen, gemeinsam zu schlemmen und neue Kontakte zu knüpfen. »Jumping Dinner« ist dabei tatsächlich ein feststehender Begriff für ein Abenteuer, das Sie sogar über professionelle Anbieter buchen können. In diesem Fall bekommen Sie dann vom Veranstalter eine E-Mail mit der Dinner-Route zugeschickt. Hier haben Sie die Möglichkeit, bei einem Drei-Gänge-Menü neue Freunde kennenzulernen. Sie werden also für eine Nacht sowohl ein Star-Koch sein, der ein zauberhaftes Menü für Menschen serviert, die Ihnen bis dato noch unbekannt sind, als auch ein Star-Gast, der von ebenso fremden Menschen kulinarisch verwöhnt wird. Das Spannende am Jumping Dinner ist, dass die drei Gänge nicht in derselben Wohnung oder in demselben Haus serviert werden. Zuerst serviert ein Teilnehmerpaar den noch unbekannten Menschen ein köstliches Gericht. Anschließend zieht jedes Paar für sich alleine weiter und kommt dann noch in zwei andere Wohnungen, um dort jeweils einen weiteren Gang zu essen. Jedes Paar ist dabei einmal selbst mit dem Kochen und Bewirten der anderen in den eigenen vier Wänden dran. Auf diese Weise sitzen Sie jedes Mal mit vier neuen Teilnehmern am Tisch, die Sie auch von den vorherigen Gängen noch nicht kennen. Im Anschluss gibt es dann ein offizielles Get-together und es treffen sich alle Teilnehmer zu einer Abschlussparty. Meistens werden die Abende sehr lang und vor allem sehr lustig. Hieraus sind schon die schönsten Freundschaften entstanden und selbst wenn kein langfristiger Kontakt entsteht, ist es doch ein spannendes Erlebnis.

VARIATIONSMÖGLICHKEITEN

Alternativ zur Buchung eines offiziellen Jumping Dinners können Sie die Organisation natürlich auch selbst in die Hand nehmen. Hierzu bieten sich beispielsweise Facebook-Gruppen oder ähnliche Foren an. Natürlich können Sie ein Jumping Dinner auch nutzen, um Kontakt zu Menschen mit ähnlichen Interessen oder Abenteuervorlieben aufzubauen. Versuchen Sie doch einmal, ein Jumping Dinner in einem Forum für Geocacher oder Lost-Places-Fans zu organisieren. So finden Sie vielleicht auch gleich neue Gefährten für Ihre nächste Schatzsuche oder Ihre nächste Forschungstour. Außerdem können Sie die beiden Abenteuer direkt miteinander kombinieren, wenn bei den Einladungen für die Geocacher beispielsweise keine Adressen, sondern GPS-Koordinaten angegeben werden, oder wenn Sie statt eines Drei-Gänge-Menüs zu Hause ein Drei-Gänge-Picknick an den Lieblings-Lost-Places der Teilnehmer veranstalten.

31. ÜBERRASCHUNGSABEND

Indoor und Outdoor

Schwierigkeitslevel: leicht

Dauer: 1 Abend

Kosten: Materialkosten

Ort: Verschiedene Orte in der Umgebung, abhängig vom gewählten Thema

Ausrüstung: je nach Aktion

Gut zu wissen:

Dieses Abenteuer bringt eine ganze Menge Abwechslung und Spannung in Ihren Alltag.

Oft ist es nicht leicht, die Spannung in einer Gruppe am Leben zu erhalten. Da auch meine alte Clique irgendwann in den Alltagstrott verfallen ist und wir uns nur noch im Café zum Ratschen getroffen haben, haben wir spontan einen wichtigen Deal geschlossen: Einmal pro Woche organisiert in unserem Freundeskreis eine Person einen Überraschungsabend. Niemand weiß, was der Abend bringen wird. Man weiß nur, um wie viel Uhr man wo sein soll und was man mitbringen darf. Besonders spannend am Überraschungsabend ist, dass die unterschiedlichen Personen natürlich auch einen unterschiedlichen Geschmack haben. Deshalb lassen sie sich auch völlig unterschiedliche Themen einfallen.

An diesen Abenden habe ich so viele Dinge ausprobiert, die ich ansonsten niemals gemacht hätte. Wären wir nicht auf die grandiose Idee gekommen, unseren Überraschungsabend umzusetzen, würden uns eine Menge toller Erfahrungen fehlen.

EINIGE BEISPIELE FÜR ÜBERRASCHUNGEN, DIE WIR GEMEINSAM ERLEBT HABEN:

- Schlittschuhlaufen
- Inlinehockeyturnier
- Kochduell
- Whisky-Tasting
- Ritteressen
- Tapas-Abend
- Sushi-Abend
- Spiele-Abend
- Thermenbesuch
- Grill-Abend
- Besuch einer Sternwarte
- Weißwürste selbst herstellen
- Cocktail Night
- Lasertag
- Improvisationstheater
- …

ÜBERRASCHUNGEN, DIE UNS BESONDERS GROßEN SPAß GEMACHT HABEN

Die ausgefallenste Idee, die wir je umgesetzt haben, war eine Achterbahn-Challenge am Volksfestplatz. Dort wollte der Initiator des Überraschungsabends herausfinden, wer der härteste Achterbahnfahrer ist. Ich selbst bin nach der fünften Fahrt in der Loopingbahn mit Fünffachschraube ausgeschieden. Danach hätte ich keine weitere Fahrt mehr überstanden. Der Sieger des Abends konnte den Looping sage und schreibe 28-mal absolvieren.

Ein anderes Mal haben wir in einem Freizeitbad den Rutschweltmeister gekürt. Hier ging es darum, sich von der Speed-Rutsche am schnellsten von allen in die Tiefe zu stürzen.

Ebenfalls sehr beliebt war die »No-Talent-Show«. Nachdem alle eingetroffen waren, durften sich die Besucher allein, zu zweit oder in kleinen Gruppen zurückziehen und hatten dann genau eine Stunde Zeit, um sich einen unterhaltsamen Programmpunkt für eine Bühnenshow zu überlegen und diesen einzustudieren. Gemacht werden durfte alles. Es gab nur eine Bedingung: Man durfte in diesem Bereich kein besonderes Talent und auch keine nennenswerte Erfahrung haben. Eine Freundin von mir ist beispielsweise professionelle Burlesque-Tänzerin. Für sie war Burlesque-Tanz an diesem Abend also verboten. Erlaubt wäre aber gewesen, wenn sie andere aus der Gruppe im Burlesquee-Tanz unterrichtet hätte. Allerdings hätte sie parallel dazu Ihre eigene No-Talent-Show zu einem anderen Thema vorbereiten müssen.

Nach Ablauf der Zeit legten die beiden Veranstalter eine Reihenfolge fest und führten als Moderatorenpaar im Abendkleid und im Smoking durch das Programm, als wäre es das Finale von Deutschland sucht den Superstar. Wer gerade nicht auf der Bühne stand, saß im Publikum und genoss die ungewöhnlichen Darbietungen, die häufig erstaunlich gut, fast immer aber unglaublich lustig waren.

Sie merken schon: Der Kreativität sind hier keine Grenzen gesetzt und es warten viele abenteuerliche Variationen auf Sie. Achten Sie jedoch darauf, dass die Abende durchführbar bleiben und dass der Organisationsaufwand nicht nach einiger Zeit so groß wird, dass der Überraschungsabend nicht mehr in Ihren Alltag passt. Machen Sie daher lieber regelmäßig kleinere Überraschungsabende und legen Sie beispielsweise einen Termin pro Monat oder pro Vierteljahr fest, an dem dann größere Aktionen stattfinden.

32. PILGER FÜR EIN WOCHENENDE

Outdoor

Schwierigkeitslevel: leicht

Dauer: 1 Tag bis 2 Wochen

Kosten: Übernachtungskosten, Transport und Verpflegung

Ort: Start des jeweiligen Pilgerwegs oder direkt vor der eigenen Haustür

Ausrüstung:

- Trekkingschuhe und Wandersocken
- Pilgerrucksack mit Regenhülle
- Regenjacke und Regenhose
- Wanderhose und Wanderjacke
- Leichter Schlafsack im Sommer – ansonsten der Jahreszeit angepasst
- Trinkflasche oder Trinkblase
- Schlauchtuch
- Outdoor-Hut oder Mütze – je nach Jahreszeit
- Kleines Nähzeug
- Outdoor-Handtuch
- Taschenmesser
- Stirn- oder Taschenlampe
- Sonnenbrille und Sonnencreme
- Extrem leichte Hausschuhe
- Erste-Hilfe-Set und Blasenpflaster
- Minzöl gegen Muskelverspannungen
- Ohrenstöpsel für den Fall, dass Schnarcher in der Pilgerherberge übernachten

- Reisepass oder Personalausweis
- Krankenkassenkarte, EC- und Kreditkarte
- Pilgerausweis und Pilgerführer
- Wanderkarte
- Tagebuch und einen sehr leichten Stift
- Smartphone und Ladegerät

Wer draußen schlafen möchte, braucht zudem:

- eine leichte Isomatte
- ein leichtes Tarp (Gewebeplane zum Bau eines Regenschutzes)
- Wanderstöcke (diese lassen sich als »Zeltstangen« nutzen, sodass man sein Tarp aufspannen kann, ohne zusätzliches Gepäck zu benötigen.)
- ein kleines Sitzkissen
- Campingbesteck und einen kleinen Teller

Gut zu wissen!

Wenn man von der eigenen Heimat aus bis nach Santiago de Compostela gehen möchte, benötigt man dafür – je nach Wohnort in Deutschland und Gehgeschwindigkeit – zwischen 90 und 160 Tage.

Laufen im Einklang mit der Natur, innere Einkehr und zahlreiche Sehenswürdigkeiten warten auf dem Weg auf Sie. Sie können einfach mal abschalten, Ihr Leben reflektieren, sich neu orientieren und herausfinden, was Sie wirklich wollen. Zusätzlich lernen Sie dabei vielleicht auch noch den einen oder anderen Gleichgesinnten kennen und schließen neue Freundschaften. Dies sind einige der Gründe, warum sich das Pilgern einer immer stärkeren Beliebtheit erfreut. Vor allem Hape Kerkeling hat mit dem Buch Ich bin dann mal weg einen regelrechten Pilgerboom ausgelöst.

Doch Sie müssen nicht gleich nach Spanien auf den Jakobsweg gehen, um den bekanntesten Pilgerweg der Welt nach Santiago de Compostela zu laufen. Ich selbst bin über 14 000 Kilometer auf den verschiedensten Pilgerwegen in Deutschland, Frankreich, Österreich, Spanien, Portugal und anderen Ländern unterwegs gewesen. Es gibt kaum einen Pilgerweg, der Sie nicht an wunderschönen Kirchen, magischen Orten und verwunschenen Plätzen vorbeiführt. Beim Pilgern habe ich immer die größte Freiheit verspürt. Viele Entscheidungen in meinem konnte ich nur deswegen treffen, weil ich zuvor gepilgert bin. Diese Klarheit, die man durch das Laufen erreicht, kann man mit kaum einer anderen Art der stillen Bewegungsmeditation gewinnen. Es heißt nicht umsonst, pilgern sei »beten mit den Füßen«. Ich hatte oft das Gefühl, dass ich genau das tat. Das Schöne daran ist, dass Deutschland ein unheimlich dicht gewobenes Netz an Pilgerwegen hat. Innerhalb von 50 Kilometer im Umkreis Ihres Heimatorts finden Sie mit Sicherheit einen Pilgerweg, bei dem Sie direkt einsteigen können. Das Mikroabenteuer Pilgern ist also für jeden sofort greifbar.

WELCHE WANDER- UND PILGERWEGE GIBT ES IN DEUTSCHLAND?

Hier ist eine kleine Auswahl mit schönen Pilgerwegen in Deutschland, auf denen wir selbst bereits gewandert sind. Es gibt natürlich noch unzählige weitere, von denen die meisten ebenfalls sehr schön und wandernswert sind. Suchen Sie sich den für Sie am besten geeigneten aus:

1. Der Beuroner Jakobsweg in Baden-Württemberg startet in Hechingen und läuft dann über Balingen bis nach Meßkirch. Die 74 Kilometer legt man in 4 Etappen zurück.
2. Der Lutherweg: Dieser Pilgerweg besteht aus mehreren Routen und führt durch Hessen, Thüringen, Bayern, Sachsen sowie Sachsen-Anhalt. Ein beliebtes Teilstück führt von Worms durch Frankfurt am Main über Wittenberg und Marburg.
3. Der Eifelsteig verläuft durch Nordrhein-Westfalen und Rheinland-Pfalz. Er ist circa 313 Kilometer lang und man kann in Aachen oder in Trier starten. Einfach den gelben Muscheln und Pfeilen folgen – und schon können Sie sich kaum mehr verlaufen. Der komplette Eifelsteig wird in 15 Etappen aufgeteilt. Falls Sie also länger unterwegs sein wollen, bietet sich der traumhaft schöne Eifelsteig an.
4. Der Hünenweg ist rund 208 Kilometer lang und führt von Osnabrück nach Papenburg – vorbei an faszinierenden Moor- und Heidelandschaften. Diesen Weg haben wir sehr genossen, vor allem wegen der beeindruckenden Megalithgräber.
5. Der Crescentia-Pilgerweg führt Sie auf traumhaft schönen 90 Kilometern durch das sagenumwobene Allgäu. Der Weg beginnt in Kaufbeuren und führt über Irsee, Ottobeuren und Mindelheim wieder zurück nach Kaufbeuren. Das Kloster Ottobeuren sowie das Heilig Kreuz Kloster in Mindelheim sollten Sie auf jeden Fall besichtigen.
6. Der Hermannsweg im Teutoburgerwald ist für all diejenigen geeignet, die im Wald pilgern wollen. Der Pilgerweg beginnt in Rheine, ist 156 Kilometer lang und führt bis nach Marsberg.
7. Die Bonifatius-Route beginnt am Mainzer Dom und geht dann durch die malerischen Berge des Rheingaus. Er ist 182 Kilometer lang und endet direkt vor dem Dom in Fulda.
8. Die Deutsche Märchenstraße ist 600 Kilometer lang und vom Leben der Gebrüder Grimm geprägt. Wer also den Märchen auf der Spur sein möchte, sollte sich für diesen Pilgerweg entscheiden. Die Deutsche

Märchenstraße beginnt im hessischen Hanau, dem Geburtsort der Gebrüder Grimm und führt über verschiedene Routen nach Bremen.

9. Der Ökumenische Pilgerweg in Sachsen und Thüringen ist Teil des Jakobswegs. Dieser Pilgerweg ist eine wichtige Verbindung von Ost nach West, wenn man den ganzen Weg nach Santiago de Compostela laufen will. Der Ökumenische Pilgerweg ist 466 Kilometer lang, startet in Görlitz in Sachsen und führt mit 22 Etappen durch Leipzig, Merseburg, Erfurt und Eisenach bis nach Vacha.
10. Der Mosel-Camino Weg beginnt am Rhein in Lahnstein und führt über 156 schöne Kilometer durch den Hunsrück, entlang der Mosel mit den steilen Weinbergen bis nach Trier.
11. Der Pilgerweg Loccum-Volkenroda beträgt 299 Kilometer und lädt ein, auf den Spuren der Klostergemeinschaft der Zisterzienser zu wandeln. Genau aus diesem Grund startet der Pilgerweg auch beim ehemaligen Zisterzienserkloster Loccum und führt in 18 Etappen zum zweiten ehemaligen Zisterzienserkloster in Volkenroda.
12. Die Alte Salzstraße im Norden von Deutschland führt von Lübeck nach Lüneburg. Die ehemalige Handelsroute wird mit 116 Kilometern als ein sehr naturnaher Rad- und Wanderweg genutzt.
13. Die drei Elisabethpfade bestehen aus drei verschiedenen Pilgerwegen, die alle zum Grab der Heiligen Elisabeth in Marburg führen. Je nachdem, wo Sie leben, können Sie in Frankfurt am Main, in Köln oder in Eisenach starten.
14. Der Baierweg ist 161 Kilometer lang und ein Teil des Weges führt sogar durch Tschechien. Dabei starten Sie von Straubing und laufen über Kötzting sowie Domazlice in Tschechien bis nach Furth im Wald.

Egal, wie lange Sie pilgern wollen: In Deutschland gibt es unendlich viele verschiedene Möglichkeiten, dem Wunsch des Pilgerns nachzukommen. Wahrscheinlich könnte man hier sogar fast sein ganzes Leben pilgern.

Hinweis: Die alte Pilgertradition sieht vor, dass eine Pilgerreise immer vor der eigenen Haustür startet. Das ist natürlich nicht immer möglich, vor allem, wenn Sie sich einen ganz bestimmten Pilgerweg ausgesucht haben, den Sie gehen wollen. Dennoch ist es eine schöne Erfahrung und es lohnt sich durchaus, einmal eine Pilgerreise direkt bei sich zu Hause zu starten und dann schon von dort aus einen schönen Weg zum nächsten ausgeschriebenen Pilgerweg zu legen.

33. THEMEN-PICKNICK

Outdoor

Schwierigkeitslevel: leicht

Dauer: 2 bis 5 Stunden

Kosten: Lebensmittel für das Picknick

Ort: Plätze in der Umgebung mit einer schönen, ruhigen Atmosphäre, an denen Sie sich wohlfühlen.

Ausrüstung:

- Essen und Getränke
- Picknick-Utensilien (Decke, Korb, Geschirr, etc.)
- Kleidung
- Spiele

Gut zu wissen!

Eine ordentliche Internetrecherche kann den Spaßfaktor deutlich erhöhen.

Ein Picknick an sich ist schon etwas ganz Besonderes, aber es wird erst dann zu einem echten Mikroabenteuer, wenn man ein Thema und einen besonderen Ort einbezieht. Meine damalige Partnerin war ebenso ein Picknick-Fan wie ich. Also haben wir uns einen Spaß daraus gemacht, die ausgefallensten Picknick-Ideen in die Tat umzusetzen. Dabei ging es aber nicht nur ums Essen und die Getränke, sondern auch um den Ort und das Auftreten der Picknick-Teilnehmer selbst.

WAS MACHT EIN PICKNICK BESONDERS?

- Außergewöhnliche ausländische Speisen
- Ausgefallene Orte
- Ausgefallene Kleidung
- Ausgefallene Aktivitäten

Sehr gerne haben wir uns ein Land ausgesucht und uns dann überlegt, wo wir in diesem Land am liebsten picknicken würden. Haben wir einen Ort gefunden, haben wir uns überlegt, wo wir die Situation in der näheren Umgebung am besten nachstellen könnten. So stellten wir uns beispielsweise vor, wir wären in Mexiko. Wo würden wir hier am liebsten ein Picknick machen? Vielleicht am Strand, in der Savanne, im Dschungel oder in einem alten Maya-Tempel? Hatten wir uns für den Strand entschieden, suchten wir nach einem Platz, der einem mexikanischen Strand möglichst nahekam. Das konnte der Baggersee um die Ecke sein oder auch mit einem spontanen Trip ans Meer enden. Aber der Ort war noch nicht alles!

Welche Kleidung würden wir tragen, wenn wir als Mexikaner picknicken würden? Vielleicht einen Poncho und einen Sombrero? Wir versuchten also, uns mexikanisch zu kleiden. Plötzlich machte nicht nur das Picknick Spaß, sondern schon die Vorbereitung. Das gilt vor allem, wenn man sich als Paar oder Freunde-Team gemeinsam darum kümmert. Anschließend besorgten wir uns die Speisen, die typisch für das Land waren, und packten alles fertig zum Mitnehmen ein. Zudem erkundigten wir uns im Internet, welches ein typisches Spiel aus dem gewählten Land ist und brachten uns dies beim Picknicken bei. Alternativ können Sie auch gerne etwas landestypische Musik mitnehmen und einen passenden Tanz dazu üben. Oder sich Geschichten oder Gedichte von berühmten

Schriftstellern bzw. Poeten des Landes vorlesen. Ihrer Kreativität sind hier keine Grenzen gesetzt.

Natürlich ist solch ein Picknick etwas zeitaufwendiger, aber man kann die ganze Woche gemütlich seine Ideen vorbereiten und austüfteln, wie man diese umsetzen möchte. Das macht zum einen Spaß und zum anderen lenkt es perfekt vom hektischen Alltag ab.

WELCHE BESONDEREN ORTE GIBT ES FÜR EIN PICKNICK?

- Auf dem Turm einer Burgruine oder in ihrem Vorhof
- Direkt am Meer an einer Steilküste oder am Strand
- An einem Fluss oder Seeufer
- Auf einem Holzsteg, der ins Wasser führt
- Auf einem Aussichtspunkt mit einem tollen Ausblick
- Auf einem Boot, einem Kanu, einem Paddelboot oder einem großen Schlauchboot. Wir selbst haben sogar ein Picknick auf einer kleinen Insel im See gemacht und einmal auf einem Tretboot.
- In einem schönen Park
- Unter Palmen in einem botanischen Garten
- In der Nacht auf einer Wiese mit Lagerfeuer, um die Sterne zu betrachten
- Unter einer Brücke
- Auf einem Aussichtsturm
- Auf dem Dach eines Hochhauses (sofern es öffentlich zugänglich ist. Ansonsten muss zunächst eine Genehmigung eingeholt werden)
- Auf einer Lichtung im Wald
- In einem Wildpark
- In einem Lost Place (siehe Abenteuer 19)
- Im Zoo
- …

WELCHE LÄNDER HABEN UNS AM MEISTEN SPAß GEMACHT?

- Mexikaner zu spielen, war extrem witzig und auch die Tapas waren sehr lecker.
- Ein Ehepaar aus Italien zu spielen, war aufregend und lustig zugleich. Hier konnten wir schön mit dem Akzent und den italienischen Floskeln spielen, die wir kannten. Außerdem gibt es natürlich eine Menge toller italienischer Spezialitäten, sodass man richtig schlemmen kann.
- Schweizer zu spielen, hat uns fast aus den Socken gehauen. Wir haben uns einen Platz in den Bergen gesucht, Käsefondue gemacht und durften nur Schweizerdeutsch sprechen. Danach hatten wir noch zwei Tage lang Bauchschmerzen, wobei ich nicht genau sagen kann, ob es an den Unmengen an Käse oder am Muskelkater vor lauter Lachen lag.
- Mit einem britischen Picknick unter einem Pavillon in einem schönen Stadtpark oder in einer alten Burgruine kann man sich auch an Regentagen eine tolle Zeit machen. Je grauer und trüber der Regentag, desto besser passt es zum Motto des Picknicks. Wenn man dabei ein piekfeines britisches Grafenpaar spielt, kann das so erheiternd sein, dass man sich schon fast wieder auf den nächsten Regentag freut.

Oft ist es nicht ganz leicht, immer in der Rolle zu bleiben. Aber der Versuch lohnt sich auf jeden Fall. Mit der Zeit werden Sie merken, dass Sie immer besser hineinkommen. Dabei wird es umso leichter, je offener alle Beteiligten sind. Hilfreich ist es zudem, wenn man nicht nur versucht, die Klischees eines Landes nachzuspielen, die man darüber kennt, sondern sich echte Figuren mit einem Charakter sucht, die man nachspielen kann. Lassen Sie Ihrer Kreativität freien Lauf und bedienen Sie sich gerne an Filmen, Geschichten und anderen Inspirationsquellen, um Ihre Rollen zu formen. Je mehr Sie sich darauf einlassen, desto leichter ist es und desto mehr Freude wird Ihnen Ihr Abenteuerpicknick bereiten. Besonders gut gefallen hat uns, dass man so noch einmal ganz neue Aspekte an sich selbst, am Partner und an der Beziehung entdecken durfte.

VARIATIONSMÖGLICHKEITEN

Das Themen-Picknick lässt sich wunderbar mit der Dartpfeilwurftechnik aus Abenteuer Nr. 1 kombinieren. Nehmen Sie eine Weltkarte. Werfen Sie mit geschlossenen oder verbundenen Augen einen Dartpfeil auf die Karte. Das Land, das Sie treffen, wird zum Thema Ihres nächsten Picknicks.

34. SUP-TOUR – DAS ABENTEUER AUF DEM WASSER

Outdoor

Schwierigkeitslevel: leicht bis Mittel – je nach SUP-Route
Dauer: je nach Tour 1 bis 3 Tage oder nur wenige Stunden
Kosten: Anschaffungskosten oder Leihgebühr für eine SUP-Ausrüstung
Ort: SUP-Spots (Seen und Flüsse)
Ausrüstung: SUP-Board und Stechspatel, Neoprenanzug, wasserfester Beutel, evtl. Luftpumpe

Gut zu wissen!

Einige Gewässer dürfen nur mit einem SUP-Board befahren werden, wenn man zuvor bei der Wasserwacht seinen Namen und die Adresse angegeben hat. Daher sollten Sie sich vorher informieren, ob dies bei Ihrem Gewässer der Fall ist.

Es gibt einige Bücher, worin die schönsten SUP-Routen beschrieben werden, die man »nachpaddeln« kann.[15]

SUP ist die Abkürzung für Stand-up-Paddling. Hierbei handelt es sich um eine relativ junge Sportart, bei der man sich auf einem überdimensionierten Surfbrett stehend und mit einem Stechspatel in der Hand auf einem Gewässer fortbewegt. SUP gehört zu den sogenannten Funsportarten und hat den großen Vorteil, dass man es sehr schnell erlernen und mit sehr wenig Aufwand ausführen kann. Es gibt einfache Luft-SUP-Boards, die man sehr platzsparend im Auto oder Rucksack verstauen und transportieren kann und dann vor Ort aufbläst. Das Spannende am SUP ist, dass man wie mit einem Kanu faszinierende Touren machen kann, jedoch deutlich weniger Material transportieren muss. Man packt das SUP einfach in den Rucksack, bläst es auf und schon kann es losgehen. Natürlich müssen Sie die Regeln beachten, die für alle gelten, die mit einem Boot auf einem Gewässer fahren. Hier gilt wie im Straßenverkehr auch rechts vor links. An Stellen, an denen sich Wasserwege kreuzen, sollten Sie vorausschauend paddeln, um Ruderer, Boote oder Schiffe nicht auszubremsen oder zu behindern.

SUP ist schon lange kein reiner Trendsport mehr, den man nur einmal ausprobiert und dann nicht mehr weiterverfolgt. Ganz im Gegenteil: Es hat sich mittlerweile eine Szene um den Sport gebildet, die äußerst kreativ ist. Es gibt SUP-Reiseführer, die Ihnen helfen, die schönsten Routen in ganz Deutschland zu finden.

Wenn Sie eine SUP-Tour machen, gehen Sie gleichsam mit dem Board auf dem Wasser wandern. Das Schöne am Wandern auf dem Wasser ist, dass Sie nahezu lautlos unterwegs sind und deswegen deutlich mehr Tierbegegnungen erleben werden, als wenn Sie an Land umherstreifen. Es gibt einige SUP-Fans, die schon mehrere 1000 Kilometer mit ihrem Board auf Seen, Flüssen, Meeren und in Kanälen zurückgelegt haben.

VARIATIONSMÖGLICHKEITEN

Neben den Trend-Touren mit dem Stand-up-Board hat sich noch eine weitere Randerscheinung gebildet: Yoga auf dem Stand-up-Board. Falls Sie bereits ein Yoga-Fan sind, sollten Sie dieses Abenteuer auf gar keinen Fall auslassen. Eines meiner Highlights auf dem SUP habe ich auf den nördlichen Alpenseen erlebt. Es gibt kaum ein faszinierenderes Panorama für eine SUP-Tour. Auf supscout.de finden Sie über 300 Touren, die Sie auf eigene Faust erleben können.

35. CANYONING

Outdoor

Schwierigkeitslevel: mittel bis schwer

Dauer: 2 bis 6 Stunden – je nach Tour

Kosten: Kurs 45-100 Euro – je nach Ort und Materialkosten

Ort: beliebte Canyoningspots

Ausrüstung: Beim Canyoning trägt man in der Regel einen einteiligen Neoprenanzug mit einer Stärke von 6,5 Millimetern und Neoprensocken. Dazu kommen noch Canyoningschuhe sowie ein Canyoninghelm und ein Canyoninggurt. Ungeeignet sind lange und weite Badeshorts, da diese unter dem Neoprenanzug verrutschen und so die Haut aufreiben können. Wenn Sie sich bei einem Canyoningspot abseilen müssen, brauchen Sie zudem noch Abseilgeräte, Steigklemmen und ein robustes, scheuerfestes Canyoningseil. In der Regel kann man sich die Ausrüstung bei den Unternehmen leihen, die auch Canyoning-Kurse anbieten. Sie brauchen sich also nicht direkt das ganze Material besorgen, bevor Sie überhaupt wissen, ob Ihnen das Canyoning gefällt oder nicht.

Packliste:

- Neoprensocken ab 3 Millimeter (mit herkömmlichen Socken kommt es zu einem »schwammigen« Gefühl und Blasenbildung)
- Canyoningschuhe – diese haben einen besonderen Grip auf nassem Untergrund, am Anfang kann man auch leichte Trekkingschuhe verwenden
- Alpintauglicher Helm
- Langes Seil, sodass man die höchste Abseilstelle leicht überwinden kann
- Karabiner
- Bandschlingen
- Für Canyoning zugelassenes Abseilgerät (Achtung: Lassen Sie sich hierzu von einem Experten beraten, da ein falsches Abseilgerät durchaus lebensgefährlich sein kann.)
- Wasserfester Rucksack
- Erste-Hilfe-Set
- Einhand-Klappmesser (Achtung: Normalerweise ist es verboten, diese Messer mitzuführen, da sie als Waffe gelten. Fürs Canyoning sind sie jedoch nötig, da es sein kann, dass Sie sich mit der einen Hand festhalten und mit der anderen losschneiden müssen. Nehmen Sie das Messer daher bis zur Einstiegsstelle im Rucksack mit und tragen Sie es erst dann am Gurt.)
- Handy zum Verständigen in einem Notfall
- Handtuch und Wechselkleidung
- Plastiksack für die nassen Schuhe
- Ein der Temperatur angepasster Neoprenanzug. Im Winter, Herbst oder Frühling können zudem eine Neoprenkopfhaube und passende Handschuhe nützlich sein.
- Viele Extremsportler verwenden Rückenpanzer, Knieschoner und Ellenbogenschoner aus der Downhill-Branche ohne Plastikeinlagen, dafür aber mit Dämpfungsmaterial.

Gut zu wissen!

Sie sollten über eine gute körperliche Konstitution verfügen. Vor allem in den folgenden Bereichen:

- Trittsicherheit
- Keine ausgeprägte Höhenangst
- Kein starkes Übergewicht
- Sichere Schwimmfähigkeiten

Beim Canyoning spielt das Wetter eine untergeordnete Rolle. Dennoch gibt es Situationen, in denen es einen Einfluss haben und sogar eine Gefahr darstellen kann. Wenn es gewittert oder ein Gewitter abzusehen ist, sollten Sie nicht ins Wasser gehen. Darüber hinaus müssen Sie vor allem indirekt durch das Wetter bedingte Phänomene wie den Wasserstand und die Schneeschmelze im Auge behalten. Bei einigen Wasserläufen muss man auch auf die Regulierung der Talsperre achten, da hierdurch künstlich bestimmt wird, wie viel Wasser fließt und vor allem welche Geschwindigkeit es hat.

Wenn Sie selbstständig, also ohne Trainer oder geführte Gruppe, Canyoning betreiben wollen, brauchen Sie Kenntnisse und Fähigkeiten in folgenden Bereichen:

- Seiltechnik (allgemeines Handling, Abseilen, Standplatzbau, Rettungstechniken)
- Meteorologie (Erfassen und Auswerten von Wetterdaten)
- Kommunikation (spezifische Zeichen- und Lautsprache)
- Erste Hilfe
- Orientierung
- Risikomanagement
- Ausrüstung
- Naturschutz

Canyoning ist ein absolut verrücktes Mikroabenteuer. Ich selbst hatte einen Freund aus meiner Zeit als Höhlenretter, der ein leidenschaftlicher Canyoningfan war. Er schleppte mich fast jedes zweite Wochenende zu tollen Spots, die ich unbedingt gesehen haben musste. Kaum eine Sportart hat meinen Adrenalin- und Endorphinspiegel so in die Höhe getrieben wie Canyoning – beispielsweise in einer Klamm beim Sprung von einer Klippe in das darunter liegende Wasserbecken. Ich habe wahrlich keine Höhenangst, aber hier gibt es einfach keine Grenzen. Das Schöne am Canyoning ist, dass es Touren für Anfänger, aber auch für absolute Profis gibt. Natürlich wird man immer wieder auf die Probe gestellt, ob man den inneren Schweinehund der Angst überwinden kann. Aber genau darum geht es schließlich. Man kann nach einer anspruchsvollen Canyoningtour einfach nicht mehr aufhören zu grinsen. Es ist einfach ein irres Gefühl – als wäre pures Adrenalin durch die Adern geflossen! Wenn Sie also den Kopf so richtig freibekommen wollen, ist Canyoning eine Extremsportart, die Sie auf jeden Fall probieren sollten. Es gibt unendlich viele tolle Spots, sodass man fast überall einen Anfängerkurs belegen kann.

WO IST CANYONING IN DEUTSCHLAND MÖGLICH?

In Deutschland kann man beispielsweise an folgenden Orten Canyoningkurse buchen, aber auch selbstständig durchführen:

1. Staffelgraben in den Bayrischen Alpen
2. Forbach im Schwarzwald
3. Finzbachklamm in Krün
4. Gießenbachklamm in Kiefersfelden
5. Almbachklamm in den Berchtesgadener Alpen
6. Brandenburg (Potsdam, Oranienburg, Schönefeld und viele mehr)
7. Lenggries – Pestsäule
8. Staffelgraben am Sylvensteinsee
9. Im Allgäu in den Stuibenfällen und in der Starzlachklamm

36. DIE GERADEAUS-WANDER-CHALLENGE

Outdoor

Schwierigkeitslevel: schwer
Dauer: 2 bis 4 Stunden
Kosten: keine
Ort: freies Gelände
Ausrüstung: Karte, Kompass (optimalerweise ein Lineal-Kompass), angepasste Kleidung, Smartphone mit GPS und Internetanschluss für eine sichere Heimkehr

Gut zu wissen!

Wenn Sie noch nie mit einem Kompass gearbeitet haben, sollten Sie den Umgang damit vor diesem Abenteuer einige Male üben, um ein Gefühl dafür zu bekommen. Andernfalls kann es schnell frustrierend werden, wenn man merkt, dass man nicht mit dem Kompass zurechtkommt.

Wandern kann jeder! Das stimmt und dafür müsste man auch kein Buch schreiben. Aber bei diesem Abenteuer werden Sie das Wandern noch einmal auf eine völlig neue und herausfordernde Weise kennenlernen. Das Prinzip ist schnell erklärt:

Suchen Sie sich zwei Punkte auf einer Landkarte aus, die circa 5 Kilometer voneinander entfernt sind und die Sie noch nicht kennen. Am besten ist es, wenn Sie das gesamte Gebiet rund um die beiden Punkte noch nicht kennen. Dann können Sie sich nicht anhand Ihrer Ortskenntnis orientieren, sondern müssen sich vollkommen auf Ihre Navigationskünste verlassen. Die Aufgabe besteht nun darin, allein mit der Hilfe Ihres Kompasses in einer möglichst geraden Linie vom Startpunkt bis zum Zielort zu gelangen. Damit dies funktionieren kann, müssen Sie jedoch zunächst ein paar grundsätzliche Dinge über Orientierung wissen:

PUNKT NR. 1: DIE KARTE EINNORDEN

Damit Sie sich überhaupt mit Ihrer Karte orientieren können, müssen Sie diese zunächst mit der Außenwelt in Einklang bringen. Falls nicht anders angegeben, ist »Norden« auf einer Karte immer oben. Wenn Sie die Karte also auf einen Tisch oder auf den Boden legen und so drehen, dass die Oberkante in Richtung Norden zeigt, entsprechen die Richtungen auf der Karte genau den Richtungen, die Sie in der Realität einschlagen müssen. Am leichtesten und sichersten gelingt Ihnen dies mithilfe eines Kompasses. Legen Sie dafür Ihren Kompass so auf die Karte, dass das N genau in Richtung der Oberkante und das S genau zur Unterkante zeigt. Anschließend drehen Sie beides zusammen, Karte und Kompass so weit, dass die Kompassnadel mit der N-Markierung übereinstimmt. Nun sind die auf der Karte eingezeichneten Himmelsrichtungen mit denen in der Realität identisch.

PUNKT NR. 2: DIE MARSCHRICHTUNG BESTIMMEN

Rings um Ihren Kompass werden Sie eine Reihe von Zahlen und Markierungen finden. Diese zeigen den Winkel – ausgehend von der Nordmarkierung – an. Genau beim N befindet sich die 0, beim O die 90, beim S die 180 und beim W die 270. Dies sind die Gradzahlen, die Ihre Marschrichtung angeben. Wenn Sie also eine Strecke wandern wollen, bei der Ihr Ziel genau im Osten Ihres Startpunkts liegt, wandern Sie mit einer Marschrichtung von 90 Grad.

Um herauszufinden, mit welcher Marschrichtung Sie vom gewählten Startpunkt zu Ihrem Ziel gelangen können, müssen Sie den Kompass genau auf die Startmarkierung Ihrer Karte legen – und zwar so, dass die Kompassnadel genau auf die N-Markierung zeigt. Etwas einfacher ist es mit einem Linealkompass.

Hier können Sie das Lineal so ausrichten, dass es vom Startpunkt genau auf den Endpunkt zeigt. Bei einem anderen Kompass müssen Sie sich die Linie denken oder vorsichtig mit einem Bleistift auf der Karte einzeichnen. Anschließend können Sie die Marschrichtung am Kompass ablesen.

PUNKT NR. 3: NACH MARSCHRICHTUNG WANDERN

Wenn Sie die Marschrichtung einmal haben, können Sie Ihre Karte zusammenfalten und einstecken. Anschließend richten Sie den Kompass wieder so aus, dass die Nordmarkierung des Kompasses und die Kompassnadel übereinstimmen und gehen dann in die zuvor festgelegte Marschrichtung. Hilfreich ist es, dabei ein Ziel in größerer Entfernung anzupeilen und genau darauf zuzuwandern. Dadurch können Sie nicht vom Kurs abkommen, auch wenn Sie während der Wanderung nicht permanent auf den Kompass schauen können.

Die Herausforderung besteht nun darin, möglichst genau nach Marschrichtung – also schnurgeradeaus – zu wandern und so den Zielpunkt zu erreichen. Alle Hindernisse auf dem Weg, die bewältigt werden können, ohne sich dabei in

Gefahr zu bringen und ohne gegen Gesetze zu verstoßen, sollten direkt überwunden werden. Sollte es aus irgendeinem Grund nicht möglich sein, die Marschrichtung einzuhalten, da Sie ein Hindernis umgehen müssen, sollten Sie dies genau nach Plan und sehr sorgfältig tun. Denn Ihre Marschrichtung führt Sie natürlich nur so lange ans Ziel, wie Sie sich auf einer geraden Linie zwischen Start und Zielpunkt befinden. Kommen Sie von dieser Linie ab, werden Sie Ihr Ziel verfehlen.

PUNKT NR. 4: UMGEHEN VON KLEINEREN HINDERNISSEN

Wenn Sie beispielsweise bei einem Fluss den Weg hinter dem Hindernis noch sehen können, suchen Sie sich am besten auf der anderen Seite ein Zwischenziel. Dann können Sie Ihre Route verlassen und das Hindernis umgehen. In diesem Fall könnten Sie flussaufwärts oder flussabwärts nach einer Brücke oder einer anderen Überquerungsmöglichkeit Ausschau halten und zu Ihrem Zwischenziel auf der anderen Seite gelangen. Von da nehmen Sie dann Ihre ursprüngliche Marschrichtung wieder auf.

PUNKT NR. 5: UMGEHEN VON GROẞEN HINDERNISSEN

Wenn Sie nicht auf die andere Seite des Hindernisses sehen können, müssen Sie es mithilfe des Kompasses umgehen. Dazu wählen Sie einen Kurs, der genau 90 Grad von Ihrer eigentlichen Marschrichtung abweicht. Messen Sie dann die Strecke, die Sie in diese Richtung gehen, bis Sie ans Ende des Hindernisses gelangen – zum Beispiel durch Zählen der Schritte. Nehmen Sie dann den alten Kurs wieder auf und gehen Sie weiter, bis Sie am Hindernis vorbei sind. Hier ändern Sie dann erneut den Kurs um 90 Grad – diesmal jedoch in die andere Richtung – und gehen exakt die gleiche Entfernung zurück. Wenn Sie genau vorgehen, befinden Sie sich am Ende wieder auf der Ziellinie und können nun weiter in die ursprüngliche Marschrichtung laufen.

KURSKORREKTUR

Falls Sie das Gefühl haben, vom Weg abgekommen zu sein, holen Sie die Karte raus. Versuchen Sie Ihren aktuellen Standort auf der Karte zu bestimmen. Das ist unter Umständen nicht ganz einfach, weil Sie markante Punkte in Ihrer Nähe finden müssen, die Sie auf der Karte wiedererkennen. Sollte Ihnen das nicht gelingen, können Sie zum letzten markanten Punkt zurückgehen, den Sie mithilfe der Karte noch eindeutig bestimmen können. Ist auch dies nicht möglich, nutzen Sie Ihr GPS-Gerät oder Ihr Smartphone, um Ihre Position ausfindig zu machen.

Da es jedoch die Aufgabe ist, das Ziel ohne Karte und GPS nur mit dem Kompass zu erreichen, gibt jedes »Spicken« einen Punktabzug. Ein Blick auf die Karte kostet einen Strafpunkt, ein Blick auf das GPS-System schlägt mit fünf Strafpunkten zu Buche. Notieren Sie die Zahl der Strafpunkte und versuchen Sie, es beim nächsten Mal besser zu machen. Bedenken Sie dabei jedoch, dass es umso leichter ist, von der Marschrichtung abzudriften, je schwieriger das Gelände ist, das Sie ausgewählt haben. Orientierung ist eine Königsdisziplin, die man nur spielerisch erlernen kann, und es ist noch kein Meister vom Himmel gefallen. Ärgern Sie sich also nicht über Misserfolge, sondern sehen Sie die Aktion wirklich als Spiel an.

Achtung: Auch GPS-Geräte bieten keine zuverlässige Sicherheit dafür, dass man die Orientierung wiederfinden kann. Vor allem am Anfang sollten Sie daher ein Gebiet auswählen, das nach spätestens zwei Kilometern in jede Richtung von einer Straße durchzogen wird, der Sie in die Zivilisation folgen können. Dadurch verhindern Sie, dass Sie in Gefahr geraten, sich ernsthaft zu verlaufen und nicht mehr nach Hause zu finden.

37. RAFTING

Outdoor

Schwierigkeitslevel: mittel bis schwer

Dauer: 2 bis 4 Stunden

Kosten: 40 bis 100 Euro Kurskosten, zusätzlich Materialkosten

Ort: Rafting-Hotspots

Ausrüstung:

- Raftingboot und Paddel
- Neoprenanzug
- Schwimmweste
- Raftinghelm
- Badebekleidung unter dem Neoprenanzug sollte möglichst eng anliegen
- Handtuch
- Duschutensilien
- Sonnenschutz
- Wasserdichte Schuhe
- Trockene Schuhe und Kleidung zum Wechseln

Gut zu wissen!

Da es einige spektakuläre Unfälle beim Rafting gegeben hat, wird diese Sportart gerne als sehr gefährlich dargestellt. Doch ernste Unfälle passieren äußerst selten. Mit einer gewissenhaften Vorbereitung und einem gesunden Risikomanagement kann das Restrisiko auf ein Minimum reduziert werden. Wichtig ist, dass Sie einen Grundkurs belegen, sodass Sie lernen, die Gefahren richtig einzuschätzen. Sie müssen lokale Gesetze einhalten. Bitte informieren Sie sich im Vorfeld über die ortsgebundenen Verordnungen und Gesetze.

Jeder, der ein Adrenalin- und Abenteuerfan ist, muss auf jeden Fall einmal in seinem Leben in einem Raftingboot gesessen und eine Wildwasser-Schlucht hinabgefahren sein. Es ist vollkommen verrückt, wenn man mit einem Affenzahn auf dem Wildwasser in Richtung Tal fährt und man die Gischt ins Gesicht gespritzt bekommt. Natürlich rutscht jedem das Herz in die Hose, wenn die Stromschnellen kommen. Aber geht es nicht genau darum?

Wenn man nicht selbst eine Raftingtour machen will und zu unerfahren ist, sollte man sich zunächst an einen professionellen Anbieter wenden, denn nur so kann die Sicherheit gewährleistet werden. Hierbei trainiert man die Grundübungen, die man braucht, um sicher auf einem Raftingboot unterwegs zu sein. Ich selbst war damals als Erlebnispädagoge genau in diesem Bereich tätig. In unserer Freizeit haben wir uns stets die wildesten Abfahrten ausgesucht und spürten das Adrenalin bis zum Hals pulsieren. Hätte mich mein Teamkollege damals nicht in diese Sportart eingeführt, hätte ich niemals erfahren, wie spannend Wildwasserfahren sein kann. Egal, wie oft man beim Rafting war, es macht immer wieder Spaß und man muss meistens noch einen halben Tag danach vor lauter Endorphinen grinsen.

WO KANN ICH IN DEUTSCHLAND UND ÖSTERREICH RAFTING MACHEN?

1. Lenggries
2. Bad Reichenhall
3. Kössen (Österreich)
4. Haiming (Österreich)
5. Inntal (Österreich)
6. Reit im Winkl
7. Kaub bei Rüdesheim
8. Augsburg
9. Bregenz (Österreich)
10. Pirna
11. Sonthofen
12. Imster Schlucht im Ötztal (Österreich)

Mir hat die Schlucht im Ötztal am besten gefallen, denn hier empfand ich persönlich den höchsten Adrenalinfaktor.

38. WAKEBOARDEN, WASSERSKI ODER SURFEN IN DER STADT

Outdoor

Schwierigkeitslevel: mittel

Dauer: 4 bis 6 Stunden

Kosten: Leihmaterial pro Tag etwa 25 bis 35 Euro, Tageskarte circa 40 bis 50 Euro, 2-Stunden-Ticket ungefähr 20 bis 35 Euro

Ort: deutschlandweit

Ausrüstung:

- Wakeboard oder Surfboard
- Prallschutzweste
- Neoprenanzug
- Helm

Gut zu wissen!

Dieses Abenteuer hilft Ihnen, spannende und Spaß bringende Funsportarten leicht in Ihren Alltag zu integrieren.

Es mag erstmal komisch klingen, dass man in der Stadt surfen oder wakeboarden will. Doch warum sollte man nicht sein Mikroabenteuer dorthin holen, wo man ohnehin schon ist? Schlussendlich geht es ja gerade darum, dass wir im Alltag abschalten können. Wenn wir von 8 Uhr in der Früh bis 17 oder 18 Uhr arbeiten, muss es verdammt schnell gehen, wenn wir noch eine Runde surfen oder wakeboarden wollen. Auf diesen Notstand haben einige pfiffige Geschäftsleute reagiert. Wenn wir ehrlich sind, wissen wir vor lauter Alltagsstress oft nicht einmal mehr, wie das Meer rauscht oder welche Farbe es hat. Urbane Surf- oder Wakeboardspots sind die perfekte Alternative! Es ist nicht wichtig, ob Sie schon ein passionierter Surfer oder Wakeboarder sind: An solchen Spots können Sie einen Anfängerkurs belegen und sich die nötige Ausrüstung leihen.

Wäre es nicht ein Traum, vor dem ersten Meeting am Morgen zwei, drei Stunden auf dem Surfbrett zu stehen, um dann noch fröhlicher und voller Power im Büro aufzutauchen? Besser kann der Tag doch gar nicht starten!

Der absolute Bonus ist, dass Sie an den Surf- oder Wakeboardspots auch noch interessante Surferboys oder -girls kennenlernen können, um sich auszutauschen und nette Gespräche zu führen. Meistens gibt es auch noch eine Beachbar und ein gemütliches Restaurant, in dem Sie frühstücken oder den Feierabend entspannt ausklingen lassen können.

WO FINDE ICH COOLE SURFSPOTS?

Urbane Surfspots in Ihrer Nähe zu finden, ist zum Glück nicht schwer. Die meisten Betreiber der Spots haben gute Internetseiten, sodass man sie leicht mit einer Internetrecherche aufspüren kann. Hier haben wir Ihnen einige der schönsten Spots in Deutschland rausgesucht:

- Beim Fährwellensurfen in Warnemünde
- Auf Norderney in Niedersachsen
- In St. Peter-Ording in Schleswig-Holstein
- Auf Sylt
- In Augsburg an der Lechstaustufe
- In der Jochen Schweizer Arena bei München
- Auf dem Eisbach im Englischen Garten in München
- In Warnemünde in Mecklenburg-Vorpommern
- Auf dem Steinhuder Meer bei Hannover
- Im Ort Brasilien an der Ostsee (lässt sich direkt mit Abenteuer 22 verbinden)

WO FINDE ICH COOLE WAKEBOARD- UND WASSERSKISPOTS?

WASSERSKI- UND WAKEBOARDANLAGEN IM NORDEN

- Alfsee StrandArena in Niedersachsen
- Cable Park Rügen in Mecklenburg-Vorpommern
- Wasserski & Wakeboard in Hamburg
- Wasserski im Stadtpark Norderstedt in Schleswig-Holstein
- Wasserskilift in Zachun in Mecklenburg-Vorpommern
- Wakeboard- und Wasserskipark Zossen bei Berlin
- Wet & Wild Wasserskianlage in Velten bei Berlin

WASSERSKI UND WAKEBOARDANLAGEN IN MITTELDEUTSCHLAND

- Cable Wasserskilift Dresden in Sachsen
- Wakeport Rhein-Main Raunheim in Hessen
- Wasserski & Wakeboard Paradies Seepark Kirchheim bei Bad Hersfeld in Hessen
- Wasserski am Bleibtreusee Brühl bei Köln in Nordrhein-Westfalen
- Wasserski Heuchelheim in Hessen

WASSERSKI UND WAKEBOARDANLAGEN IM SÜDEN

- Wake Park Thulba bei Bad Kissingen in Bayern
- Chill & Wake Wasserskianlage Friedberg in Bayern
- Turncable Thannhausen in Bayern
- Wasserski am Gufi-See Gundelfingen in Bayern
- Wasserskipark Aschheim bei München in Bayern
- Wild Wake Park in Steinberg am See in Bayern
- Wasserski + Wakeboarding am Rheinauer See bei Mannheim in Baden-Württemberg
- Wasserskilift am Tunisee bei Freiburg in Baden-Württemberg
- Wakeboarden auf dem Bodensee in Baden-Württemberg

39. KLETTER-TAG

Outdoor

Schwierigkeitslevel: leicht bis schwer

Dauer: 2 bis 5 Stunden

Kosten: Kletterhalle 10 bis 18 Euro, Boulderhalle 10 bis 17 Euro, Hochseilgarten 20 bis 30 Euro

Ort: Kletterspots

Ausrüstung: passende Kletterausrüstung – je nach Kletterart

Gut zu wissen!

Als Anfänger ist es immer sinnvoll, zunächst einen Einführungskurs zu belegen.

Beim Klettern im Freien müssen die geltenden Naturschutzrechte eingehalten werden.

Fast jeder ist in seiner Kindheit gerne auf Bäume, Mauern und Felsen geklettert. Oft hat man sich dabei größere und höhere Objekte, Steilwände und Felsklippen angesehen und sich gefragt, wie es wohl wäre, sie zu erklimmen. Ich selbst war als Kind auf jeden Fall ein kleiner Kletteraffe. Leider ist das später durch den beruflichen Stress immer mehr in den Hintergrund geraten, bis ich schließlich vergessen hatte, wie viel Spaß das Klettern eigentlich machen kann. Dabei ist es – vor allem dann, wenn man gestresst und überarbeitet ist – ein optimaler Ausgleich, um runterzukommen und den Kopf frei zu kriegen. Wer gerade mehrere Meter über dem Boden in einem Baum oder einer Felswand hängt, denkt nicht über irgendwelche Schreibtischaufgaben nach, die er noch erledigen muss. Gleichzeitig sorgt das Klettern für eine bewusste Körperwahrnehmung und schult die innere und äußere Balance. Mit anderen Worten: Klettern festigt Körper, Geist und Seele, sodass man auch mit schwierigen Situationen und Stress besser umgehen kann. Dies wurde mir jedoch erst wieder bewusst, als ich meinen Versicherungsjob längst an den Haken gehängt hatte und einen Teil meiner Brötchen als Kletter-Guide, Bergretter und Hochseilgartentrainer verdiente.

WELCHE MÖGLICHKEITEN HABE ICH, UM EINEN KLETTER-TAG ZU ARRANGIEREN?

1. Hochseilgarten oder Waldseilpark: Besuchen Sie alleine oder mit Ihren Freunden einen Hochseilgarten. Hier bekommen Sie ein gutes Gefühl für die Höhe. Zudem können Sie eine bunte Vielfalt verschiedener Balance- und Kletter-Challenges meistern. Das macht auch dann viel Spaß, wenn Ihnen das reine Klettern nicht so sehr liegt.
2. Indoor-Kletterhalle: Besuchen Sie alleine oder mit Ihren Freunden eine Kletterhalle und machen Sie einen Schnupperkurs. Es gibt auch viele Kletterhallen, die selbstsichernd sind. In diesen Hallen gibt es sogenannte Sicherungsautomaten. So können Sie vollkommen allein klettern, weil Sie von einer Maschine zuverlässig gesichert werden. Schöner ist es natürlich, wenn Sie einen Partner haben und sich gegenseitig sichern können.
   Das Gute an Kletterhallen ist, dass Sie sich hier in der Regel auch die gesamte Ausrüstung leihen können, die Sie benötigen. Wenn Sie also noch nicht sicher sind, ob in Ihnen ein Kletteraffe steckt, können Sie es hier herausfinden – ohne sich eine Ausrüstung anschaffen zu müssen.
3. Outdoor-Kletteranlage: Hier werden Klettergriffe an den Wänden angebracht, sodass Sie wie in einer Halle klettern können. Es gibt einige Outdoor-Anlagen, bei denen Sie auch Klettergurte und Kletterschuhe ausleihen können.

4. Boulderanlage oder Boulderhalle: Hierfür brauchen Sie nur Kletterschuhe – und schon kann es losgehen. In Boulderhallen wird in sicherer Absprunghöhe und ohne Sicherungsseil über einem mit Weichbodenmatten ausgelegtem Untergrund geklettert.
5. Felsklettern: Hierbei klettern Sie direkt am Felsen und sichern sich selbst im Vorstieg durch das Einhängen von speziellen Doppelkarabinern, sogenannten Expressen. Bevor Sie am freien Felsen klettern, sollten Sie zunächst einen Kletterkurs belegen.
6. Deep Water Soloing: Das Wasserklettern ist eine Randsportart beim Klettern und kommt aus der Free-Solo-Szene, wo man ohne eine Sicherung klettert. Im Normalfall ist das eine Extremsportart, die man nur als absoluter Profi ausüben sollte, da man sich schwer oder sogar tödlich verletzen kann, wenn man abrutscht und in die Tiefe fällt. Das Deep Water Soloing ist jedoch eine Sonderform, bei der man bei einem Sturz nicht am Boden aufprallt, sondern im Wasser landet, das sich unter dem Felsen befindet. Der Kletterspot ist eine Klippe, die ins Meer ragt und aus dem Wasser heraus bestiegen wird. Kommt es zu einem Sturz, fällt man einfach ins Wasser und beginnt von vorne. Wichtig ist dabei jedoch, dass man die Felsen so wählt, dass man auch wirklich in ausreichend tiefem Wasser landet. Vor allem an den Klippen von Mallorca klettern sehr viele Hobbysportler.
7. Eisklettern: Hierbei klettert man mit Steigeisen und Eisgeräten an einem gefrorenen Wasserfall oder einer Eisklippe nach oben. Gesichert ist man über Eisschrauben und ein dynamisches Seil. Sie sollten jedoch entweder einen erfahrenen Eiskletterer dabei haben oder selbst schon viel Erfahrung im Klettern haben, wenn Sie dieses Abenteuer erleben wollen.
8. Klettersteig: Hier klettern Sie frei am Felsen, sind jedoch Sie durch ein Klettersteigset am verankerten Drahtseil gesichert. Neben den natürlichen Tritten und Festhaltemöglichkeiten, die der Felsen bietet, gibt es zudem meist fest installierte Hilfsmittel wie Leitern, Trittstufen oder Stahlstifte.

WO FINDE ICH TOLLE KLETTERGÄRTEN IN DEUTSCHLAND?

- ◊ Jochen Schweizer Arena bei München
- ◊ Kletterwald in Biberach
- ◊ Abenteuerpark in Betzenstein
- ◊ Kletterwald in Grünheide
- ◊ Seilgarten in Lesum
- ◊ Kletterwald am Edersee
- ◊ Waldseilpark auf Rügen
- ◊ Hochseilgarten MountMitte in Berlin
- ◊ Hochseilgarten Cap San Diego in Hamburg (hier klettert man auf einem Schiff)
- ◊ Kletterpark HöhenwegArena in Schneverdingen
- ◊ Abenteuerpark Aatal in Bad Wünnenberg
- ◊ Kletterwald in Speyer
- ◊ Kletterhafen und Abenteuerpark in Merzig
- ◊ Erlebnis- und Waldseilpark Sherwood Forest in Dippoldiswalde
- ◊ Kletterwald Koala in Naumburg
- ◊ Hochseilgarten auf Fehmarn
- ◊ Kletterwald in Gera

WO FINDE ICH KLETTERGÄRTEN IN ÖSTERREICH UND DER SCHWEIZ?

- ◊ Waldseilpark Kahlenberg bei Wien
- ◊ Abenteuerpark Gröbming in der Steiermark
- ◊ AREA 47 in Kärnten
- ◊ ROPETECH Seilpark bei Bern
- ◊ Seilpark Pilatus in Luzern
- ◊ Seilpark Interlaken bei Matten

40. SCHWIMMENDES ETWAS – EIN BOOT ODER FLOẞ AUF EIGENE FAUST BAUEN

Outdoor

Schwierigkeitslevel: mittel

Dauer: 1 Tag

Kosten: eventuell Kosten für die Schnüre und eine Plane

Ort: an einem großen, öffentlichen See oder einem langsam fließenden Fluss

Ausrüstung: Schnüre, Plane, Messer, vielleicht eine Axt oder eine Säge

Gut zu wissen!

Das Gesetz verbietet es, Ufervegetation zu roden. Bäume dürfen auch nicht ohne Erlaubnis entnommen werden. Bauen Sie Ihr Floß daher am besten aus Totholz, das aber nicht morsch sein darf.

Wer hat nicht schon einmal davon geträumt, ein Floss zu bauen und sich damit auf dem Amazonas treiben zu lassen? Als ich ein Kind war, verschlang ich die Geschichten von Rüdiger Nehberg. Er baute ein eigenes Floss aus Sperrmüll und ist dann mit dem Tretboot über den Atlantik geschippert. Für ihn war kein Abenteuer zu groß! Ich selbst bin auch solch ein Abenteurer und genieße es, mich neuen Herausforderungen zu stellen. Wer seinen inneren »Bob, der Baumeister« freilassen will, ist beim Projekt »Schwimmendes Etwas« genau richtig. In meiner Laufbahn als Survival-Experte habe ich Schwimmhilfen aus Holz, Plastikkanistern, Schilf, Gras, Laub und noch vielen anderen Materialien gebaut. Es ist immer spannend, am Ende herauszufinden, ob die Konstruktion auch wirklich schwimmt oder nicht. Während meiner Arbeit als Erlebnispädagoge habe ich oft von den Teilnehmern gehört, dass sie nicht nur Abenteuer spielen, sondern auch wirklich welche erleben wollen. Das konnte ich natürlich gut verstehen. Wenn man sich schon die Mühe macht, so etwas wie ein Floß oder ein Boot zu bauen, dann will man es ja auch nutzen. Deshalb haben wir bei den Kursen stets auch Touren mit unseren selbst gebauten Schwimmkonstruktionen gemacht. Allerdings nur, wenn diese auch wirklich schwimmfähig waren.

Mit meinem zweiten Schilfboot, das ich in Polen gebaut habe, bin ich 142 Kilometer gepaddelt und war stolz wie ein T-Rex, der sich an der Nase kratzen konnte. Es ist ein faszinierendes Gefühl, eine Schwimmhilfe bauen zu können und zu wissen, dass man sich mit solch einem Gerät sogar aus dem Dschungel retten könnte. Falls man keine Zeit oder keine Gelegenheit hat, um mit einem selbstgebauten Boot oder Floß eine längere Tour zu machen, kann man damit großartige Wasserschlachten auf dem See veranstalten und sich mit den Erbauern anderer schwimmender Etwasse messen.

WELCHE BOOTE ODER SCHWIMMHILFEN KANN ICH BAUEN?

Es gibt eine Vielzahl an Möglichkeiten und Techniken, um ein Floß oder Boot mit einfachen Hilfsmitteln zu bauen. Wir möchten Ihnen hier drei Methoden an die Hand geben, mit denen wir selbst besonders gute Erfahrungen gemacht haben:

- Laubboot
- Schilfboot
- Holzfloß

WIE BAUE ICH EIN LAUBBOOT?

Der Grundaufbau dieses Bootes entspricht mehr oder weniger dem eines klassischen Schlauchboots. Sammeln Sie dafür eine große Menge Laub oder trockene

Gräser und stopfen Sie diese entweder in große Müllsäcke oder machen Sie mit Gewebeplanen eine lange Wurst daraus. Anschließend nehmen Sie eine große Gewebeplane, die Sie auf dem Boden ausbreiten. Platzieren Sie die Laubsäcke so auf der Plane, dass sie die Form eines Schlauchboots bilden. Wichtig ist, dass Sie den Rand der Plane freilassen. Schlagen Sie dann die Plane um die Laubsäcke und verzurren Sie das Ganze mit Schnüren.

WIE BAUE ICH EIN SCHILFBOOT?

Hierfür müssen Sie sehr viel Schilf von einer Fläche ernten, an der dies erlaubt ist. Danach binden Sie Schilfbündel, die etwa 3,5 Meter lang sein sollten, mit einer Paracord-Schnur zusammen. Bitte beachten Sie, dass die Bündel jeweils etwa 20 Zentimeter dick sein sollten. Anschließend legen Sie vier oder sechs Bündel nebeneinander und formen damit ein Kanu. Nutzen Sie dazu eine Holzkonstruktion oder stapeln Sie die Bündel gemeinsam mit mehreren Personen. Danach werden circa 3 Zentimeter dicke, frisch geschnittene Stecken mit einem Hammer seitlich durch die Konstruktion getrieben. Die Stecken verbinden die Bündel und geben dem Schilfboot den nötigen Halt. Zum Schluss formen Sie die

Spitzen und ziehen diese mit der Paracord-Schnur nach oben, sodass Ihr Schilfboot die Form eines Halbmondes annimmt.

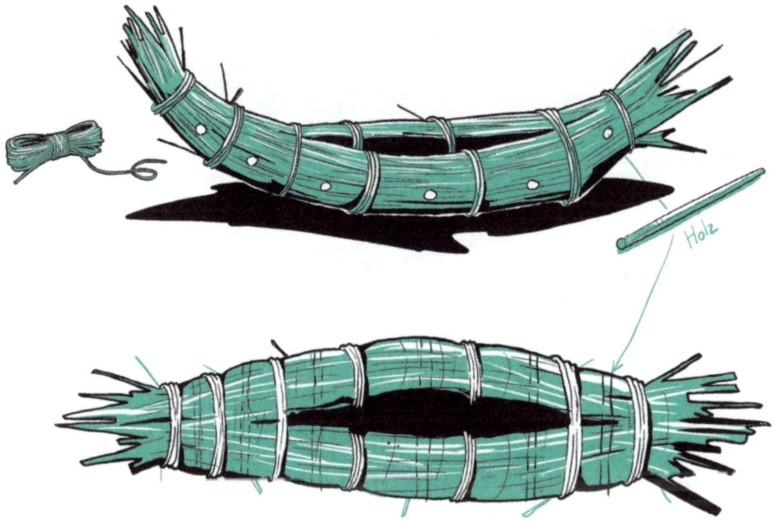

WIE BAUE ICH EIN HOLZFLOẞ?

Bauen Sie ein langes Floß aus drei oder vier Stämmen. Das ist leichter zu steuern als ein viereckiges Floß, das dazu neigt, sich beim Einsatz zu drehen. Achten Sie darauf, ein Floß aus gesundem, trockenem Holz zu bauen. Ideal ist Fichtenholz. Verwenden Sie möglichst tote, noch stehende Bäume. Nutzen Sie Wurzeln, Reben, handgefertigtes Tauwerk oder Paracord, um die Stämme miteinander zu verbinden. Seile sind bei starker Strömung nicht sehr stabil. Deswegen baute man die Flöße früher mit einem zusätzlichen Stecksystem. Hierfür wurden dreieckige Kerben in die Rundbohlen gesägt, in die man dann zur Sicherung ein passendes Dreiecksholz eingeklemmt hat. Diese Technik verlangt allerdings sehr viel handwerkliches Geschick. Alternativ können Sie auch eine Konterlattung mit einigen langen Stahlnägeln befestigen.

Tipp: Jeder Liter Holz trägt ein Gewicht von etwa 0,4 Kilogramm, das ist der Unterschied zwischen der Dichte des Wassers und der des Holzes. Ein Rundholz mit einem Meter Länge und 15 Zentimetern Durchmesser trägt also circa 6 Kilogramm. Wenn man acht Hölzer mit je 3 Metern Länge verwenden würde, würde man auf eine Tragkraft von fast 150 Kilo kommen.

Kleine Knotenkunde

Egal, welche Art von schwimmendem Etwas Sie bauen, Sie werden fast immer an den Punkt kommen, an dem Sie gute Knoten brauchen, damit Sie Ihre Konstruktion sicher und stabil befestigen können. Hierfür gibt es aus der Schifffahrt und aus dem Klettersport verschiedenste Möglichkeiten, von denen sich viele hervorragend eignen. Wenn Sie sich mit Knoten jedoch noch nicht besonders gut auskennen, reichen jedoch die folgenden drei Knotentechniken vollkommen aus. Sie sind leicht zu lernen und haben den Vorteil, dass sie zum einen auch unter den schwierigen Bedingungen im

Wasser gut halten, sich zum anderen aber bei Bedarf auch gut wieder lösen lassen, sodass das Seil im Anschluss nicht kaputtgeschnitten werden muss.

Der Kreuzknoten

Dieser Knoten eignet sich optimal, um zwei Seile miteinander zu verbinden und so zu verlängern.

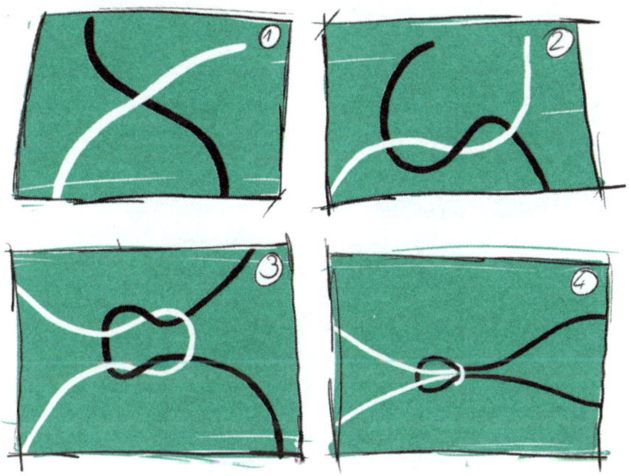

Der Achterknoten

Mit diesem Knoten können Sie eine Schlaufe in ein Seilende machen.

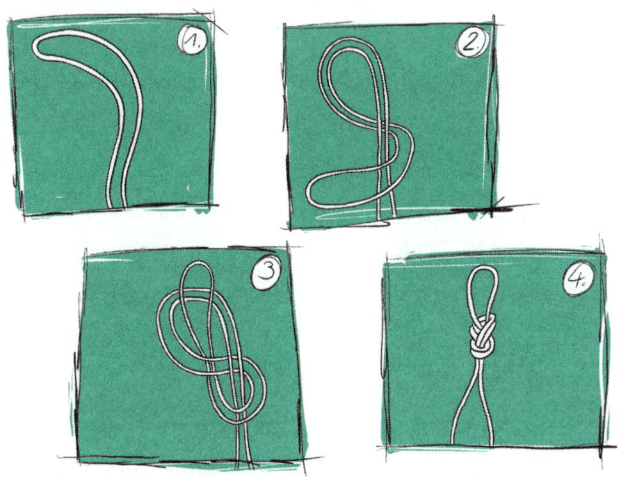

Halber Steg

Mit diesem Knoten können Sie sehr schnell und leicht ein Seil fixieren, das unter hoher Spannung steht. Damit dieser Knoten richtig hält, sollte man ihn mehrere Male hintereinander machen, wobei er am besten immer im Wechsel einmal von rechts und einmal von links geknotet wird.

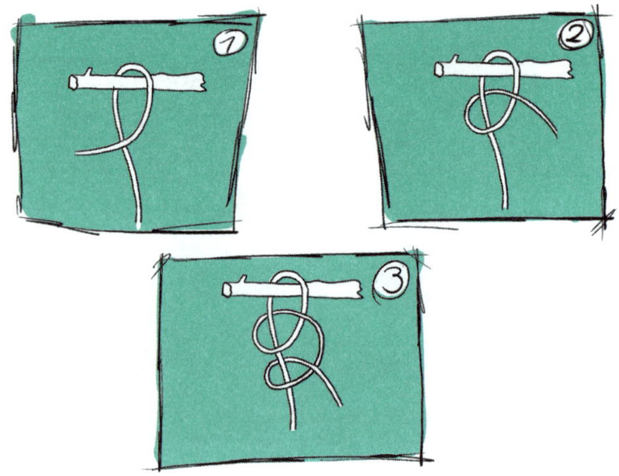

Die Knoten gezielt einsetzen

Wenn Ihr Boot oder Floß stabil werden soll, ist es wichtig, dass die Seile fest gespannt sind und alles gut zusammengezurrt ist. Dafür eignet sich ein Zusammenspiel zwischen dem Achterknoten und dem Halben Steg. Bilden Sie zunächst mithilfe des Achterknotens eine Schlaufe an einem Seilende. Legen Sie das Seil dann um die Bauteile, die Sie fest zusammenbinden wollen und fädeln Sie das freie Seilende durch die zuvor erstellte Schlaufe. Wenn Sie nun kräftig an diesem Seilende ziehen, pressen Sie die Bauteile damit fest aneinander. Bei Bedarf können Sie zusätzlich Ihren Fuß zur Hilfe nehmen, um ihn gegen den Umschlagpunkt zu stemmen. Nun folgt der schwierigste Teil. Sie müssen das Seil in dieser Position fixieren, ohne dass dabei die Spannung wieder verloren geht. Am besten gelingt dies, wenn Sie zu zweit sind. Einer drückt dann, so fest er kann, auf die Stelle, an der das

Seil durch die Schlaufe gezogen wurde, und der andere macht zwei oder drei halbe Schläge. Wenn man allein ist, muss man das Zusammendrücken mit der einen und das Knoten mit der anderen Hand machen. Das ist nicht einfach, funktioniert mit etwas Übung aber auch.

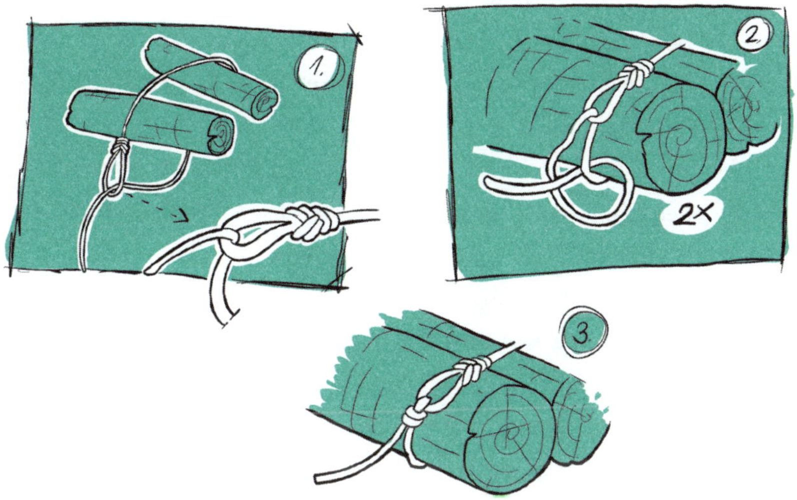

WAS MUSS ICH BEI EINER FLOßFAHRT AUF EINEM FLUSS BEACHTEN:

- Erkunden Sie die Umgebung, indem Sie auf einen großen Baum oder Hügel klettern und flussabwärts schauen. Nur so können Sie sich einen Überblick über das umliegende Gelände verschaffen.
- Sie brauchen unbedingt ein Ruder, um das Floß zu steuern, wenn Sie einen Fluss hinunterfahren. Nehmen Sie eine lange Stange oder ein Paddel mit, um an engen Stellen zu manövrieren und das Floß aus stehendem Gewässer oder von Sandbänken zu schieben.
- Achten Sie auf Geräusche von rauschendem Wasser, die auf Stromschnellen oder Wasserfälle hinweisen könnten. Wildes Wasser offenbart sich immer aufgrund der Geräusche, die es macht, lange bevor man es sieht.

- Leiten Sie das Floß mit Seilen vom Ufer aus über turbulentes Wasser. Wenn dies nicht möglich ist, lassen Sie das Floß seinen eigenen Weg durch die Stromschnellen oder über kleine Wasserfälle finden. Versuchen Sie, es danach zu bergen.
- Packen Sie Proviant in einen wasserdichten Sack. Binden Sie alles sicher am Floß fest. Legen Sie ein Stück leichtes, trockenes Holz in den Proviantsack. Das Holz verleiht dem Beutel Auftrieb, falls er über Bord geht.
- Um einen langsam fließenden Fluss zu befahren, befestigen Sie einen Eimer oder ein nasses Stück Holz an einer kurzen Schnur am Boden des Floßes. Diese Schnur wird im vorderen Bereich mittig unterhalb des Floßes angebracht. Mit diesem »Seeanker« folgt das Floß automatisch dem Hauptkanal des Flusses und muss nicht gesteuert werden.
- Werfen Sie einige Späne, Laub oder etwas Sägemehl aufs Wasser, um den Strömungsverlauf eines langsam fließenden Flusses zu erkennen. Dadurch fällt es Ihnen leicht, günstige Stellen für den Ein- und Ausstieg und eine gute Fahrposition zum Vorankommen zu finden.

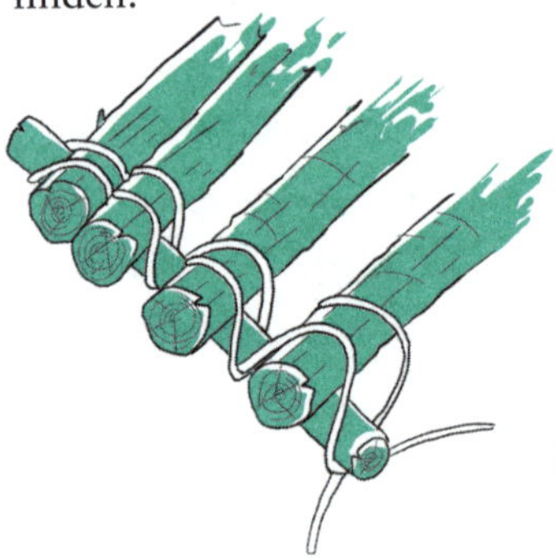

Mit diesen Informationen sind Sie gewappnet, ein Floßabenteuer zu erleben. Natürlich müssen Sie geltendes Recht einhalten und dürfen Bäume nicht ohne Genehmigung aus einem Wald entfernen. Sie müssen sich auch erkundigen, ob Sie das von Ihnen ausgewählte Gewässer mit einem Floß wirklich befahren dürfen. Generell gilt in Deutschland, dass man auf Flüssen, die offiziell mit Lastenschiffen befahren werden, immer nach einer Genehmigung fragen sollte, ehe man sie mit einem selbstgebauten Floß befährt.

Wenn das Gewässer nicht befahren werden darf, jedoch Schwimmen darin erlaubt ist, können Sie sich alternativ zu einem Floß die im folgenden Abschnitt beschriebene Schwimmhilfe bauen.

WIE BAUE ICH EINE SCHWIMMHILFE?

Die zwei beliebtesten Verfahren kurz erklärt:

Meine Lieblingstechnik sind zwei große Rundhölzer, die in einem Abstand von 50 Zentimetern gelegt und dann an der oberen und der unteren Seite fest miteinander verbunden werden. So entsteht quasi ein Viereck, in das man sich hineinsetzen kann. Über den einen Balken lässt man die Beine hängen, mit dem Po ist man zwischen den Balken und die beiden Arme sind über den anderen Balken geschlungen. Mit solch einer Konstruktion kann man sich ganz gemütlich treiben lassen.

Die zweite Konstruktion ist extrem einfach. Sie brauchen hierfür einen besonders stabilen Plastiksack, in den Sie Pflanzenmaterial geben, das gut die Luft hält. Anschließend binden Sie den Sack zu und verwenden diesen als Treibboje.

41. FLIEGEN WIE EIN VOGEL

Outdoor

Schwierigkeitslevel: mittel

Dauer: 4 bis 6 Stunden

Kosten: 140 bis 180 Euro

Ort: deutschlandweit

Ausrüstung: Wenn Sie einen Tandemflug bzw. einen Tandemsprung oder eine Ballonfahrt buchen, wird die Ausrüstung gestellt.

Gut zu wissen!

Sie können auch einen Flugschein in einer Flugschule machen.

Können Sie sich etwas vorstellen, was einem ein stärkeres Gefühl von Freiheit und Leichtigkeit vermittelt, als wie ein Vogel durch die Luft zu fliegen? Nicht ohne Grund ist Fliegen zu können einer der elementarsten Träume, den fast jeder von uns in sich trägt. Und wenn man ein Abenteurer werden möchte, sollte man wenigstens einmal auf irgendeine Art und Weise das Gefühl erlebt haben, in der Luft fliegen oder schweben zu können. Ich selbst habe einige Male ein solches Erlebnis machen dürfen und kann sagen, dass es etwas vollkommen Unvergleichliches ist.

Mein erster Kontakt mit dem »Fliegen« war ein Fallschirmsprung. Beim zweiten Mal durfte ich mit einem Freund einen Tandem-Paraglidingflug erleben. Was für ein nervenaufreibendes Abenteuer! Auch im Heißluftballon durfte ich einmal mitfliegen – doch dies war wesentlich entspannter und angenehmer. Hier ging es wirklich um das Gefühl des Schwebens und um den unglaublichen Ausblick, die Weite und die vollkommene Ruhe dort oben, aber weniger um den Adrenalinkick, den man bekommt, wenn man aus einer so unglaublichen Höhe auf den Boden zuschießt. Beides hat seinen Reiz und doch ist es etwas vollkommen Unterschiedliches.

»Über den Wolken muss die Freiheit wohl grenzenlos sein.« Dieser Songtitel erinnert mich immer wieder daran, wie gut es sich anfühlt, im Himmel zu schweben und die Welt von einer anderen Perspektive zu betrachten. Allein der Perspektivenwechsel ist grandios und sehr wichtig. Denn plötzlich fühlen sich die Probleme des Alltags nicht mehr so groß an. Man ist sofort im Hier und Jetzt angekommen und kann gar nicht glauben, wie groß die Welt unter einem ist. Stellen Sie sich einfach mal vor, dass Ihre Probleme, sobald Sie mit dem Gleitschirm abheben, auf dem Berg zurückbleiben. Jetzt gibt es nur noch Sie und den einzigen realen Augenblick: das Jetzt. Es ist in solch einem Moment wie eine Endorphindusche und dieses besondere Erlebnis hallt noch Tage in Ihnen nach und bringt Sie in eine vollkommen andere Stimmung.

Wer noch nie so etwas wie Fallschirmspringen, Paragliding, Drachenfliegen oder Ballonfahren betrieben hat, sollte es unbedingt ausprobieren. Doch Vorsicht! Es besteht Suchtgefahr. Es gibt viele, die einen Tandemflug gebucht haben und schon nach wenigen Wochen einen Kurs absolvieren wollten, um selbst den Flugschein zu machen.

42. HÖHLENAUSFLUG – HÖHLENBEFAHRUNG

Outdoor

Schwierigkeitslevel: leicht bis schwer – je nach Höhle und deren Schwierigkeitsgrad

Dauer: 2 bis 10 Stunden

Kosten: Ausgaben für Ausrüstung und Fahrt, eventuell Eintritt für die Höhle

Ort: ausgewählte Höhle

Ausrüstung:

- Höhlenbekleidung (stabiler Overall)
- Warme Unterkleidung
- Höhlengurte
- Beleuchtung – wasserdicht
- Steigklemmen (Handsteigklemme, Bruststeigklemme, Fußsteigklemme)
- Abseilgerät für Höhlen
- Karabiner
- Statikseil
- Schleifsack

Gut zu wissen!

Sie können vorab auch einen Basiskurs für Einsteiger buchen. Schauen Sie stets nach, ob die Höhle zu dieser Jahreszeit begangen oder befahren werden darf.

Ich selbst bin ausgebildeter Höhlenretter und brenne für die faszinierende Welt der Höhlen. Sie haben die Möglichkeit, eine Tropfsteinhöhle mit einer Führung zu besichtigen, aber auch ein echter Höhlenforscher zu werden. Man glaubt gar nicht, wie viele Höhlen man in der Heimat einfach befahren kann. Natürlich ist ein Besuch einer Tropfsteinhöhle oder eines Salzbergwerks etwas Besonderes, aber selbst ein Höhlenforscher zu werden, das ist noch mal was vollkommen anderes. Wenn Sie sich für Höhlen interessieren und sogar eine in Ihrer Nähe kennen, dann stellt sich jetzt nur noch die Frage, wie Sie auf eigene Faust die Höhle erkunden können. Es gibt zwei unterschiedliche Arten von Höhlen, die man kennen sollte: Höhlen, die man begehen kann, und andere, die man befahren muss. Wie der Name schon verrät, sind die Höhlen zum Begehen deutlich einfacher, weil man einfach hineingehen und losforschen kann. Bei den befahrbaren Höhlen seilt man sich entweder ab oder muss über einen Schluf, also durch eine Engstelle, nach unten in die Höhle abenteuerlich hineinkriechen.

Bevor Sie aber sofort zu einer Höhle rennen und ein Höhlenabenteuer erleben wollen, sollten Sie sich klar darüber werden, was Sie für solch ein Mikroabenteuer alles brauchen. Im Prinzip gilt wie bei allem: Man sollte auf die Gefahren, die einem bei dieser Art von Abenteuer begegnen können, gut vorbereitet sein.

GEFAHREN, DIE SIE IN EINER HÖHLE ERWARTEN KÖNNEN:

- Kälte
- Nässe
- Dunkelheit
- Engstellen
- kräftezehrendes und unübersichtliches Gelände
- Steinschlag
- Sturzgefahr
- Einsturzgefahr
- Hochwassergefahr

Fangen Sie also auch bei diesem Abenteuer lieber erst einmal klein an, bevor Sie große, unübersichtliche und schwierige Höhlen begehen. Denn mehr als bei allen anderen Abenteuern gilt bei der Höhlenbegehung: Werden Sie erst routiniert, bevor Sie sich in eine tiefe Höhle wagen. Das Abenteuer, das Tobias und ich Ihnen hier vorstellen, liegt vom Schwierigkeitsgrad her mitten zwischen einer touristischen Höhlenführung und einer Höhlenexpedition. Es ist wichtig, dass Sie sich dies bewusst machen, bevor Sie starten. Nur so können Sie Ihre Situation richtig einschätzen und vor allem auch die richtigen Höhlen auswählen.

WORIN BESTEHT DER UNTERSCHIED ZWISCHEN EINER TOURISTISCHEN HÖHLENFÜHRUNG UND EINER HÖHLENEXPEDITION?

Touristisch erschlossene Höhlen haben in der Regel einen fest abgesteckten Bereich, der für die Besucher zugänglich gemacht wird. Hier gibt es ein fest installiertes Beleuchtungssystem, gesicherte Wege und genau definierte Bereiche, die ein Gast betreten darf oder nicht. Teilweise wurden die Höhlen sogar begradigt und rollstuhlgerecht gestaltet, indem man Stege, Rampen und gemauerte Wege hineingebaut hat.

Das andere Extrem sind Höhlen, die noch gar nicht begangen wurden oder die noch weitgehend unbekannt sind. Hier erwarten einen zum Teil völlig unentdeckte unterirdische Welten mit faszinierenden Geheimnissen, aber auch nahezu unkalkulierbaren Risiken und Gefahren. Es gibt Höhlen, die überwiegend oder vollständig unter Wasser liegen und die man daher nur tauchend erreichen kann. In anderen muss man gewaltige Abgründe überwinden, Felswände hinaufklettern oder durch kilometerlange Engpässe robben, bei denen man nicht weiß, ob man am Ende überhaupt wieder irgendwo herauskommt.

Eine Expedition in solche Höhlen braucht mitunter monatelange Vorplanung und eine Ausrüstung für viele tausend Euro. Es ist also nichts für einen Hobby-Höhlenforscher und es ist auch kein Mikroabenteuer mehr. Sie müssen uns also versprechen, dass Sie langsam anfangen und Höhlen auswählen, in denen es zwar nicht gerade vor Touristen wimmelt, die aber dennoch bereits so gut erforscht sind, dass man die Risiken und die Schwierigkeitsstufe einschätzen kann. Hier lernen Sie dann zunächst die Grundorientierung in einer Höhle, damit Ihnen nichts passieren kann.

WELCHE AUSRÜSTUNG BENÖTIGE ICH, UM EINE HÖHLE ZU BEFAHREN?

Sie sollten entweder mit einem Overall oder einem strapazierfähigen, eigens dafür vorgesehenen Höhlenanzug die Höhle befahren. Da es in einer Höhle in der Regel deutlich kälter ist als draußen, sollten Sie eine mehrschichtige warme Unterkleidung nicht vergessen, um richtig temperiert angezogen zu sein. Prüfen Sie zunächst im vorderen Bereich der Höhle, wie sich die Temperatur und Ihre Kleidung anfühlen, um sich dann dementsprechend auszurichten. Sie sollten keine Hose-Jacke-Kombination wählen, weil es in einer Höhle immer auch sogenannte »Schlufe« geben kann. Das sind Passagen, die so eng sind, dass man durch sie hindurchkriechen, robben oder rutschen muss. Hat man eine Jacke und eine Hose an, können diese hoch- oder runterrutschen und man kann dann deutlich leichter in der Höhle stecken bleiben. Es kann auch vorkommen, dass Sie zwar nicht auf dem Bauch robben, aber auf den Knien krabbeln müssen. Daher sollten Sie Knie- und Ellenbogenschoner anlegen, sodass Sie gut durch den feuchten Schlamm kommen.

Falls Sie eine Wasserhöhle befahren wollen, also eine Höhle, die teilweise mit Wasser gefüllt ist, müssen Sie zunächst verstehen, dass dies unter Umständen lebensgefährlich werden kann. Beispielsweise kann ein Wolkenbruch niedergehen, sodass die Höhle innerhalb weniger Minuten mit Wasser volllaufen kann. Das Wetter der Vortage und das aktuelle müssen Sie demnach immer im Blick haben, damit es nicht zu einer überraschenden Überflutung kommen kann. In Wasserhöhlen sollten Sie Neoprenfüßlinge, Neoprenhandschuhe und einen Neoprenanzug tragen und wenn es schon sehr kalt sein sollte, sogar eine Neoprenhaube. Weiterhin brauchen Sie feste, mindestens knöchelhohe Schuhe, die sehr dreckig werden dürfen, viele Höhlenforscher wählen daher Gummistiefel oder Bergstiefel. Bei Höhlen mit einem Wasserlauf sollten die Schuhe so gewählt werden, dass man zudem noch Neoprensocken darin tragen kann. Ein Gürtel kann helfen, dass die Taille schmäler wird und man so besser schlufen kann.

Einen schützenden Helm müssen Sie auf jeden Fall tragen. Das ist das oberste Gebot, da die Decken der Höhlen oft sehr scharfkantig sind. Ohne Helm kann es sehr leicht zu Platzwunden kommen. Entweder verwenden Sie einen Bauhelm mit Riemen, einen Kletterhelm oder zumindest einen Fahrradhelm.

Pro Person sollten Sie mindestens zwei voneinander unabhängige, nicht baugleiche, wasserdichte Elektrolampen haben. Für jede Lampe sollten Sie mindestens ein Ersatzakkupack mit sich führen. Und eine kleine wasserdichte LED-Lampe sollten Sie als allerletzte Notlösung ebenfalls dabeihaben.

Sobald Sie in eine Wasserhöhle vordringen wollen, brauchen Sie zusätzlich noch feste Arbeitshandschuhe, die Sie über die Neoprenhandschuhe ziehen können. Denn die Neoprenhandschuhe selbst sind zu empfindlich für den oft rauen Fels und gehen sehr schnell kaputt, wenn man sie nicht zusätzlich schützt. Da Ihre Kleidung nach der Höhlentour vollkommen durchnässt sein wird, sollten Sie auf jeden Fall Wechselkleidung mit sich führen.

Ohne einen Höhlenplan sollten Sie niemals in eine verzweigte Höhle gehen: Nur wer den genauen Aufbau der Höhle kennt, kann auch wieder herausfinden. Dies wird vor allem dann wichtig, wenn die Höhle besonders groß ist. Auf unserer Weltreise durften wir die längsten und spektakulärsten Höhlen besichtigen. Dabei wurde uns wieder einmal bewusst, wie wichtig es ist, immer einen Höhlenplan dabeizuhaben. Sehr gut zur Orientierung funktioniert, den Weg mit Katzenaugen und Knicklichtern zu markieren. Sobald wir eine sehr große Höhle befahren haben, wurden Katzenaugen und Knicklichter zugleich an markante Punkte gelegt. So konnten wir stets wieder zurückfinden. Diese Kombination hat zwei große Vorteile: Die Katzenaugen leuchten sehr hell, wenn man sie mit der LED-Lampe anstrahlt, was einem den Rückweg extrem erleichtert. Dank der Knicklichter können Sie aber im Notfall auch ohne Lampen zurückfinden, da diese Ihnen ohne weitere Lichtquelle den Weg weisen können. Wichtig dabei ist, dass Sie die Wegmarkierung stets kontrollieren, wenn Sie an ihr vorbeigegangen sind. Denn es bringt Ihnen nichts, wenn man die Markierung nur in einer Richtung erkennen kann und sie beim Rückweg verdeckt und damit unsichtbar ist.

Weiterhin benötigen Sie noch eine wasserdichte Schleiftasche mit den wichtigsten Utensilien zum Markieren, Ersatzbatterien, einer Rettungsdecke, einem Erste-Hilfe-Set und einer Notration Essen. Diese Utensilien können Sie in der Tasche hinter sich herziehen. Da man in Höhlen nicht urinieren soll, sollten Sie auf jeden Fall auch einen Pinkelbeutel mitnehmen. Diese gibt es sowohl für Männer als auch für Frauen. Denn nichts vermiest einem Abenteurer mehr den Spaß in einer Höhle, als wenn diese nach Urin stinkt. Oder wenn man dringend pinkeln muss, aber nicht kann.

Um eine Schachthöhle zum Abseilen zu befahren, benötigen Sie eine spezielle Seil- und Gurtausrüstung. Hierfür können Sie Ihre Kletterausrüstung nicht verwenden. Ein Klettergurt ist nicht für die schleifende Belastung ausgelegt. Gleiches gilt für das Seil. Falls Sie Schachthöhlen besuchen wollen, sollten Sie zunächst eine geführte Tour buchen oder alternativ eine Ausbildung machen, sodass Sie später ein eigenes Abenteuer erleben können.

WIE KANN ICH MICH AUF EINE HÖHLENBEGEHUNG VORBEREITEN?

Man darf nicht jede Höhle begehen oder befahren, denn es gibt sogenannte Fledermausschutzzeiten und manche Höhlen sind gänzlich gesperrt. Besorgen Sie sich daher zunächst ausreichend Informationen über die Höhlen:

- Kann die Höhle zu meinem Wunschtermin befahren werden?
- Ist die Höhle genehmigungspflichtig?
- Welchen Schwierigkeitsgrad hat die Höhle und reichen meine Fähigkeiten und Kenntnisse dafür aus?
- Welche Ausrüstung brauche ich für die Höhle?
- Wie ist die Wetterlage?

Sie sollten nur bei stabilem, trocknem Wetter eine Höhle befahren.

Wichtig: Bevor Sie die Höhe betreten, geben Sie einer zuverlässigen Person Bescheid. Sagen Sie, wann Sie in die Höhle gehen und wann Sie spätestens wieder draußen sein wollen. Vereinbaren Sie einen Kontrollanruf. Sollten Sie nicht rangehen, weiß die Bezugsperson, dass er oder sie die Höhlenretter umgehend alarmieren muss. Diese Person sollte natürlich die Nummer der Höhlenrettung kennen. Am besten ist es, wenn Sie Ihrer Bezugsperson die Nummer der zuständigen Sektion geben.

WO FINDE ICH HÖHLEN MIT FÜHRUNGEN?

Faszinierende Höhlen in Deutschland:

- Silberloch im Altmühltal (Bayern)
- Tropfsteinhöhle Teufelshöhle in Pottenstein (Bayern)
- Binghöhle in Streitberg (Franken)
- Maximiliansgrotte bei Krottensee (Bayern)
- König-Otto-Tropfsteinhöhle in Velburg (Bayern)
- Schellenberger Eishöhle in Marktschellenberg (Bayern)
- Laichinger Tiefenhöhle, Schwäbische Alb (Baden-Württemberg)
- Atta-Höhle in Attendorn (Nordrhein-Westfalen)
- Herbstlabyrinth – Schauhöhle Breitscheid (Hessen)
- Kalkberghöhle in Bad Segeberg (Schleswig-Holstein)
- Saalfelder Feengrotten (Thüringen)
- Rübeländer Tropfsteinhöhlen (Sachsen-Anhalt)

WIE FINDE ICH HÖHLEN, DIE ICH AUF EIGENE FAUST BESICHTIGEN DARF?

Um Höhlen zu finden, die man auch ohne Führung begehen kann, wenden Sie sich am besten an die Ortsverbände des Deutschen oder Österreichischen Alpenvereins, des Schweizer Alpenclubs oder ähnlicher Verbände. Hier kann man Ihnen nicht nur sagen, wo es frei zugängliche Höhlen gibt, sondern auch wertvolle Informationen zum Schwierigkeitsgrad und zur benötigten Ausrüstung geben. In vielen Fällen kann man sich die entsprechende Ausrüstung, falls nötig, auch direkt von dem Verband leihen. Zusätzlich können Sie natürlich im Internet recherchieren. Für das Elbsandsteingebirge, die Eifel, die Alpen, den Harz und einige andere höhlenreiche Regionen gibt es zudem Höhlenführer.[16][17]

43. DIE GLETSCHER-CHALLENGE

Outdoor

Schwierigkeitslevel: mittel bis schwer

Dauer: 1 bis 3 Tage, je nachdem, wie viele Gletscher Sie auf einer Tour sehen wollen.

Kosten: keine, eventuell Kosten für eine geführte Tour

Ort: z. B. rund um die Zugspitze und im Berchtesgadener Land

Ausrüstung: Packliste für eine Gletschertour:

- Tourenhose
- Hardshelljacke und Isolationsjacke
- Handschuhe – wasserdicht
- Funktionsunterwäsche

- Socken
- Helm und Gletscherbrille
- Mütze und Halstuch
- Gamaschen
- Steigeisenfeste Bergschuhe
- Bergrucksack – 35 bis 45 Liter
- Steigeisen, Eispickel und Eisschrauben
- Hüftgurt
- HMS Karabiner und Schraubkarabiner
- Tourenstöcke
- Tube
- Bandschlinge und Reepschnur
- Imprägniertes Seil
- Rettungsset für Spaltenbergung
- Expressen und mobile Sicherungen – je nach Schwierigkeit der Tour
- Handy – aufgeladen, am besten mit zusätzlicher Powerbank
- Karten und Kompass
- Erste-Hilfe-Set, Rettungsdecke und Blasenpflaster
- Trinkflasche und ausreichend großer Wasservorrat
- Sonnenschutz
- Persönliche Medikamente – wenn nötig
- Proviant
- Kleiner Müllbeutel
- Ausweis
- Taschenlampe
- im Winter evtl. Tourenski oder Schneeschuhe

Wenn Sie auf einer Berghütte übernachten wollen, brauchen Sie zudem:

- Handtuch und Waschbeutel
- Ohrstöpsel, falls Schnarcher anwesend sind

- ◊ Hüttenschlafsack
- ◊ Hüttenschuhe und Wechselkleidung

Wer draußen schlafen will, benötigt außerdem:

- ◊ Isomatte und Schlafsack
- ◊ Kocher
- ◊ Zelt

Gut zu wissen!

Es gibt Bergwanderungen, die nur zu einem Aussichtspunkt auf dem Gletscher führen, aber auch Touren, die über den Gletscher führen.

Die Gletscher-Challenge zeigt uns, wie eindrucksvoll die Natur sein kann. Leider gibt es in Deutschland nur noch fünf Gletscher, rund um die Zugspitze und im Berchtesgadener Land. Die Gletschertour ist wie die Gipfeltour (Abenteuer Nr. 12) ein Erlebnis der besonderen Art, denn man kann auf den fünf Wanderungen Steinböcken, Gämsen, Murmeltieren und vielen weiteren seltenen Tierarten begegnen. Die Challenge besteht darin, alle fünf Gletscher zu besichtigen und ihre Einzigartigkeit genauestens wahrzunehmen. Wenn Sie bereits Erfahrung mit dem Gletscherwandern haben, dann können Sie vielleicht einen oder zwei der Gletscher auch überqueren oder betreten. Das Schönste an der Gletschertour ist, dass man nach einem anstrengenden Tag als Bergsteiger in eine Hütte einkehren und sich die regionalen Köstlichkeiten der Berge schmecken lassen kann.

DIE FÜNF-GLETSCHER-TOUR

1. Nördlicher Schneeferner
2. Südlicher Schneeferner
3. Höllentalferner

4. Watzmanngletscher
5. Blaueisgletscher (am Hochkalter)

STEIGERUNGSMÖGLICHKEITEN

Falls Sie die Fünf-Gletscher-Tour erweitern wollen, können Sie auf der österreichischen Seite noch drei weitere Gletscher besuchen:

1. Nationalpark Hohe Tauern (hier gibt es insgesamt 332 Gletscher)
2. Pasterze am Großglockner
3. Teischnitzkees

44. ABENDESSEN NUR IM FREIEN ERLAUBT

Outdoor

Schwierigkeitslevel: mittel

Dauer: 3 bis 5 Stunden pro Tag

Kosten: Lebensmittelkosten für die Dinge, die man im Freien kochen möchte

Ort: Heimat

Ausrüstung: Messer, Kochset, Sitzunterlage

Gut zu wissen!

Verlassen Sie jeden Ort so, wie Sie ihn vorgefunden haben. Ein Lagerfeuer darf nur mit Erlaubnis des Grundeigentümers entzündet werden. Egal, ob es sich dabei um Privatbesitz oder öffentliche Flächen, zum Beispiel von einer Gemeinde, handelt. Im Wald ist das Feuermachen nur mit schriftlicher Erlaubnis des Waldeigentümers erlaubt, ohne diese ist es strikt verboten und es drohen hohe Strafen. Dies gilt insbesondere und verstärkt in Naturschutzgebieten. Hier kann eine Strafe für ein Lagerfeuer schnell bis zu 5000 Euro betragen. Falls Sie zur Holzbeschaffung Bäume fällen, kann dies noch teurer werden. Deshalb ist es wichtig, dass Sie nur das Holz nehmen, das auf dem Boden liegt und trocken ist, was für ein Lagerfeuer aber ohnehin besser ist. Benutzen Sie deswegen stets frei zugängliche, offizielle Stellen, an denen Sie Feuer machen dürfen. Geeignet sind dafür zum Beispiel Grillhütten, Pfadfinderplätze (wenn dort gerade keine Veranstaltung stattfindet und sie nicht ausschließlich den Mitgliedern vorbehalten sind), offizielle Picknickplätze, Grillplätze an Badeseen und Ähnliches, an denen es entweder bereits eine Feuerstelle gibt oder zu denen man selbst einen Grill oder eine Feuerschale mitbringen darf.

Während meiner Ausbildung zum Survival-Experten spürte ich sehr bald den inneren Schweinehund. Ständig gab es in mir eine Stimme, die mir lauter Argumente lieferte, warum jetzt gerade nicht die richtige Zeit war, rauszugehen und meine Survival-Fähigkeiten zu trainieren. Später stellte ich fest, dass es den meisten Menschen ähnlich ergeht. Es fehlt in der Regel gar nicht so sehr an den Ideen, um Mikroabenteuer zu erleben, sondern viel mehr an Zeit und dem Willen, sich wirklich aufzuraffen. Einer meiner Mentoren, der einst selbst ein Schüler eines Apachen-Scouts war, erklärte mir schließlich, wie er sich ausgetrickst hatte:

»Du musst dir eine Absicht setzen! Denn wenn du keinen Fokus hast, dann wird das auch nichts. Es wird immer etwas geben, das wichtiger erscheint. Wir sind es gewohnt, Sätze zu denken oder zu sagen wie: ›Wenn ich das Projekt fertig habe, dann fange ich wirklich mit meinem Training an!‹ Oder: ›Ich würde mir ja Zeit für ein Abenteuer nehmen, wenn da nicht diese eine Deadline wäre, die ich unbedingt einhalten muss!‹ Unser Alltagsleben spannt uns so ein, dass wir am Ende nur noch die Dinge tun, zu denen wir entweder gezwungen werden oder auf die wir bewusst einen ganz besonderen Fokus legen.«

Heute kann ich mit einem Lächeln über diese Situation schreiben. Doch damals war mir ganz und gar nicht zum Lachen zumute. Ich spürte unmittelbar, dass er absolut recht hatte, denn ich erlebte wirklich viel zu wenige Abenteuer und sah einfach nicht, wo ich diese unterbringen sollte. Sein Rat jedoch veränderte alles! Er fragte mich: »Wie oft hast du dir in den letzten Wochen vorgenommen, dir Zeit für besondere Erlebnisse zu nehmen und musstest dann feststellen, dass du sie am Ende doch nicht gemacht hast?«

»Keine Ahnung! «, antwortete ich, »aber sehr häufig!«

»Und wie oft hast du dir vorgenommen, heute etwas zu Abend zu essen und musstest dann feststellen, dass du am Ende doch hungrig ins Bett gegangen bist?«, fragte er weiter.

»Kein einziges Mal!«, antwortete ich spontan. »Mein Abendessen ist mir heilig! Ohne das gehe ich nie ins Bett!«

Mein Mentor grinste breit: »Alles klar«, sagte er. »Dann darfst du von nun an nur noch zu Abend essen, wenn du dir das Essen dafür draußen auf einer Feuerstelle zubereitet hast!«

Ich musste erst einmal schlucken, denn für einen Moment glaubte ich, dass ich demnächst hungrig ins Bett gehen müsste. Dann aber wurde mir klar, dass der Aufwand, mein Essen auf einer Feuerstelle zu kochen, gar nicht viel höher war, als wenn ich es auf dem Herd oder im Ofen machte. Es war also zu schaffen!

Und es funktionierte hervorragend! Dieses kleine Versprechen brachte eine Kehrtwendung. »Feuer machen« war plötzlich nicht mehr nur ein lustiges Feature, das ich vielleicht irgendwann einmal lernen sollte. Es war eine überlebenswichtige Fähigkeit, die zudem dazu führte, dass mein Leben umso angenehmer und bequemer wurde, je besser ich sie beherrschte. Das Feuermachen war nun nichts mehr, zu dem ich mich aufraffen und in das ich Zeit investieren musste. Es wurde nun etwas, das mir Zeit sparen und zugleich Entspannung bringen würde, wenn ich es trainierte. Am Anfang brauchte ich fast eine Stunde, bis ich mein Feuer nicht nur entfacht, sondern auch so eingerichtet hatte, dass ich tatsächlich meine Würstchen darauf grillen konnte. Nach einiger Zeit schaffte ich es schließlich in wenigen Minuten.

Wichtig: Dieser Trick funktioniert nur, wenn Sie das Versprechen an sich selbst ernst nehmen. Knicken Sie nicht ein, nur weil es einmal nicht auf Anhieb klappen will. Wenn Sie diese Aufgabe annehmen wollen, dann müssen Sie sie auch vollständig annehmen. Sie müssen bereit sein, konsequent auf Ihr Essen zu verzichten, wenn es Ihnen am Abend nicht gelingt, ein Feuer zu entfachen. Und wenn es schlecht läuft, dann müssen Sie vielleicht auch drei oder vier Tage in Folge mit knurrendem Magen ins Bett gehen.

VEREINFACHUNGSMÖGLICHKEITEN

Die Übung dient dazu, Sie zum Rausgehen zu motivieren und Ihre Selbstdisziplin zu stärken. Sie ist nicht dafür gedacht, Sie dafür zu bestrafen, dass Sie kein Feuer machen können. Wenn Sie wenig Erfahrung in diesem Bereich haben und es Ihnen nicht gelingen will, dann nehmen Sie am Anfang Grillanzünder oder andere Hilfsmittel mit nach draußen. Betrachten Sie aber auch Fehlschläge nicht als Niederlagen, sondern als Entwicklungschancen. Wenn Sie es nicht schaffen, ein Feuer zu entfachen oder ein gutes Abendessen darauf zuzubereiten, dann achten Sie genau darauf, weshalb es nicht funktioniert hat. Finden Sie heraus, was Sie beim nächsten Mal besser machen können. Schauen Sie sich Tutorials an, fragen Sie erfahrenere Bekannte, lesen Sie Artikel oder Bücher und werden Sie kreativ beim Experimentieren.

STEIGERUNGSMÖGLICHKEITEN

Wenn Sie das Feuermachen mit dem Feuerzeug gut beherrschen, dann erhöhen Sie den Schwierigkeitsgrad, um die Spannung bei dieser Aufgabe gleichmäßig hochzuhalten. Ich habe es damals so gemacht, dass ich mir immer wieder neue Techniken fürs Feuermachen vorgenommen habe: »Heute darf ich mein Steak nur grillen, wenn ich es schaffe, das Feuer ohne Feuerzeug und nur mit Streichhölzern zu entfachen!« Später reduzierte ich die Zahl der Streichhölzer und stellte mir die Aufgabe, maximal drei zum Feuermachen nutzen zu dürfen. Dann wechselte ich zu ganz anderen Methoden: Feuer machen mit einer Batterie, mit einem Funkenschläger, mit einem Feuerstein, mit der Lupe und schließlich mit dem Bow Drill (Feuerbohrer). Irgendwann gelang mir das so gut, dass ich nur noch mit einem Messer rausgehen und mir alles, was ich zum Feuerbohren brauchte, direkt vor Ort suchen oder herstellen konnte.

Aber auch beim Kochen selbst gibt es schöne Steigerungsformen, mit denen man spielen kann. Am Anfang habe ich vor allem Würstchen und Steaks auf einem mitgebrachten Grillrost zubereitet. Später wurden es anspruchsvollere Gerichte. Teilweise nahm ich die dafür benötigte Ausrüstung bewusst nicht mit, um vor Ort erfinderisch zu werden. Wie bereitet man eine Tiefkühlpizza ohne Blech auf einem Lagerfeuer zu? Wie macht man sich eine heiße Suppe, wenn man keinen Topf und keine Stahltasse hat? Wie kocht man sich ein Ei ohne Hilfsmittel von zu Hause?

Auch das Wetter brachte noch einmal weitere Steigerungsformen mit sich. Wenn es kalt war und schon Schnee lag, ging ich mitunter barfuß zu meinem Feuerplatz und machte mir dann mit einem Streichholz ein Feuer, um meine Füße wieder aufzuwärmen. Wenn es regnete, stellte ich mir die Aufgabe, dass ich nur fünf Versuche zum Feuermachen habe, ansonsten würde es kein Abendessen geben.

Das Spannende war, dass mit der Zeit nicht nur mein Können in diesem Bereich, sondern auch mein Hunger nach neuen Herausforderungen zu wachsen begann. Am Anfang scheute ich mich davor, mein Abendessen für eine neue Feuertechnik aufs Spiel zu setzen. Später war ich richtig heiß darauf, mir das Essen mit etwas verdienen zu können, das ich zuvor noch nicht ausprobiert hatte. Ich hatte das Gefühl, dass ich mein Essen umso mehr genießen und wertschätzen könnte, je größer zuvor die Herausforderung wäre und damit auch das Risiko, dass mein Magen leer bleiben würde. Es war, als ob ich dadurch einen alten Jagdinstinkt in mir wieder zum Leben erwecken würde, der viel zu lange unter einer dicken Schicht an Bequemlichkeit verschollen war.

VARIATIONSMÖGLICHKEITEN

Sie können die Übung natürlich mit einem anderen Abenteuer verbinden oder sich ganz eigene Verknüpfungspunkte suchen. Hier ein paar Beispiele:

- Machen Sie sich ein Picknick zurecht, das Sie erst dann essen dürfen, wenn Sie einen Geocaching-Schatz gefunden haben.
- Suchen Sie sich einen schönen Platz, an dem Sie sich so richtig wohlfühlen, und essen Sie dort regelmäßig zu Abend. Nehmen Sie aber, wie in Abenteuer Nr. X beschrieben, jedes Mal einen neuen Weg dorthin.

45. EIN TAG OHNE GELD IN DER STADT

Outdoor

Schwierigkeitslevel: schwer
Dauer: 1 Tag
Kosten: keine
Ort: Nächste größere Stadt im Umkreis
Ausrüstung: keine

Gut zu wissen!

Bei diesem Erlebnis lernen Sie, wie man in einer Stadt ohne Geld zurechtkommen und dabei dennoch spannende Dinge erleben kann. Achten Sie dabei jedoch darauf, dass wirklich bedürftige Menschen durch Ihr Erlebnis keinen Nachteil erleiden, und gehen Sie stets offen, ehrlich und respektvoll mit den Menschen und Einrichtungen um, mit denen Sie in Kontakt kom-

> men. Vor allem bei der Nahrungssuche und bei der Schlafplatzwahl können Sie zudem ungewollt mit dem Gesetz in Konflikt kommen.

Bevor wir mit dem Abenteuer beginnen, schauen wir uns die wichtigen Regeln, die Sie befolgen sollten, im Einzelnen an:

- Behaupten Sie nicht, arm, obdachlos oder notleidend zu sein, sondern seien Sie offen. Erzählen Sie den Menschen von Ihrem Projekt.
- Verletzen Sie keine Persönlichkeits- oder Eigentumsrechte.
- Bleiben Sie immer höflich und liebevoll.
- Nehmen Sie keinem Obdachlosen etwas weg, denn er braucht die Dinge, damit er leben kann.
- Wenn Sie nach kostenloser Nahrung fragen, erkundigen Sie sich stets, ob auch wirklich ausreichend vorhanden ist, sodass kein Obdachloser später leer ausgeht.
- Eine sehr effektive Methode, um an Nahrung zu kommen, ist zudem das sogenannte »Containern«, bei dem man Lebensmittel aus den Abfallcontainern von Restaurants und Supermärkten holt. Da diese keine Waren anbieten können, die leichte Transportschäden oder ein abgelaufenes Mindesthaltbarkeitsdatum haben, wird hier sehr viel Nahrung weggeworfen, die noch vollkommen verwertbar ist. Aus diesem Grund entpuppen sich manche Container zu bestimmten Zeiten als wahre Schlemmer-Schatzkammern. Beachten Sie jedoch, dass auch der »Müll« noch immer Eigentum des Geschäftes ist und das »Containern« inzwischen als Diebstahl gewertet wird. Wenn die Container zudem eingezäunt oder verschlossen sind, handelt es sich dabei sogar um Einbruch. Sie sollten diese Nahrungsquelle daher nicht nutzen, um sich nicht strafbar zu machen.
- Falls Sie Flaschen der Dosen sammeln möchten, achten Sie darauf, dass Ihr Sammelgebiet nicht bereits von einem Obdachlosen be-

treut wird. Zumeist sind die Obdachlosen in Bahnhöfen und U-Bahnhöfen unterwegs, da es hier die meisten Pfandflaschen zu holen gibt. Hier sollten Sie daher nicht sammeln.

- Wenn Sie sich im Betteln versuchen wollen, achten Sie darauf, dass Sie an einer Stelle stehen, an dem nicht bereits »echte« Bettler ihr Glück versuchen. Andernfalls nehmen Sie diesen direkt Geld weg. Außerdem sollten Sie die Zeit möglichst kurz halten, gerade so lange, um ein Gefühl zu bekommen, wie es sich anfühlt, von den Passanten als Bettler wahrgenommen zu werden. Diese Erfahrung ist sehr lehrreich und verändert einen, aber auf einen echten Bettelerfolg sind Sie bei Ihrem Experiment ja nicht angewiesen.
- Falls Sie Straßenkunst machen wollen, müssen Sie bedenken, dass es dafür in fast allen Städten klare Regeln gibt, an die man sich halten muss. Fragen Sie daher vor Ihrem Experiment zunächst bei der Stadtverwaltung nach, welche Regeln das sind.

Tobias und ich kommen aus der Survival-Szene und sind in der Natur vollkommen heimisch. Essbare Pflanzen sind uns zu einem großen Teil sehr vertraut und wir wissen auch, wie man jagt und den Jagderfolg köstlich zubereitet. Vollkommen neu für uns war die Vorstellung, wie man in der Stadt ohne Geld leben kann. Also machten wir uns auf die Socken und beschlossen, für zwei Monate auf der Straße zu leben. Eine derart spannende Zeit hatten wir noch nie zuvor. Zu erfahren, wo man in der Stadt ohne Geld an Nahrung kommen und wie man im Winter einen Schlafplatz finden kann, entpuppte sich als äußerst spannendes und bewegendes Abenteuer. Wenn wir an ein Mikroabenteuer denken, findet das zumeist in der Natur statt. Doch wo kommen die meisten Menschen her? Aus dem Wald? Oder aus der Stadt? Genau aus diesem Grund wollten wir lernen, wie man im urbanen Gelände überleben kann. Wo gibt es Nischen und Verstecke, in die man sich zurückziehen kann, um sich vor Wettereinflüssen und anderen Menschen zu schützen? Wo findet man etwas zu essen? Wie kann man an Kleidung und andere Alltagsausrüstung gelangen? Wo bekommt man Geld her?

Braucht man überhaupt noch Geld, wenn man es schafft, sich mit Schlafplätzen, Kleidung und Nahrung zu versorgen?

Sie können sich sicher vorstellen, dass dies für uns eine der spannendsten und außergewöhnlichsten Zeiten in unserem Leben war. Denn wir hätten niemals gedacht, was solch ein Experiment – »Gestrandet ohne Geld in der Stadt!« – mit uns macht.

WAS SIND DIE GRUNDFRAGEN?

- Wo kann ich Geld herbekommen?
- Wo kann ich Nahrung herbekommen?
- Wo kann ich kostenlos auf Toilette gehen?
- Wo finde ich einen Schlafplatz?
- Wie kann ich mich aufwärmen – ohne Geld ausgeben zu müssen?
- Wo kann ich Spaß haben – ohne Geld ausgeben zu müssen?

Zunächst war es nur ein Projekt, dann wurde es zu einer Philosophie. Wir sammelten Flaschen, um an das Pfand zu kommen. Mit dem Flaschenpfand haben wir uns einen Döner gekauft. Danach setzten wir uns in den Bahnhof und schauten uns die Leute an, da jeder an uns vorbeihetzte und im Stress war. Weniger als 30 Minuten erneutes Flaschensammeln – und schon hatten wir das Geld für unser Mittagessen zusammen. Aber das war noch nicht alles! Im Vorraum des Kinos konnte man nicht nur die Toilette benutzen und sich einen entspannten Platz im Warmen suchen, man konnte sich auch an den Unmengen an Popcorn und Nachos satt essen, die die Kinobesucher stehen lassen. Einmal hatten wir sogar Glück und durften uns einen Kinofilm umsonst anschauen, weil wir an der Kasse von unserem Projekt erzählten und die Vorstellung nur spärlich besucht war. Später fragten wir dann in einer Bäckerei nach, ob wir das alte Brot, das weggeschmissen werden muss, haben könnten. Wir erzählten auch hier, dass wir ein Experiment ohne Geld machten. Daraufhin bekamen wir freundlicherweise fünf Laibe Brot geschenkt, die nicht mehr verkauft werden konnten. Unser

Fazit war eindeutig: Das Leben und Überleben, selbst das Spaßhaben und sich Entspannen ohne Geld in der Stadt, war bei Weitem nicht so schwer, wie man zunächst glauben würde. Man musste nur die richtigen Tricks und Methoden kennen, um sich selbst zu versorgen. Und genau das konnten wir auch bei den echten Obdachlosen beobachten. Je besser es ihnen gelang, nicht als Obdachloser erkannt zu werden und je besser sie sich mit den Hilfsmöglichkeiten in einer Stadt auskannten, desto besser konnten sie sich das Leben auf der Straße gestalten. Ihre Hauptprobleme waren daher in der Regel nicht Hunger, Durst oder Kälte, sondern Themen wie Alkohol- und Drogensucht, psychische Verletzungen aufgrund von schrecklichen Ereignissen in ihrer Vergangenheit, an denen sie zerbrochen sind, Selbstwertkonflikte oder das Gefühl, sich ausgestoßen oder minderwertig zu fühlen. Wir haben unzählige mitreißende Geschichten gehört, aber das würde an dieser Stelle zu weit gehen. Hier geht es ja nicht um das Thema Obdachlosigkeit, sondern um das Erlebnis, ohne Geld in der Stadt zurecht zu kommen.

WIE GESTALTE ICH MEINEN TAG OHNE GELD IN DER STADT?

Die besondere Challenge an diesem Abenteuer besteht darin, dass Sie nun einen ganzen Tag ohne Geld in der Stadt verbringen sollen. Damit dies auch wirklich eine Herausforderung für Sie ist, gibt es ein paar Regeln, die Sie dabei beachten sollten.

Folgende Dinge sind nicht erlaubt:

- Sie dürfen kein Geld, keine Kreditkarte und auch sonst kein Zahlungsmittel mitnehmen. Nehmen Sie jedoch unbedingt einen Lichtbildausweis mit, denn es kann durchaus sein, dass Sie an diesem Tag mit der einen oder anderen Aktion ungewollt Aufmerksamkeit auf sich ziehen und dann ist es wichtig, dass Sie sich notfalls ausweisen können.

- Es dürfen keine Lebensmittel, Getränke oder Genussmittel mitgenommen werden. Alles, was Sie an Verpflegung brauchen, müssen Sie vor Ort besorgen.
- Wenn Sie außerhalb einer Stadt wohnen oder die Challenge in einer anderen Stadt als Ihrer Heimatstadt durchführen wollen, dürfen Sie keine Tickets für öffentliche Verkehrsmittel buchen, nicht mit dem eigenen Auto fahren und auch nicht Ihr eigenes Fahrrad verwenden. Sie dürfen aber selbstverständlich auch nicht schwarzfahren und keine Fortbewegungsmittel stehlen.
- Sie dürfen keinen Rucksack und keine Tasche mit Zusatzkleidung oder sonstiger Ausrüstung mitnehmen, sondern nur die Kleidung, die Sie am Leibe tragen.
- Sie dürfen kein Geld von Menschen annehmen und verwenden, die Sie bereits kennen, und Sie dürfen sich auch nicht von Freunden oder Bekannten zum Essen oder Trinken einladen lassen.

Folgende Dinge sind erlaubt:

- Sie dürfen in Ihre Zielstadt wandern oder trampen. Sie dürfen Bekannte, Kollegen oder Nachbarn (aber keine engen Familienmitglieder oder Freunde) bitten, Sie zu fahren oder Ihnen ein Fahrrad zu leihen. Sie dürfen am Bahnhof versuchen, andere Fahrgäste zu finden, die Sie auf ihr Ticket mitnehmen. (Oft gibt es beispielsweise Gruppentickets, die nicht voll ausgenutzt sind. Zudem haben Studenten, Schüler oder Auszubildende oft die Möglichkeit, eine weitere Person auf ihr Ticket kostenlos mitzunehmen.)
- Sie dürfen ein »Tauschobjekt« mitnehmen, das jedoch einen Wert von weniger als einem Euro haben muss (z.B. eine Büroklammer, einen Schnürsenkel, einen Werbegeschenk-Kugelschreiber oder Ähnliches).

- Sie dürfen ein Instrument Ihrer Wahl oder andere Gegenstände mitnehmen, mit denen man Straßenkunst machen kann.
- Sie dürfen ab dem Moment, an dem Sie Ihr eigenes Grundstück verlassen, Geld von Fremden annehmen oder es sich durch Flaschensammeln, Straßenkunst oder andere Methoden verdienen. Jeden Cent, den Sie an diesem Tag einnehmen, müssen Sie jedoch auch an diesem Tag wieder ausgeben.

WELCHE CHALLENGES GIBT ES ZU LÖSEN?

Wenn Sie nicht bereits in einer Stadt wohnen, besteht Ihre erste große Aufgabe darin, die Stadt zu erreichen, in der Sie den »Tag ohne Geld« durchführen wollen. Anschließend warten folgende Aufgaben auf Sie:

- Besorgen Sie sich ein Frühstück ohne Geld. Es muss mindestens aus einem Heißgetränk und einer Kleinigkeit zum Essen bestehen.
- Versuchen Sie, mit einem Obdachlosen oder einem Bettler ins Gespräch zu kommen. Drängen Sie sich nicht auf, sondern sprechen Sie ihn einfach höflich an, erzählen Sie ihm von Ihrem Projekt und fragen Sie ihn nach seinen Erfahrungen. Lassen Sie sich gerne Tipps und Ratschläge zum Thema »Leben ohne Geld in der Stadt« geben, sofern er bereit ist, diese mit Ihnen zu teilen.
- Besuchen Sie eine öffentliche Toilette, ohne dass Sie dafür etwas bezahlen müssen.
- Besuchen Sie eine Sehenswürdigkeit, die Sie zuvor noch nicht besucht haben. Ob Sie dabei eine kostenlose Sehenswürdigkeit finden, es schaffen, die Kassierer zu überreden, Ihnen kostenlos Einlass zu gewähren oder das Geld für den Eintritt im Voraus auftreiben, bleibt Ihnen überlassen.
- Versuchen Sie, sich von Passanten Geld schenken zu lassen, sodass Sie insgesamt auf einen Betrag von 5 Euro kommen. Schenken Sie

dieses Geld anschließend einem Bettler oder einem Menschen, von dem Sie glauben, dass er es wirklich benötigt.

- Starten Sie einen Tausch-Marathon. Dafür können Sie den wertlosen Gegenstand nutzen, den Sie mitgebracht haben, und ihn gegen etwas eintauschen, das ein bisschen wertvoller ist. Sie können sowohl Passanten als auch Geschäfte zu einem Tauschgeschäft einladen. Wenn Sie Erfolg hatten, tauschen Sie den erhaltenen Gegenstand erneut ein, um etwas von noch größerem Wert zu bekommen. Wiederholen Sie den Vorgang so lange, bis Sie etwas wirklich Wertvolles und/oder Nützliches in den Händen halten. Der Legende nach gab es einmal eine Gruppe, die diese Übung während eines Verkaufstrainings absolvieren musste und die es am Ende bis zu einem Ferrari geschafft hat. Ob diese Geschichte wirklich stimmt, kann ich aber nicht mit Sicherheit sagen. Dennoch bin ich gespannt, wie weit Sie es schaffen werden!
- Beschaffen Sie sich ein Mittagessen. Fragen Sie dazu bei Restaurants oder Imbissbuden nach Speisen, die übrig geblieben sind und nicht mehr verkauft werden können. Erzählen Sie dabei offen und ehrlich von Ihrem Projekt und berichten Sie gerne auch von Ihren bisherigen Erfahrungen. (Natürlich ohne sie jemandem aufzuzwingen.)
- Suchen Sie sich einen ruhigen Ort, an dem Sie es sich für eine halbe Stunde gemütlich und bequem machen können. Lehnen Sie sich dort zurück und lassen Sie die bisherigen Ereignisse noch einmal Revue passieren.
- Sammeln Sie ausreichend Pfandflaschen, um sich von dem Erlös einen Nachmittagssnack oder ein Getränk kaufen zu können.
- Wenn Sie ein Instrument dabeihaben und sich zuvor über die Regeln in dieser Stadt informiert haben, die man zum Thema »Straßenkunst« beachten muss, können Sie sich nun als Straßenkünstler versuchen. Wenn Musik nicht Ihre große Stärke ist, können Sie

alternativ auch andere Kunstformen wie Jonglage, Riesenseifenblasen, Ausdruckstanz oder Ähnliches probieren.

- Falls Ihre erste Challenge darin bestanden hat, die Stadt für dieses Abenteuer zu erreichen, besteht die letzte Herausforderung des Tages nun darin, wieder zurück nach Hause zu gelangen. Falls Sie noch Geld übrighaben, können Sie dieses für ein Ticket verwenden. Andernfalls müssen Sie wieder auf andere Strategien wie Trampen oder Mitfahrgelegenheiten zurückgreifen.

Gerne können Sie diese Liste auch durch weitere Herausforderungen ergänzen, die Sie sich selber stellen. Eine wirklich große Steigerung dieses Erlebnisses besteht darin, auch noch eine Nacht ohne Geld in der Stadt zu verbringen. Beachten Sie dabei jedoch, dass dies mit hohen Risiken verbunden sein kann, und beherzigen Sie, wenn Sie es dennoch machen wollen, unbedingt die folgenden Regeln:

- Schlafen Sie auf keinen Fall einfach an einem öffentlichen Platz in der Stadt, wenn Sie dieses Abenteuer alleine machen, da es hier sehr viele unberechenbare Menschen gibt. Vor allem wenn Alkohol und andere Drogen, aber auch Frustration und aufgestaute Wut im Spiel sind, kommt es schnell immer wieder zu Übergriffen auf Obdachlose. Hinzu kommen Wettereinflüsse, Verkehr und andere Gefahren. Daher sollten Sie für Ihr Experiment niemals einfach so alleine auf der Straße oder in einem Park schlafen. Wenn überhaupt, müssen Sie mindestens zu zweit sein, sodass immer einer wach bleiben und Wache halten kann. Versuchen Sie zudem unsichtbar zu werden, indem Sie sich beispielsweise in einem Park so verstecken, dass kein Passant Sie sehen kann. Alternativ können Sie sich auch Orte suchen, die zumindest teilweise geschützt sind, wie beispielsweise Hauseingänge, Bahnhöfe oder Bankenvorräume. Es ist nicht illegal, hier zu übernachten, aber es kann dennoch sein, dass Sie von einem

Nachtwächter vertrieben werden. Seien Sie dann höflich und kommen Sie der Aufforderung unverzüglich nach.

- Vermeiden Sie die warmen Schlafplätze der Obdachlosen. Zum einen sind diese zumeist besetzt und zum anderen ist es wichtig, dass jeder seinen Raum und seinen Rückzug haben darf. Eine Stadt ist groß und es gibt viele Plätze, wo Sie legal schlafen dürfen.

Um das Erlebnis in der Stadt draußen zu schlafen komplett sicher mitmachen zu können, können Sie zum Beispiel etwas tricksen und auf einen Balkon ausweichen. Entweder Ihren eigenen, wenn Sie in einer Stadt wohnen, oder auf den eines Freundes oder Bekannten, dem Sie von Ihrem Projekt erzählen. Unbedenklich sind zudem auch Bahnhofsmissionen, da diese nicht nur für Obdachlose, sondern auch für Reisende gedacht sind, die keinen Anschlusszug mehr bekommen können. Zudem gibt es hier in der Regel sehr freundliche Mitarbeiter, die aufpassen, dass alles in Ordnung ist. Wirklich schlafen kann man allerdings in der Regel nicht, da es oft keine Betten, sondern eher bequeme Sitzgelegenheiten zum Ausruhen und Dösen gibt. Eine andere Möglichkeit ist es, bei Kirchengemeinden oder Vereinen anzufragen, ob Sie beispielsweise in ungenutzten Veranstaltungsräumen, Sporthallen oder Vereinshäusern nächtigen dürfen. Wir selbst haben auf unserer Reise ohne Geld im Laufe der Zeit weit mehr als 2000 verschiedene Schlafplätze gefunden, an denen wir kostenfrei und sicher eine Nacht verbringen konnten. Es ist also nicht unmöglich, man muss nur ein wenig kreativ sein.

Spannend ist es auch, das Erlebnis einige Male in anderen Städten zu wiederholen und zu schauen, was es jeweils für Unterschiede gibt. Wo ist es leichter: in kleinen oder in großen Städten? Gibt es Regionen in Deutschland, Österreich oder der Schweiz, in denen die Challenge besonders leicht oder besonders schwer ist? Wo fühlen Sie sich mit der Aufgabe wohler: in einer Stadt, in der Sie sich gut auskennen, oder in einer, die Ihnen fremd ist? Woran liegt das?

46. FÄHRTENLESEN LERNEN

Outdoor

Schwierigkeitslevel: mittel

Dauer: je nach Tour 2 bis 4 Stunden

Kosten: Fachbücher 50 bis 70 Euro

Ort: heimatnah

Ausrüstung: Fährtenbücher beziehungsweise Tier- und Tierspuren-Bestimmungsbücher, einen Zollstock, Schaschlikstäbchen und einen Notizblock mit Stift

Gut zu wissen!

Wichtig ist, dass Sie keine Tiere stören.

Alles, was Sie über das Spurenlesen wissen müssen, ist: Schauen Sie auf den Boden und finden Sie Dinge, die ein Tier hinterlassen hat. Ob das nun ein Haar, ein Fußabdruck, Kot, Urin oder ein Gewölle ist, spielt keine Rolle. Falls Sie auf etwas stoßen, das Sie nicht kennen, recherchieren Sie so lange, bis Sie wissen, zu wem oder was es gehört. Wenn Sie diese grundlegende Motivation in Ihrem Herzen tragen, werden Sie ein hervorragender Fährtenleser werden.

Wenn Sie mit dem Fährtenlesen beginnen, brauchen Sie jedoch zunächst einen Fokus. In unseren Wäldern leben tausende von Tieren, die unzählige Spuren hinterlassen. Wenn Sie direkt versuchen würden, all dies wahrzunehmen und einzuordnen, wäre das zu viel und Sie würden sich schnell selbst frustrieren und die Freude nehmen. Beginnen Sie also mit dem leichtesten und offensichtlichsten:

- ◊ Suchen Sie zunächst nach Spuren im Garten oder in umliegenden Wäldern, wo Sie bereits relativ gut wissen, welche Tiere hier leben.
- ◊ Fangen Sie mit den Tieren an, die man am leichtesten bestimmen kann, wie beispielsweise größere Säugetiere. Man kann sich bei ihnen nicht so sehr verschätzen wie bei Insekten oder anderen Kleinstlebewesen.
- ◊ Beginnen Sie an Stellen, an denen Tierspuren besonders deutlich zu erkennen sind. Trittsiegel sieht man beispielsweise am Besten im Schnee oder auf weichem, schlammigem Boden. Spuren im losen Sand zu deuten, ist hingegen eine der schwierigsten Disziplinen, weil die Abdrücke uneindeutig sind und sehr schnell wieder verschwinden.

Fragen Sie sich stets: »Was will ich jetzt kennenlernen?«

Stellen wir uns zunächst einmal vor, Sie wollen Tierspuren im Schnee von einem Fuchs finden. Schnappen Sie sich ein Tierspuren-Buch. Suchen Sie alle Tierspuren heraus, die ein Fuchs im Schnee macht. Wie uriniert der weibliche Fuchs im Schnee? Wie der männliche? Wo legt er im Schnee seine Losung (Kot) ab? Wie sieht dieser Kot im Winter aus? Wie groß ist er circa? Welche Farbe hat er? Wie sieht das Trittsiegel des Fuchses im Winter aus? Welche Gangarten hat er? Schnürt er beim Laufen oder läuft er breitbeinig? Wie sieht sein Trittmuster aus, wenn er in Ruhe läuft? Und wie sieht es aus, wenn er im Stress ist? Welche Fellfärbung hat er im Winter und wie kann man ausgerupfte Fuchshaare bestimmen? Wie sieht der Schädel eines Fuchses aus? Sie sehen: Es gibt sehr viel über den Fuchs zu wissen, bevor man tiefer in die Tierspuren-Lehre eintauchen kann.

Sie kommen also nicht umhin, sich ein gutes Tierspuren-Buch anzuschaffen. Es bringt nichts, wenn Sie ein Tierspuren-Buch von einem Durchschnittsautor kaufen. Falls Sie nur die Standardantworten haben wollen, die Ihnen jeder Jäger geben könnte, dann können Sie vom NABU und anderen Naturschutzvereinen ein Buch über Fährten kaufen. Doch wenn Sie wirklich Freude an der Fährtensuche haben wollen, dann gibt es nur einige wenige Bücher über Tierspuren und das Fährtenlesen, die Sie kaufen können. Falls Sie Tierspuren im Schnee zuordnen wollen, dann brauchen Sie auch ein Buch, in dem das Schritt für Schritt erklärt wird.[18]

WIE KANN ICH MIT MEINER GRUNDAUSRÜSTUNG FÄHRTEN ERKENNEN, BESTIMMEN UND INTERPRETIEREN?

Zunächst sollten Sie sich ein Tier aussuchen, über das Sie mehr erfahren wollen. Nehmen wir zum Beispiel das Eichhörnchen. Sie wissen, dass in Ihrem Garten jeden Tag ein Eichhörnchen am Vogelfutterplatz Erdnüsse isst. Falls Sie nun wissen wollen, wie die Spuren im Schnee von einem Eichhörnchen aussehen, müssen Sie nur abwarten, bis sich die Trittsiegel neben der Fressstelle befinden. Nehmen Sie sich Ihr Buch über Tierspuren im Schnee zur Hand. Schauen Sie unter Fährten und Trittsiegel nach Eichhörnchen. Vergleichen Sie die Trittsiegel, aber auch die Fährtenart, mit den Spuren, die Sie im Schnee gefunden haben. Messen Sie zudem die Pfotenlänge und die Pfotenbreite. Passt das alles zu dem Spurenbild im Buch? Dann haben Sie wahrscheinlich die Spur von einem Eichhörnchen gefunden. Wenn Sie auf Nummer sicher gehen wollen und mehrere Trittsiegel gefunden haben, können Sie auch das Gangbild bestimmen. Stecken Sie dazu die Schaschlikstäbchen jeweils zu den Vorderfußabdrücken und zu den Hinterfußabdrücken. Bestimmen Sie die Spurbreite und die Spurlänge. Passt dies mit den Aufzeichnungen im Buch über Tierspuren überein?

FÄHRTENLESEN FÜR ANFÄNGER: WIE KANN ICH EIN FÄHRTENLESER WERDEN?

Die gute Nachricht ist: »Jeder kann lernen, Spuren zu lesen!«

Das jedenfalls hat mir damals mein Mentor gesagt, als ich selbst mit dem Spurenlesen angefangen habe. Ähnlich wie jeder automatisch die Gesichtszüge eines anderen Menschen wahrnehmen kann, können wir auch Spuren lesen. Mein damaliger Mentor sagte einmal zu mir: »Es kann niemanden geben, der andere nicht tracken kann, weil er es jetzt schon tut.« Lange Zeit wusste ich nicht, was er damit meinte. Aber es stimmte, es gibt keinen Menschen, der keine Spuren hinterlässt. Die Frage ist nur, welche Spuren wir davon lesen und welche nicht. Wenn wir zu unserem Dönerverkäufer um die Ecke gehen wollen, müssen wir Spuren lesen. Wenn wir Zigarettenstummel sehen, wissen wir, dass hier wahrscheinlich jemand geraucht hat. Wenn eine Toilette verkotet ist, wissen wir, dass jemand hier sein Geschäft verrichtet hat und unhygienisch war. Wenn meine Freundin mich ansieht und ich in ihren Augen erkennen kann, dass es besser wäre, jetzt die Klappe zu halten, weil sie sauer ist, dann kann ich die Spuren in ihrem Gesicht lesen.

Es gibt also keinen Menschen, der nicht ständig Spuren liest. Tierspuren sind nichts anderes als markante Punkte, die auf eine bestimmte Tierart hinweisen. Der Waschbär hinterlässt andere Tierspuren als ein Elch. Meine Freundin hinterlässt andere Spuren, wenn Sie bei mir zu Besuch war, als meine Mutter. Es gibt also deutliche Unterschiede. Die Frage ist, ob wir gelernt haben, sie zu deuten. In den meisten Fällen sind wir von der Natur entfremdet aufgewachsen und haben deshalb nur wenig oder keine Erfahrung mit dem Lesen von Tierspuren. Ganz automatisch haben wir jedoch trotzdem das Spurenlesen in der Gesellschaft gelernt: Wir erkennen also die Spuren, die Menschen, Autos oder bestimmte Handlungen hinterlassen.

Das Erkennen von Tierspuren ist jedoch ebenfalls keine Hexerei. Es hat uns nur niemand gezeigt, wie die Spuren eines Fuchses oder eines Hasen aussehen und wie wir davon Rückschlüsse auf ihr Verhalten und ihren Gemütszustand ziehen können.

Niemand hat uns erklärt, dass Tierspuren im Sand eine andere Haltbarkeit haben als im Lehmboden. Dennoch können wir das, was wir täglich in unserem Alltag ganz nebenbei lernen, nutzen, um Rückschlüsse beim Fährtenlesen zu ziehen. Wir wissen beispielsweise, dass die Abdrücke unserer Flip-Flops beim Schwimmen am Meer keine scharfen Kanten im Sand hinterlassen und dass die Lauffläche sofort zusammenbricht, während sich unsere Schuhabdrücke in lehmigem Schlamm gut abzeichnen und teilweise noch wochenlang sichtbar sind. Wir sind also alle schon sehr gute Spurenleser bei Menschen. Und können dieses Wissen dadurch auch direkt für unser Fährtenlesen im Tierreich nutzen,

WIE KANN ICH EIN TIERSPUREN-RÄTSEL LÖSEN?

John Young, ein amerikanischer Fährtenleser, hat in seinen Kursen beschrieben, dass man jedes Rätsel einer Tierspur mit einer Fragetechnik für Fährtenleser beantworten kann:

FRAGE 1: WELCHES TIER WAR ES?

Was können Sie sehen? Was haben Sie vor sich, das auf ein Tier hinweist? Eine Gewehrkugel, eine Kralle, einen Schädel, eine Trittspur, eine Fraßspur, Laich, eine Feder, ein Fellbüschel, das sich in einem Stacheldrahtzaun verfangen hat, einen Kokon, Galle, Blut, Urin, Speichel, Stoßspuren, Zähne, Knochen, eine Stelle, an der ein Beutetier geschlagen wurde?

Zuerst einmal müssen Sie erkennen, welche Spur vor Ihnen liegt. Worauf weist die Spur hin? Dann können Sie sich fragen, welches Tier die Spur gelegt hat.

FRAGE 2: WAS IST HIER PASSIERT?

Um das Rätsel einer Tierspur zu lösen, muss man sich fragen, was an dieser Stelle passiert ist und warum es passiert ist. Das nennt man Interpretation. Welche Geschichte will mir die Tierspur erzählen? Wenn ich einen Vogelriss finde, auf welches Raubtier weist das hin? Ein Buschmann sagte einmal: »Sei wie eine Frage.« In seinen Augen konnte man das Rätsel einer Tierspur nur lösen, wenn man sich wie eine Frage verhielt. Man sollte also versuchen, anhand der Fährtenbilder zu rekonstruieren, was wirklich passiert ist. Worauf deutet die Gangart hin? Warum ist die Spur genau hier entstanden?

FRAGE 3: IST DAS TIER NOCH DA UND WENN NICHT, WO IST ES JETZT?

Wenn Sie einen Fußabdruck oder eine andere Tierspur gefunden haben, können Sie versuchen, die Spur zurückzuverfolgen. Am Anfang werden Sie noch nicht so gut sein, dass Sie die Spuren von Tieren anhand ihrer Pfoten- oder Schalenabdrücke zurückverfolgen können. Doch irgendwann werden Sie das können. Aber seien Sie vorsichtig. Seien Sie sich immer bewusst, dass Sie das Tier erschrecken könnten und es auch aus einem Angstreflex heraus angreifen könnte. Sie sollten also genau wissen, welches Tier Sie verfolgen. Ist es gefährlich oder nicht?

FRAGE 4: WANN WURDE DIE TIERSPUR AUFGENOMMEN UND WIE HAT SIE SICH SEITDEM VERÄNDERT?

Die Bestimmung des Alters einer Tierspur ist eine der wichtigsten Maßnahmen, um herauszufinden, was wann passiert ist. Wenn man das herausgefunden hat, weiß man auch, wie weit das Tier entfernt sein könnte oder warum es an diesem Ort war. Wie wir Menschen haben auch Tiere feste Routinen: Sie gehen auf die Jagd, zu ihrem Schlafplatz, ruhen sich aus, treffen andere Tiere und müssen etwas trinken. Am einfachsten lässt sich das Alter eines Tieres anhand seiner Fußspuren feststellen. Aber wenn ein Bär einen Baum zerkratzt hat, ist es viel schwieriger zu bestimmen, wann er das getan hat. Der Vorteil eines Fußabdrucksiegels ist, dass man erkennen kann, auf welchem Boden es gemacht wurde. Anhand der Beschaffenheit des Bodens kann man mit Hilfe von Tests herausfinden, wie lange es dauert, bis diese Beschaffenheit dafür sorgt, dass sich eine frische Spur so verändert, wie man sie aufgefunden hat, und durch die Witterung die gleiche Form annimmt wie zur Zeit des Fußabdrucks. Hier sollten Sie sich die Tierspur genau ansehen und sich fragen: Sind die Ränder der Spur noch scharf? Wie war das Wetter in den letzten Stunden, Tagen und Wochen? Hat es geregnet und sieht die Spur dadurch verwaschen aus? Hat die Hitze die Kanten bröckeln lassen? Wenn sich Regentropfen in der Spur befinden, wann hat es das letzte Mal geregnet? Wenn es erst vor drei Stunden aufgehört hat zu regnen, jetzt aber keine Tropfen in der Tierspur zu finden sind, wann muss das Tier hier vorbeigekommen sein?

FRAGE 5: WARUM WAR DAS TIER GENAU AN DIESEM ORT?

Bei dieser Frage geht es darum, die ökologischen Zusammenhänge zu verstehen.

Warum gibt es Ameisenhaufen genau in diesem Gebiet und nicht 200 Meter davon entfernt? Welche Bodenbedingungen brauchen Ameisen, um einen Ameisenhaufen nützlich zu finden? In welche Himmelsrichtung ist der Ameisenhaufen ausgerichtet? Gegen welche Feinde wollen die Ameisen sich schützen? Welche Orte bevorzugen sie? Erst wenn ich das Verhalten der Tiere lesen und vorhersagen kann, weiß ich auch, warum das Tier genau an diesem Ort war. Versuchen Sie daher auf verschiedenen Wegen möglichst viel über die Tiere herauszufinden, deren Spuren Sie lesen wollen. Lesen Sie Bücher, schauen Sie sich Tierdokumentationen an, recherchieren Sie im Internet, besuchen Sie Tierparks und nehmen Sie sich Zeit, eine ausgewählte Tierart ganz genau zu beobachten. Schreiben Sie am besten ein Journal über die Tiere, in denen Sie all Ihre Erkenntnisse zusammenfassen. Was macht das Tier aus, was frisst es, von wem wird es gefressen, wie lebt es, was ist sein Paarungsverhalten, wie geht es mit seinen Jungen um, etc.? Fertigen Sie am besten auch Skizzen des Tieres an. Diese müssen nicht schön sein, aber sie sollten die wichtigen Details erhalten, die das Tier ausmachen. Je genauer Sie ein Tier kennen, desto leichter fällt es Ihnen auch, seine Spuren zu erkennen und richtig zu deuten. Verbringen Sie darüber hinaus so viel Zeit wie möglich in der Natur und werden Sie zu einem aufmerksamen Beobachter.

Viele andere Mikroabenteuer in diesem Buch, wie beispielsweise der Sitzplatz, die Visionssuche, das Übernachten im Wald und der Bau von Notunterkünften, werden Ihnen ebenfalls dabei helfen, ein guter Fährtenleser zu werden. Denn mit zunehmender Sensibilisierung für die Natur werden Ihnen immer mehr Dinge auffallen, die auf die Anwesenheit von Tieren hinweisen, die Sie jedoch bislang aufgrund mangelnder Kenntnisse nicht wahrnehmen konnten.

FRAGE 6: WIE GING ES DEM TIER, WAS WAR LOS MIT IHM?

Ab diesem Punkt kommen wir zur hohen Kunst der Interpretation von Tierspuren. Hier arbeiten die Fährtenleser auf zwei Ebenen: einmal auf der sichtbaren Ebene, aber auch auf der emotionalen Ebene. Der Tierspurensucher versetzt sich in das Tier hinein und spürt nach. Wie hat sich das Tier gefühlt, als es diese Spuren hinterließ? Warum hat es seinen Kopf nach rechts bewegt und den Ast abgebrochen? Wurde es vielleicht von jemandem überrascht oder gar angegriffen? Was ging im Inneren des Tieres vor? Das Lesen von energetischen Spuren auf der Gefühlsebene ist eine der höchsten Künste, die man überhaupt erlernen kann. Auf unserer Weltreise sind Tobias und ich Fährtenlesern begegnet, die an einem Fußabdruck erkennen konnten, ob das Tier einen vollen oder leeren Magen hatte und ob es angespannt oder entspannt war. Wir sind noch lange nicht so weit und werden noch viele weitere Mentoren treffen müssen, bevor wir das energetische Spurenlesen wirklich beherrschen.

Mit zunehmender Sensibilisierung für die Natur fallen uns immer mehr Dinge auf, die auf die Anwesenheit von Tieren hinweisen, die wir jedoch bislang aufgrund mangelnder Fachkenntnisse nicht wahrnehmen konnten.

GRUNDREGELN, DIE EIN FÄHRTENLESER IN DER AUSBILDUNG BEHERZIGEN SOLLTE

LEGEN SIE IHR REVIER FÜR DIE FÄHRTENSUCHE FEST

Wenn Sie etwas über Tiere und Pflanzen lernen wollen, ist es sehr wichtig, dass Sie sich ein Forschungsgebiet abstecken. Die Natur ist so groß, dass man völlig verrückt würde, wenn man alle essbaren Wildpflanzen in Europa auf einmal kennenlernen wollte. Aber wenn man nur zehn essbare Wildpflanzen auswählt, ist es einfach, sie kennenzulernen und zu identifizieren. Das Gleiche gilt für die Spurensuche.

Die Trittsiegel vieler Tierarten sind einander so ähnlich, dass sie selbst mit viel Übung kaum voneinander zu unterscheiden sind. Um eindeutig zu erkennen, wer die Spur hinterlassen hat, muss man daher den gesamten Kontext mit einbeziehen. Und dies geht umso besser, je genauer man eine Gegend kennt. Stecken Sie sich deshalb ein festes Fährtensuchgebiet ab und verbringen Sie am besten jeden Tag mindestens eine Stunde damit, in diesem Gebiet unterwegs zu sein, damit Sie es wie Ihre Westentasche kennen. Dies hat drei entscheidende Vorteile:

Erstens werden Sie mit der Zeit den »Normalzustand« Ihres Gebietes kennen und dadurch wird es ihnen auch leichtfallen, eine Veränderung wahrzunehmen. Wieso liegen plötzlich Fichtenzapfen an einer Stelle, wo zuvor noch nie welche lagen? Warum sind die Äste eines Busches heute abgeknickt, die gestern noch ganz waren? All diese Dinge werden Ihnen nur auffallen, wenn Sie in einem Gebiet unterwegs sind, das Sie gut kennen. Zudem wird es Ihnen auch leichter fallen, das Alter von Spuren zu erkennen, da Sie mit der Zeit ein Gefühl dafür bekommen, wie Ihr Gebiet auf verschiedene Wetterlagen reagiert.

Zweitens wissen Sie mit der Zeit ganz genau, welche Tiere in Ihrem Gebiet leben und welche Spuren hier vorkommen. Irgendwann werden Sie sogar wissen, wie viele Rehe Ihr Revier durchqueren und wie viele ihren Schlafplatz dort haben. Sie lernen ihre Fress-, Schlaf- und Ruheplätze kennen und wissen dadurch auch, zu welchen Zeiten sie sich wo aufhalten und warum. Dadurch wird es Ihnen deutlich leichter fallen, vorauszusagen, wohin eine Spur führen wird. Fertigen Sie dazu am besten eine Karte und eine Art Bestandsprotokoll von Ihrem Fährtensuchgebiet an: Es gibt 18 Eingänge von zwei Fuchsbauten und einem Dachsbau. Es gibt 18 Schmieden von Eichhörnchen sowie 4 vom Buntspecht und eine vom Kleinspecht. Außerdem gibt es Malbäume für Wildschweine und einen kleinen Bach, an dem viele Tiere trinken.

Und drittens werden auch die Tiere in Ihrem Gebiet Sie mit der Zeit immer besser kennenlernen. Zunächst werden sie sich vor Ihnen verstecken oder die Flucht ergreifen, da Sie als Eindringling in ihren Lebensraum kommen. Je öfter Sie kommen, desto mehr werden die Tiere jedoch feststellen, dass Sie keine Bedrohung darstellen, sondern lediglich ein wenig spazieren gehen und ab und an am Boden herumkriechen, um Trittsiegel zu vermessen oder an einem Kothaufen zu schnuppern. Dadurch wird die Distanz, die die Tiere zwischen Ihnen und sich zulassen, immer kleiner und der eine oder andere wird sicher auch von seiner Neugier gepackt und auf Sie zukommen, anstatt vor Ihnen zu fliehen.

ERSTELLEN SIE EINE ARTENLISTE

Wenn Sie Ihr Gebiet abgesteckt haben, beginnen Sie damit, eine Artenliste mit den Tierarten zu erstellen, die in Ihrem Gebiet leben. Versuchen Sie, auf Ihren Streifzügen immer neue Tiere oder Tierspuren zu entdecken. Welche Insekten, Säugetiere, Vögel oder Amphibien gibt es? Wie stehen sie in Relation zu einander? Wer ist wessen Beute? Welche Arten leben symbiotisch miteinander? Finden Sie dabei auch immer mehr über die verschiedenen Lebensräume in Ihrem Beobachtungsgebiet heraus. Notieren Sie, welche Arten wo und wie häufig vorkommen. Mithilfe der Artenliste bekommen Sie einen guten Überblick über die Bewohner Ihres Fährtensuchgebiets.

FRAGEN, DIE SIE SICH IN EINEM TIERJOURNAL BEANTWORTEN SOLLTEN

Suchen Sie sich aus Ihrer Artenliste immer wieder eine neue Tierart aus, die Sie besonders interessiert, und erstellen Sie ein Journal darüber. Beantworten Sie darin am besten die folgenden Fragen:

- Wie groß ist das Tier in den verschiedenen Wachstumsstadien und Lebensaltern?
- Wie sieht das Tier aus?
- Woran kann man das Tier leicht erkennen?
- Welche Lebensweise führt das Tier und warum?
- Wovon ernährt sich das Tier für gewöhnlich? Weicht es hin und wieder von diesem Essensplan ab? Wenn ja, warum? Wann ernährt es sich so und wann anders?
- Wo schläft das Tier? Welche Schlafplätze bevorzugt es und warum?
- Wo bezieht es Wasser und zu welcher Zeit?
- Wie oft muss das Tier am Tag trinken und wie viel?
- Wie pflanzt es sich fort?
- Wie viele Nachkommen hat es?
- Welche Spuren hinterlässt es häufig und welche selten?
- Wie sieht das Skelett aus?
- Wie sehen der Schädel und die Kauwerkzeuge aus?

- Was kennzeichnet seine Extremitäten?
- Wie oft uriniert das Tier im Schnitt pro Tag?
- Wie groß ist der Haufen, der ausgeschieden wird?
- Welche Feinde hat das Tier?
- Wer sind seine Beutetiere und wie groß ist sein Jagdrevier?
- Welche anderen Tiere und Pflanzen müssen in der Nähe sein, damit das Tier dort leben kann?
- Geht das Tier Partnerschaften ein oder ist es ein Einzelkämpfer?
- Ist es ein Beutegreifer oder ein Fluchttier?

LEGEN SIE EINE LANDKARTE IHRES FÄHRTENSUCHGEBIETES AN

Um Ihr Fährtensuchgebiet und seine Bewohner noch besser kennenzulernen, sollten Sie sich eine Landkarte davon anlegen. Sie können diese entweder von null auf selbst zeichnen oder sich eine bereits existierende Karte als Grundlage nehmen und dann die für Sie wichtigen Details ergänzen. Am besten geeignet ist dafür eine topografische Karte mit dem Maßstab 1:25.000. Stellen Sie sich beim Zeichnen der Karte unter anderem die folgenden Fragen:

- Wo befinden sich die Wege?
- Wo schlafen die Tiere?
- Wo trinken sie?
- Wo sind welche Nahrungsplätze?
- Wo haben Sie welche Tierspuren gefunden?
- Wo haben Sie Fraßspuren gefunden?
- Wo sind Tierautobahnen (Tierpfade, auf denen viele Tiere gehen - ausgetretene Pfade)?
- Wo sind Tierpfade für einzelne Gattungen?
- Wie weit sind die Tiere von den Straßen entfernt?
- Wie groß ist ihr Gebiet?
- Haben sie Stammplätze zu verschiedenen Jahreszeiten?
- Wo befinden sich Nester oder Bauten?

Wenn Sie die Karte mit allen Informationen füllen, können Sie viel über das ökologische Verhalten von Tieren, aber auch von Menschen herausfinden.

DOKUMENTIEREN SIE JEDE TIERSPUR

Wenn Sie in Ihrem Gebiet auf Tierspuren stoßen, erstellen Sie ein Spurenprotokoll, in dem Sie alles festhalten, was Sie darüber herausfinden konnten. Notieren Sie aber auch offene Fragen und Beobachtungen, bei denen Sie unsicher sind, ob sie etwas mit der Spur zu tun haben oder nicht. Wenn Sie alles festhalten, stehen die Chancen sehr gut, dass Sie die fehlenden Puzzleteile zu einem späteren Zeitpunkt finden und Ihre Fragen dann noch beantworten können. Hier sind ein paar Tipps für das Erstellen Ihres Spurenprotokolls:

1. Machen Sie ein Foto von der Tierspur.
2. Zeichnen Sie in Ihrer Landkarte ein, wo Sie die Tierspur in Ihrem Fährtensuchgebiet gefunden haben.
3. Welche anderen Hinweise haben Sie in der Umgebung der Spur gefunden?
4. Gab es in der Nähe der Fährte Kot, Urinspuren oder andere Hinweise auf das Tier? Einen abgebrochenen Ast, Haare oder etwas Ähnliches?
5. Zeichnen Sie den Vorderfuß auf ein Blatt Papier, wenn Sie ihn erkennen können. Zeichnen Sie dann, wenn möglich, die Hinterpfote. Schreiben Sie die Maße auf: Wie breit ist die Spur? Wie lang ist die Spur? Wie weit sind die Zehen voneinander entfernt?

6. Zeichnen Sie das Fährtenmuster ein: In welcher Gangart ist das Tier gelaufen? Wie breit war die Spur in der Laufrichtung? Wie groß war die Schrittlänge?
7. Zu welcher Tageszeit haben Sie die Tierspur gefunden?
8. Bei welcher Außentemperatur haben Sie die Tierspur gefunden?
9. Aus welcher Richtung wehte der Wind, als Sie die Tierspur gefunden haben?
10. Wie stark war der Wind?
11. Wie viel Niederschlag gab es und wann hat es zuletzt geregnet? War die Tierspur vor dem Regen oder nach dem Regen da?
12. Wie bewölkt war der Himmel? Teilen Sie die Bewölkung in eine Skala von 1 bis 10 ein – wobei 10 eine geschlossene Wolkendecke bedeutet.
13. Wie war die Bodenbeschaffenheit der Spur? War es ein steiniger Boden oder war er durchgängig weich und die Spur damit klar erkennbar?
14. Wie alt ist die Spur?
15. Welche Bäume, Pflanzen und Sträucher gibt es in der Nähe der Spur?
16. Wo haben Sie die Spur gefunden?
17. War die Spur mit einem wichtigen Objekt verbunden? Gab es beispielsweise Knochen, Kot, Gewölle, Fellreste, Blut oder irgendetwas anderes ungewöhnliches?

WERDEN SIE ZUM TIERSPUREN-PROFILER

Sie merken es bereits: Im Grunde ist das Bestimmen von Tierspuren nichts anderes als Profiling im kriminaltechnischen Dienst. Und genau das macht das Fährtenlesen auch so spannend. Alle oben aufgeführten Punkte sind Hilfsmittel, mit denen Sie sich an die Lösung der Rätsel herantasten können, die sich hinter den Tierspuren verbergen. Das Wichtigste ist jedoch Ihre Freude am Detektivsein! Viele, die mit dem Fährtensuchen beginnen, machen dabei den Fehler, dass sie die ganze Sache zu verbissen und zu akribisch angehen. Es ist kein Studienfach, in dem Sie am Ende mit Noten bewertet werden. Das Fährtenlesen soll Ihnen in erster Linie Spaß machen und Ihren Entdeckergeist fordern. Wenn Ihnen das

Schreiben eines Journals oder das Protokollieren einer Fährte zur Belastung wird, bringt es Ihnen nichts. Es muss Sie packen, dass Sie wie in einem Krimi unbedingt herausfinden wollen, was am »Tatort« Ihres Spurenfundes geschehen ist. Wenn Sie diese Freude am Forschen in sich spüren, sind Sie auf dem besten Wege, ein hervorragender Fährtenleser zu werden.

47. EINE NOTUNTERKUNFT BAUEN UND EINE NACHT DARIN VERBRINGEN

Outdoor

Schwierigkeitslevel: mittel
Dauer: 1 Tag
Kosten: keine
Ort: Wald
Ausrüstung: Messer, Parracord

Gut zu wissen!

Generell ist in Deutschland das Wildcampen mit einem Zelt im Wald nicht erlaubt. Eine Grauzone ist allerdings das Schlafen im Schlafsack oder in der Hängematte. Ähnliches gilt für einen Laubschlafsack und eine Laubhütte, die nur aus Totholz gebaut ist. Wichtig ist: Es gibt Wälder, in denen man nachts die Wege nicht verlassen darf, hier dürfen Sie dann im Normalfall auch ohne Zelt nicht im Wald übernachten. Außerdem gibt es Naturschutzgebiete, Biotope, Biosphärenreservate, Nationalparks und Naturdenkmäler, wo man unter gar keinen Umständen übernachten darf. Falls Sie hier trotzdem Ihr Zelt aufschlagen, kann dies zu einem Bußgeld von

5 bis 500 Euro führen. Kommt noch Sachbeschädigung oder Hausfriedensbruch dazu, könnte das Bußgeld bis zu 5000 Euro betragen. Dies ist beispielsweise der Fall, wenn Sie Bäume fällen oder in ein eingezäuntes Gebiet eindringen. Wenn Sie sicher sein wollen, dass Sie wirklich straffrei im Wald schlafen können, holen Sie sich am besten eine Genehmigung dafür. Entweder bei der Stadt, beim Forstamt oder beim Waldgrundbesitzer. Wir selbst haben einige Freunde, denen große Waldflächen gehören und die uns die Genehmigung erteilt haben, dort ein Lager aufzuschlagen. Wenn Sie niemanden kennen, der einen Wald besitzt, können Sie zum Beispiel bei Landwirten in Ihrer Umgebung nachfragen. Auch Pfadfinderverbände, die Bergwacht, der Deutsche Alpenverein und Jagdverbände können hilfreiche Adressen sein.

»Eine Notunterkunft zu bauen, kann doch nicht so schwer sein!« Diesen Satz hörte ich häufig von Teilnehmern meiner Seminare, wenn sie die Aufgabe bekamen, sich ein Lager für die Nacht zu bauen, ohne dass sie dabei ihre mitgebrachte Ausrüstung verwenden durften. Von einem Messer und manchmal einer Säge vielleicht einmal abgesehen. Was die meisten dabei jedoch unterschätzten: Man kann zwar sehr schnell etwas zusammenzimmern, das wie eine Schutzunterkunft aussieht. Aber es kann mitunter sehr anstrengend und langwierig sein, etwas zu erschaffen, das dann auch wirklich Schutz bietet. Daher ist es wichtig, es bei gemäßigtem Wetter auszuprobieren und möglichst immer mal wieder eine Schutzhütte zu bauen und darin zu übernachten. Nur so bekommt man ein Gefühl und eine Vorstellung davon, was eine echte Schutzhütte überhaupt ausmacht. Was ist nötig, damit sie sturmfest und wasserdicht ist? Ab wann wärmt sie mich, auch wenn ich keinen Schlafsack habe? Welche Materialien kann ich zum Bau verwenden? Welche Typen von Notunterkünften gibt es und wann ist welcher Typ sinnvoll?

Dies ist also nicht nur ein spannendes Abenteuer, sondern zugleich auch eine sehr gute Vorbereitung auf mögliche Ernstfälle und auf noch größere Abenteuer, bei denen Sie unter Umständen ebenfalls einen schützenden Schlafplatz brauchen werden. Mikroabenteuer wie dieses hier haben mir sehr gut geholfen, meinen inneren MacGyver zu entwickeln und von einem dressierten Bürohengst immer mehr zu einem Survival-Experten und Lebensabenteurer zu werden.

Wir möchten Ihnen hier nun einige Grundkenntnisse für den Bau einer Notunterkunft vermitteln und Ihnen die drei wichtigsten Bauarten mit ihren Vor- und Nachteilen vorstellen. Die Anleitung dient dabei bewusst als Orientierung. Sie erhebt keinen Anspruch darauf, vollständig oder der einzige bzw. beste Weg zu sein. Im Gegenteil: Probieren Sie sich selbst aus und experimentieren Sie so gut wie möglich mit unserer Anleitung herum. Die Bedingungen werden immer unterschiedlich sein und je mehr Erfahrungen Sie selbst sammeln, desto besser wissen Sie am Ende, worauf es wirklich ankommt.

Wichtig: Bevor Sie dieses Mikroabenteuer umsetzen, sollten Sie einen Privatwaldbesitzer um Erlaubnis fragen, ob Sie eine Schutzhütte für eine Nacht in seinem Wald bauen dürfen, die Sie anschließend wieder demontieren. Falls Sie gute Beziehungen zum Waldbesitzer haben, können Sie die Hütte vielleicht sogar stehen lassen und häufiger nutzen.

SCHRITT 1: EINEN STANDPLATZ FINDEN, AN DEM MAN DIE NOTUNTERKUNFT AUFBAUEN KANN

Falls Sie einen Unterstand im Wald bauen wollen, müssen Sie zunächst checken, ob es sinnvoll ist, an diesem Platz eine Schutzhütte zu errichten. Folgende Fragen sollten Sie sich stellen:

- Gibt es genügend Laub für eine Laubhütte oder einen Laubschlafsack? Wenn nicht, gibt es anderes Baumaterial, das sich für die Notunterkunft eignen würde?
- Befinde ich mich direkt am Wasser? Wenn ja, kann der Ort riskant sein, denn Flüsse können anschwellen und Ihre Hütte überschwem-

men. Sie sollten immer einen Ort auswählen, der mindestens 50 Meter von einem Gewässer entfernt ist.

◊ Ist der Platz, den ich ausgesucht habe, trocken? Feuchte Wiesen und Moore sollten Sie nach Möglichkeit meiden.
◊ Ist der Platz leicht erhöht, sodass sich kein Wasser um meine Notunterkunft herum ansammeln kann?
◊ Befinden sich in unmittelbarer Nähe tote Bäume oder Bäume mit toten Ästen in der Krone, die umstürzen oder herunterfallen könnten?

Wählen Sie einen geschützten Standort für den Bau Ihrer Notunterkunft. Nutzen Sie nach Möglichkeit Bereiche mit natürlichen Windbrechern. Achten Sie darauf, dass sich keine losen Äste über Ihrer Hütte befinden, wenn Sie Ihre Notunterkunft unter einem Baum bauen. Vielleicht gelingt es Ihnen ja auch, natürliche Gegebenheiten zu finden wie Felsen, große umgestürzte Baumstämme, Erdwälle oder Ähnliches, die Ihnen bereits Schutz bieten und die Sie in Ihren Bau einbeziehen können.

Bauen Sie Ihre Schutzhütte an einem Ort, an dem Sie alle benötigten Materialien in unmittelbarer Nähe haben. So müssen Sie nicht alles über weite Strecken transportieren.

SCHRITT 2: NOTUNTERKUNFT PLANEN

Einmal aufgebaut, hält Sie die Schutzhütte warm und trocken. Zudem kommt sie monatelang ohne Wartung aus. Der Bau einer Notunterkunft erfordert jedoch viel Energie und Zeit. Daher müssen Sie vorausschauend planen, wenn Sie diese Art von Unterschlupf nutzen wollen. Beginnen Sie also nicht erst mit dem Bau, wenn es schon dunkel wird. Bauen Sie in diesem Fall lieber einen Laubschlafsack, den Sie dann am nächsten Tag zu einer Laubhütte ausbauen können.

Zunächst einmal sollten Sie sich ein paar grundlegende Gedanken zu Ihrem Bauvorhaben machen:

- Welche Art von Notunterkunft ist für diesen Platz und diese Situation am geeignetsten?
- Wie groß oder klein sollte meine Schutzhütte sein?
- Wie sollte ich die Schutzhütte ausrichten, um möglichst viel Schutz und Komfort zu erhalten?

Hier sind ein paar Informationen und Faustregeln dazu, an denen Sie sich orientieren können:

Eine Survival-Schutzunterkunft sollte wenig Raum und vor allem nur eine geringe Höhe haben. Der Grund ist einfach: Je kleiner der Raum, desto leichter erwärmt er sich und desto weniger Energie verbrauchen Sie. Dies ist auch der Grund, warum sich Tiere in aller Regel keine Paläste, sondern Höhlen und Nester bauen, die kaum größer sind als sie selbst.

Richten Sie Ihre Notunterkunft stets so aus, dass der Eingang immer von der Hauptwindrichtung abgewandt ist. Wenn es aufgrund der Windrichtung möglich ist, ist es zudem angenehm, die Tür der Survival-Notunterkunft in Richtung Osten zeigen zu lassen, sodass Sie die ersten Sonnenstrahlen am Morgen abbekommen. Achten Sie außerdem darauf, dass das Fußende nicht höher liegt als das Kopfende. Denn es gibt kaum etwas Unangenehmeres, als die ganze Nacht mit dem Kopf nach unten zu liegen.

Was die Art der Schutzhütte anbelangt, gibt es keine pauschale Regel, welche die beste ist. Dies ist stets von der Situation und der Zeit abhängig, die man zum Bau zur Verfügung hat. Es gibt jedoch drei unterschiedliche Arten, die wir als besonders nützlich empfunden haben. Wenn Sie diese drei kennen, kommen Sie zumindest in Mitteleuropa nahezu in jeder Situation gut zurecht.

DER LAUBSCHLAFSACK

Der Laubschlafsack ist die einfachste und schnellste Form der Notunterkunft. Er ist im Grunde nicht mehr als ein großer Haufen Laub, in den Sie sich hineingraben, um darunter liegen zu können.

Vorteile: Er lässt sich am schnellsten und leichtesten errichten und kann auch dann noch gebaut werden, wenn es bereits spät am Tag ist und man eine Laubhütte oder ein Lean-to nicht mehr fertigstellen könnte. Zudem ist der Laubschlafsack sehr unauffällig und kann auch problemlos in Wäldern errichtet werden, in denen man sich zwar nachts aufhalten darf, in denen man aber keine Erlaubnis zur Errichtung einer Schutzunterkunft hat. Denn rein faktisch wird nichts gebaut, sondern lediglich ein wenig umdekoriert.

Nachteile: Er ist die am wenigsten effektive Methode und schützt nur bedingt vor Nässe, Wind und Kälte.

Geeignete Situationen: Einen Laubschlafsack können Sie vor allem dann nutzen, wenn Sie sich vor gemäßigter Kälte und leichtem Regen schützen wollen, oder wenn Sie merken, dass die Zeit bis zur Dunkelheit für die anderen beiden Varianten nicht mehr ausreicht. Außerdem eignet sich ein Laubschlafsack für Touren, bei denen man täglich an einer anderen Stelle übernachtet.

Zeitaufwand: Sie brauchen mindestens eine Stunde Zeit für einen Laubschlafsack.

DIE LAUBHÜTTE

Eine Laubhütte sieht wie ein Zelt aus Laub aus und ist im Grunde auch nichts anderes. Sie besteht aus einem Gerüst aus Stangen (in der Regel möglichst gerade, robuste Äste) und einem Deckmantel (in der Regel eine dicke Schicht Laub).

Vorteile: Es handelt sich um eine echte, vollwertige Schutzbehausung, in der man sogar bei Minustemperaturen ohne Schlafsack nächtigen kann. Zudem ist die Laubhütte wasser- und winddicht. Vorausgesetzt natürlich, sie wurde richtig gebaut und man hat ausreichend Material verwendet. Andernfalls wird es hineinregnen und hindurchpfeifen wie bei einem Haus ohne Fenster.

Nachteile: Der Bau einer Laubhütte ist anstrengend und zeitaufwändig und man braucht eine Menge Material. Wenn man die Laubhütte so baut, dass sie einen wärmen kann, kann sie einem mitunter auch ein sehr beengtes Gefühl vermitteln. Daher ist sie nichts für Menschen mit Platzangst.

Geeignete Situationen: Eine Laubhütte sollte immer dann gebaut werden, wenn man eine harte, kalte und/oder nasse Nacht zu erwarten hat und es sonst keine Schutzmöglichkeiten gibt. Sie ist besonders dann hilfreich, wenn man kein Feuer machen kann. Denn sie schützt auch ohne Feuer sogar bei Minustemperaturen ausreichend, um einen Wärmeerhalt zu ermöglichen. Dazu muss die Laubhütte allerdings gut gebaut sein. Deshalb bietet sie sich vor allem dann an, wenn man mehrere Nächte an einem Ort schlafen will und dadurch die Möglichkeit hat, die Hütte stetig zu verbessern.

Zeitaufwand: Sie brauchen mindestens vier Stunden Zeit für den Bau einer Laubhütte.

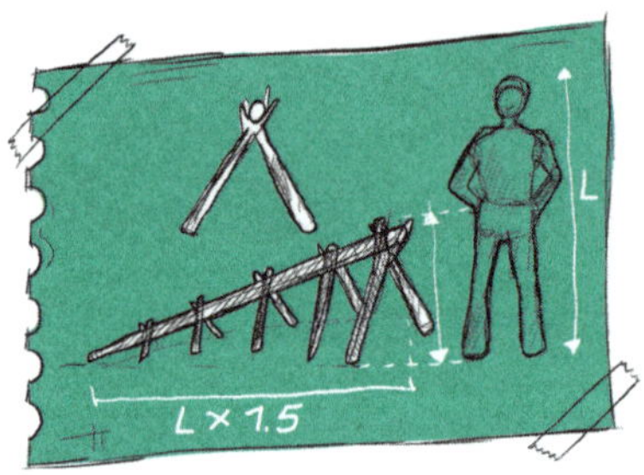

DAS LEAN-TO

Ein Lean-to ist ein Schrägdach, das Sie aus Ästen und einem First errichten und mit einer dicken Schicht Laub gegen Nässe abdichten. Es bietet nur Schutz von einer Seite und kann daher nur wärmen, wenn man vor der offenen Seite ein Lagerfeuer entfacht.

Vorteile: Man kann ein Lean-to mit mehreren Personen nutzen. Außerdem bietet es nicht nur beim Schlafen Schutz, sondern auch bei anderen Aktivitäten.

Nachteile: Ein Lean-to bietet nur Schutz gegen Wind und Regen und kann zudem die Wärme eines Feuers reflektieren. Ohne Feuer ermöglicht es aber keinen Wärmeerhalt.

Geeignete Situationen: Ein Lean-to eignet sich vor allem dann, wenn man die Nacht über ohnehin ein Lagerfeuer am Leben erhalten will, das einen vor Kälte und Mücken schützt. In diesem Fall verhindert das Lean-to, dass man auf der dem Feuer abgewandten Seite zu sehr auskühlt. Zudem hält es Wind und Regen ab.

Zeitaufwand: Sie brauchen mindestens zwei Stunden Zeit, um ein kleines Schrägdach /Lean-to aus Naturmaterialien zu bauen. Wenn es auch bei starkem Regen wasserdicht sein soll, dauert der Bau sogar deutlich länger.

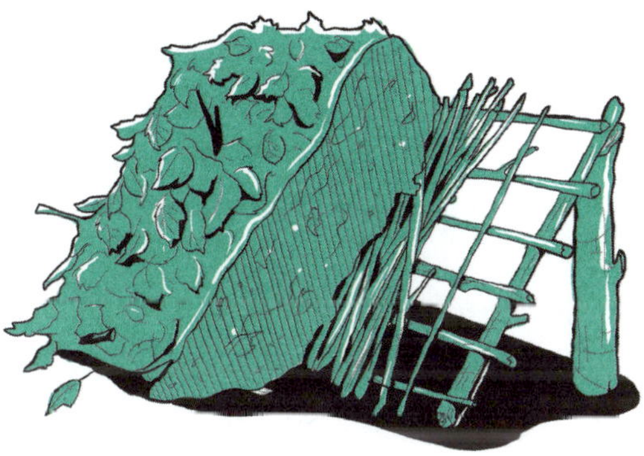

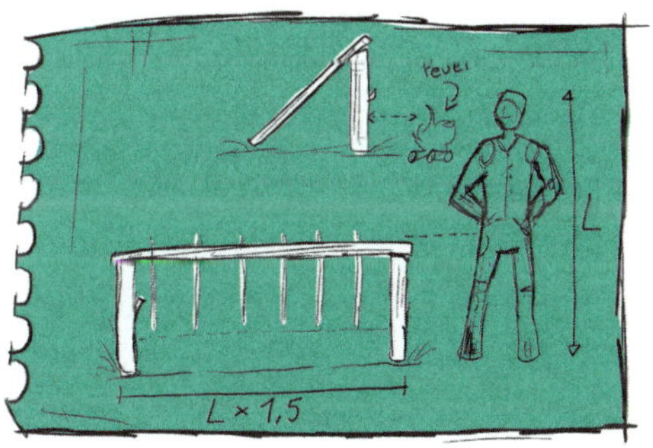

SCHRITT 3: NOTUNTERKUNFT BAUEN

Wenn Sie nun beschlossen haben, welche Art der Schutzhütte sie wo errichten wollen, können Sie mit dem Bau beginnen. Hier sind jeweils die Anleitungen für den Bau der drei oben genannten Notunterkünfte.

WIE BAUE ICH EINEN LAUBSCHLAFSACK?

Wenn Sie einen Laubschlafsack bauen wollen, müssen Sie zunächst einen großen Laubhaufen zusammensuchen. Er sollte folgende Eigenschaften haben:

- Der Laubhaufen muss eineinhalbmal so lang sein wie Sie selbst.
- Der Laubhaufen muss mindestens zweimal so breit sein wie Sie.
- Der Laubhaufen muss mindestens eineinhalb Meter hoch sein.

Sobald Sie den Laubhaufen auf diese Größe gebracht haben, teilen Sie ihn in der Mitte. Dabei soll eine Rinne im Haufen entstehen, in die Sie sich später hineinlegen können. Die Rinne muss so lang sein wie Ihre Körpergröße ist. Perfekt ist es zudem, wenn Sie die Rinne im Fußbereich etwas tiefer machen. Dann sind Ihre Füße noch besser gegen die Kälte geschützt. Wichtig ist, dass am Fuß- und Kopfende noch genügend Laub ist, sodass hier keine Kältebrücke entstehen kann. Bedenken Sie auch, dass Sie sich bewegen und beim Einsteigen in den Laubschlafsack die Blätter auseinandertreiben werden. Ist Ihr Laubhaufen zu kurz, wird dadurch der gleiche Effekt entstehen, den Sie haben, wenn Sie versuchen, sich mit einer zu kurzen Decke zuzudecken.

Wenn die Rinne Ihrer Körpergröße entspricht, steigen Sie hinein und setzen sich hin. Mit aufrechtem Oberkörper beginnen Sie nun von den Füßen an, sich so dick wie möglich mit Laub zu bedecken. Wichtig ist, dass Sie mindestens 50 bis 70 Zentimeter Laub über Ihrem Körper brauchen, damit der Schlafsack auch bei Minusgraden funktionieren kann. Je kälter es wird, desto dicker sollte auch die Isolierungsschicht sein. Auch zum Boden hin sollten Sie auf einer mindestens 50 Zentimeter dicken Laubschicht liegen. Wenn Ihre Beine bis zur Hüfte mit Laub bedeckt sind, legen Sie sich ganz hin und graben Sie auch Ihren Oberkörper ein. Eine Notunterkunft zu bauen, ist wahrlich nicht schwer. Trotzdem muss man wissen, wie es geht. Sehr zu empfehlen ist ein dünnes Halstuch, das man sich über das Gesicht legen kann, sodass beim Zudecken mit Laub, keine Brösel in die Augen, Ohren sowie in die Nase kommen. Wenn Ihr Oberkörper vollkommen bedeckt und auch der Kopf im Laub gebettet ist, graben Sie Ihre Hände in zwei kleine Tunnel rechts und links neben dem Körper ein. Ruckeln Sie so lange, bis die Hände und Arme vollkommen mit Laub bedeckt sind.

Sollte das Laub feucht oder regennass sein, ist es im ersten Moment oft sehr unangenehm. Denn der Schlafsack fühlt sich feucht an. Doch mit der Zeit trocknet der Körper das Laub und die Temperatur im Schlafsack wird immer angenehmer. Je weniger Sie sich bewegen, desto eher entsteht ein Schutzfilm um Ihren Körper, sodass Sie die Körperwärme besser halten können.

WIE BAUE ICH EINE LAUBHÜTTE?

Eine Laubhütte besteht letztlich aus einem Laubschlafsack mit einem Rahmen aus Ästen und Stöcken, der mit sehr dicken Schichten aus Blättern und anderen natürlichen Materialien bedeckt wird, um die Isolierung zu gewährleisten. Hier ist eine Schritt-für-Schritt-Anleitung zur Erstellung einer Laubhütte:

Schritt 1

Der erste Schritt besteht darin, die Grundstruktur aus zwei Ästen zu erstellen, um einen A-Rahmen zu bilden. Verbinden Sie die beiden Äste, die den A-Rahmen bilden, dort, wo diese sich kreuzen. Nutzen Sie dazu Paracord oder eine frische dünne Fichtenwurzel, die Sie zuvor aus dem Boden ausgegraben haben. Fügen Sie einen dritten, längeren Ast hinzu, um eine Firststange zu bilden. Die Firststange muss so lang sein, dass Sie mit aufrechten Füßen und mit Schuhen locker unter dem First liegen können. Liegen Sie Probe. So können Sie kontrollieren, ob der First lang genug ist.

Die gekreuzte Stelle des A-Rahmens sollte sich etwas unterhalb Ihrer Hüfthöhe befinden.

Die Firststange ruht auf dem A-Rahmen. Sie kann mit Paracord oder Fichtenwurzeln am A-Rahmen festgezurrt werden. Legen Sie die Firststange am unteren Ende auf einen Stein. Dadurch entsteht am unteren Ende der Laubhütte etwas mehr Höhe im Inneren, sodass Ihre Füße mehr Platz haben. Der Eingang zur Laubhütte befindet sich zwischen den beiden Pfosten des A-Rahmens. Achten Sie darauf, dass die Öffnung weder zu klein noch zu groß ist. Wenn die Öffnung zu klein ist, passen Sie nicht durch. Und wenn sie zu groß ist, kann unnötig viel Wärme entweichen.

Wichtig: Falls Sie mit Totholz arbeiten, müssen Sie darauf achten, dass die drei Äste bzw. dünnen Stämme, die Sie für den A-Rahmen und den First verwenden, wirklich stabil sind. Wenn Sie bei der weiteren Dachkonstruktion hin und wieder einen morschen Ast erwischen, ist das nicht so schlimm. Verwenden Sie hingegen schlechtes Material beim Grundgerüst, kann es passieren, dass die ganze Hütte unter der Last des Laubes zusammenbricht.

Schritt 2

Als Nächstes fügen Sie die Isolierung hinzu, die sich im Inneren des Laubhäuschens befinden wird. Sammeln Sie möglichst saubere, trockene Blätter und füllen Sie den Innenraum des von Ihnen gebauten Rahmens damit. Wenn Sie mit dem Bau der Laubhütte fertig sind und hineinklettern, schieben Sie einen Teil der Isolierung nach unten und einen Teil nach oben. Achten Sie darauf, dass in der Mitte des Isoliermaterials ein Loch entsteht, das gerade groß genug für Sie ist. Die getrockneten Blätter schließen kleine Lufttaschen ein, die als guter Isolator wirken und die Wärme im Inneren der Laubhütte halten.

Wenn das Wetter warm ist und Sie einen Unterschlupf ohne innere Isolierung bauen wollen, können Sie diesen Schritt überspringen. Die Schutzhütte bietet dann immer noch einen trockenen Schlafplatz. Zudem können Sie jederzeit eine Isomatte und einen Schlafsack in Ihrer Laubhütte verwenden, sodass es Ihnen nachts nicht zu kalt wird.

Schritt 3

Nach dem Einbringen der Innendämmung muss der Rahmen durch weitere Äste verstärkt werden, damit er die Außendämmung tragen kann. Fügen Sie auf beiden Seiten des Firstpfostens kleinere Äste hinzu, die in Ihrem Winkel zum A-Rahmen passen. Befestigen Sie jeden zehnten Ast mit Paracord oder Fichtenwurzeln an der Firststange, um die Notunterkunft langlebiger zu gestalten. Wenn die Äste kleine Seitenäste haben, lassen Sie sie dran. Kreuzen Sie diese über andere Äste, da dies ein wenig mehr Halt bietet, um die Isolierung darauf zu befestigen.

Wichtig: Die Äste Ihrer Dachkonstruktion sollten nur wenige Zentimeter über den Dachfirst hinausragen. Ansonsten werden sich später Wassertropfen daran sammeln, die automatisch ins Innere Ihrer Laubhütte weitergeleitet werden.

Schritt 4

Sobald der Rahmen fertig ist, fügen Sie die äußeren Dämmschichten hinzu. Verwenden Sie trockene Blätter, trockene Tannennadeln und andere leichte, trockene Abfälle, die Sie finden. Je dicker die äußeren Dämmschichten sind, desto wärmer wird es im Inneren der Hütte und desto besser sind Sie vor Regen geschützt. Die Isolierung sollte mindestens einen halben bis eineinhalb Meter dick sein. Wenn Sie das geschafft haben, fügen Sie eine weitere Lage Äste hinzu. Dadurch verhindern Sie, dass die Isolierung weggeweht werden kann.

Wichtige Punkte im Überblick

- Der A-Rahmen soll etwas niedriger als Ihre eigene Hüfthöhe sein.
- Der First soll einen Meter länger sein als Sie.
- Der Innenraum sollte mit trockenem Laub ausgestopft werden. Pressen Sie das Laub öfter zusammen, sodass später beim Hineinlegen keine größeren Hohlräume entstehen.
- Legen Sie vor der Eingangstür Laub bereit. Dann können Sie jederzeit ganz einfach nachstopfen, falls sich zu wenig Laub im Innenraum befindet.
- Die am First angelehnten Äste sollten diesen nicht mehr als 10 Zentimeter überragen. Ansonsten kann Regenwasser, das durch die äußersten Laubschichten sickert, direkt an den Astüberständen ins Innere der Laubhütte geleitet werden.
- Nutzen Sie eine zusätzliche Jacke, Plane oder frischen Fichtenreisig, um sich damit eine Tür zu bauen, sodass Sie die Öffnung Ihrer Laubhütte von innen verschließen und sich so vor Wind schützen können.

◊ Regendichtigkeit der Laubhütte entsteht in der Regel ab einer Laubdicke von 70 Zentimetern, wenn das Laub leicht angepresst wurde. Bei unter 0 Grad Außentemperatur sollten Sie mindestens einen Meter Laubisolierung auftragen. Sobald die Temperatur minus 10 Grad oder weniger beträgt, sollten Sie mindestens 1,80 Meter Isolierung haben.

Faustregel: Erst Innenraum befüllen, dann das Dach decken. Allein wenn Sie diesen Leitsatz befolgen, können Sie sehr viel Zeit sparen. Denn es ist um einiges schwerer und aufwendiger, eine fertige Laubhütte auszustopfen, als einen Laubhaufen unter einem aufgestellten First aufzuhäufen.

Tipps: Bevor Sie in die Laubhütte einziehen, sollten Sie nochmal pinkeln gehen. Denn der Einzug kann bei einer stramm gestopften Laubhütte sehr viel Zeit in Anspruch nehmen. Sie müssen sich wie eine Made in den Speck bohren – und das kann dauern. Wenn es sehr kalt ist, sollten Sie eine Tür aus dichten, mit Laub oder Nadeln überzogenen Ästen bauen. Verzurren Sie anschließend die Türkonstruktion mit Fichtenwurzeln. Wenn Sie keine Zeit für den Bau einer Tür aus Ästen haben, können Sie auch ein T-Shirt oder ein anderes Kleidungsstück, das Sie nicht benötigen, mit Laub füllen und als Türstopfen nutzen. Vor allem, wenn es sehr windig ist oder der Regen peitscht, sollten Sie unbedingt eine Tür für Ihre Laubhütte haben.

Schritt 5

Die Laubhütte beziehen. Bevor Sie in die Laubhütte einsteigen, sollten Sie die Tür neben den Eingang legen, sodass Sie diese leicht erreichen. Mit einer Laubhütte, die proppenvoll gestopft ist und eine Dachisolierung von zwei Metern und eine T-Shirt-Tür hat, kann man auch bitterkalte Nächte mit Temperaturen um minus 20 Grad überstehen. Ich selbst durfte dieses Experiment bei minus 22 Grad ausprobieren. Natürlich habe ich kein Auge zugetan. Dennoch war ich stolz darauf, solch ein grandioses Abenteuer überlebt zu haben. Beginnen Sie am Anfang aber bitte mit milderen, gemäßigteren Nächten.

Ich habe damals in voller Kleidungsmontur in meiner Laubhütte übernachtet. Meine Schuhe habe ich aufgeschnürt, aber nicht ausgezogen. So war es möglich, dass das Blut frei zirkulieren und ich gleichzeitig die zusätzliche Wärme der Schuhe nutzen konnte. Bei mir ist es so, dass ich immer zuerst an den Füßen friere. Deswegen waren mir möglichst warme Füße bei diesem Mikroabenteuer besonders wichtig. Ansonsten hätte ich große Angst gehabt, Erfrierungen an den Zehen zu erleiden.

Normalerweise schnürt man die Schuhe zu. So verhindert man, dass man die Schuhe beim Herausklettern aus der Hütte irgendwo im Laub verliert. Das Beste, was man machen kann? Die Kleidung so kompakt wie möglich um sich schlingen. Die Socken werden über die Hose gezogen, damit kein Laub eindringen kann. Zudem wird der Pullover in die Hose gesteckt, sodass auch hier kein Laub den Weg zum Körper finden kann. Es ist nämlich extrem nervig, wenn beim Hineinkriechen in die Laubhütte der Pullover und die Jacke nach oben rutschen und sich ein großer Ball Laub unter dem Pullover bildet. Wenn Sie alles gut verschlossen haben, sodass kein Laub eindringen kann, setzen Sie sich vor die Laubhütte und machen Sie sich bereit. Kontrollieren Sie sicherheitshalber noch einmal, wie es um Ihren Kragen steht. Kann hier das kratzige Laub leicht eindringen? Nein! Dann graben Sie sich mit den Füßen voran in die Laubhütte. Achten Sie darauf, dass Sie sich so in das Laub bohren, dass eine gute Isolationsschicht unter Ihrem Rücken liegt, aber auch noch genügend Isolationsmaterial über Ihrem Bauch ist.

Wichtig für mich war immer, mich langsam in die Laubhütte zu graben. Wer sich zu sehr verausgabt, schwitzt schnell. Vor allem darf man nicht klaustrophobisch veranlagt sein. Also lassen Sie sich Zeit, es drängt nichts. Je besser die Notunterkunft gebaut ist, desto mehr hat man das Gefühl, dass man einen Tunnel mit den Füßen ins Laub bohren muss. Der Einstieg in eine professionelle Schutzhütte aus Laub kann bis zu einer halben Stunde dauern. Wer sich im Winter zum Schlafen legen will, sollte sich also sehr sicher sein, dass er in dieser Nacht nicht mehr pinkeln muss. Wenn man sich ganz eingegraben hat, kann man mit den Händen aus dem Laub ein Kopfkissen formen. Anschließend zieht man noch die Eingangstüre zu und verankert sie. Wenn ich in einer Laubhütte schlafe, decke ich mein Gesicht mit einem Tuch ab. Das ist mir besonders wichtig. Denn es fällt immer wieder etwas Material von der Decke. Da Staubpartikel in den Augen sehr wehtun können, habe ich mir angewöhnt, ein leichtes Halstuch über mein Gesicht zu legen.

Die längste Zeit, die ich an einem Stück in einer Laubhütte geschlafen habe, war ein Monat. Es war Herbst und die Nächte waren noch relativ mild. Schon bald hatte ich mich so sehr an die Schlafsituation gewöhnt, dass ich nach der dritten Nacht vollständig durchschlafen konnte. Es ist wie mit allem, oft ist es einfach nur eine Frage der Gewohnheit.

Tipp: Wenn Ihnen das Schlafen im Laub am Anfang noch zu viel ist, können Sie auch zunächst die Innenisolation weglassen und stattdessen eine Isomatte und einen leichten, aber robusten Kunstfaserschlafsack hineinlegen. Wichtig ist, dass Sie keinen Daunenschlafsack verwenden, da er wahrscheinlich feucht werden wird. Und das mögen Daunenschlafsäcke gar nicht.

WIE BAUE ICH EIN LEAN-TO?

Ein Lean-to ist ein Schrägdach, das einen gegen Wind und Regen schützt. Am stabilsten wird es, wenn man es zwischen zwei Bäumen errichtet und diese als Grundpfeiler nutzt. Die Bäume sollten so stehen, dass Ihr Dach gegen die Windrichtung zeigt. Ihr Abstand sollte so groß sein, dass Sie zwischen ihnen liegen können. Achten Sie auch darauf, dass der Abstand zwischen den Bäumen nicht zu groß ist, da Sie sich sonst nur unnötig viel Arbeit machen müssen.

Schritt 1

Suchen Sie sich einen Dachfirst. Dieser muss beim Lean-to sehr stabil sein, da er eine hohe, einseitige Belastung aushalten muss. Wählen Sie am besten eine junge, tote, aber noch stehende Fichte aus, die Sie umdrücken können. Der Durchmesser sollte mindestens 10 bis 15 Zentimeter betragen. Wenn Sie Ihren First haben, müssen Sie diesen etwa auf Hüfthöhe an den Bäumen befestigen, sodass er sicher und stabil hält. Er sollte so hoch sein, dass Sie bequem aufrecht darunter sitzen können, ohne sich den Kopf zu stoßen, aber auch nicht viel höher. Befestigen können Sie den First mit Paracord oder dicken, stabilen Fichtenwurzeln. Zusätzlich sollten Sie an den Seiten noch Stützpfeiler in Form von stabilen Ästen unter den First klemmen. Am besten funktioniert dies, wenn die Äste im oberen Bereich eine Astgabel haben, sodass man sie mit dem First und dem Baum verkeilen kann.

Schritt 2

Als Nächstes brauchen Sie viele möglichst gerade Äste oder dünne Stämme, die lang genug sind, um sie im 45-Grad-Winkel an den First anzulehnen. Ähnlich wie bei der Laubhütte sollten diese auch hier nicht zu weit über den First hinausragen, um keine ungewollte Regenwasserleitung ins Innere des Lean-tos zu werden. Stellen Sie die Äste möglichst dicht zusammen, sodass diese bereits wie ein dichtes Dach aussehen.

Schritt 3

Wie bei der Laubhütte bedecken Sie nun die Dachkonstruktion mit mehreren dicken Laubschichten. Um das Dach wasserdicht zu bekommen, müssen die Laubschichten mindestens einen Meter dick sein. Das ist eine Menge Laub! Wenn es nur darum geht, Wind abzuhalten und die Wärme des Feuers zu reflektieren, müssen die Laubschichten hingegen nicht ganz so dick sein.

Schritt 4

Richten Sie Ihr Lean-to jetzt auch innen ein, indem Sie beispielsweise eine Matratze aus Laub und frischen Fichtenzweigen bauen, die Sie vor der Kälte von unten schützen. Bauen Sie zudem eine sichere Feuerstelle direkt in die Mitte vor das Lean-to. Sammeln Sie genug Holz, um das Feuer die ganze Nacht über am Leben halten zu können. Ein Lean-to hat an sich keine wärmende Funktion. Außer in sehr lauen Sommernächten oder wenn Sie einen Schlafsack dabeihaben, benötigen Sie das Feuer die ganze Nacht über, um sich warmhalten zu können.

Tipp: Wenn Ihnen das Errichten einer Schutzunterkunft Spaß macht und der Waldbesitzer nichts dagegen hat, können Sie das Lean-to sogar zu einem echten Wildnishaus ausbauen. Bringen Sie dafür einen weiteren First an den beiden Bäumen an – jedoch so, dass er sich etwa 30 Zentimeter über der Oberkannte der Laubschicht auf dem ersten Dach befindet. Bauen Sie anschließend noch ein weiteres Lean-to auf, nur in die entgegengesetzte Richtung. Dann haben Sie zwei Dächer, zwischen denen sich eine schmale Lücke befindet, die als Kamin bzw. Rauchabzug für Ihre Feuerstelle dient. Am Ende können Sie noch die beiden Seiten abdichten, indem Sie auch hier Äste anlegen und mit Laub bedecken. Lassen Sie nur einen kleinen Eingang offen, durch den Sie in das Innere des Hauses krabbeln können. Ein solches Wildnishaus ist ein aufwendiges Mehrtagesprojekt. Aber wenn es fertig ist, haben Sie eine Notunterkunft, in der Sie von allen Seiten geschützt sind und die Sie bereits mit einem kleinen Feuer auf eine angenehme Raumtemperatur erwärmen können.

48. WANDERN IN EINER KLAMM

Outdoor

Schwierigkeitslevel: mittel

Dauer: 1 Tag

Kosten: Anfahrtskosten und Proviant

Ort: in einer Klamm in den Bergen

Ausrüstung: Sie sollten knöchelhohe Wanderschuhe tragen, da viele Wege, Treppen und Bohlen sehr rutschig sind. Daher sollten Sie sehr trittfest sein und über eine gute körperliche Konstitution verfügen. Dem Wetter angepasst, benötigen Sie wasserfeste Kleidung und eine Regenjacke, da die Gischt einen ordentlich durchnässen kann. In der Regel braucht man keine Seilsicherung. Informieren Sie sich jedoch im Vorfeld, sodass Sie genau wissen, ob eine zusätzliche Sicherung notwendig ist. Im Sommer sollten Sie zudem Badekleidung mitnehmen, da es oft die Möglichkeit gibt, auch ins Wasser zu gehen. Ansonsten benötigen Sie eine Ausrüstung wie für jede andere größere Wanderung auch.

Gut zu wissen!

Die meisten Klammen, die Sie in Europa bewandern können, sind in der Regel gut ausgebaut und gesichert. Dennoch birgt eine Klamm immer einige Gefahren. Sie folgen hier einem Wildwasserfluss durch eine enge Schlucht. Das bedeutet, dass es zum Teil nass, glatt, steil, kalt und vor allem auch sehr laut werden kann. Wenn Ihnen lärmende Wassermassen unangenehm sind, sollten Sie sich einen Gehörschutz mitnehmen. Achten Sie zudem immer auf das Wetter und begehen Sie niemals eine Klamm, wenn es eine Unwetterwarnung gibt. Starke Regenmassen können den Fluss oder Bach in der Klamm binnen Minuten so stark anschwellen lassen, dass es lebensgefährlich wird. Achten Sie daher immer auf mögliche Warnungen der Klammbetreiber oder der örtlichen Bergvereine.

Besonders schön ist eine Klamm natürlich in einem Hochgebirge, wo das Wasser zwischen schroffen Felsen mächtig in die Tiefe rauschen kann. Es gibt aber auch sehr schöne Klammen in Mittelgebirgen, sodass Sie mit ein wenig Internetrecherche immer auch in Ihrer Nähe eine Klamm finden werden, egal, wo in Deutschland Sie wohnen. So gibt es beispielsweise das spektakuläre Bodetal im Harz, die Ehrbachklamm im Hunsrück, die Teufelsschlucht in der Eifel oder die Kirnitzschklamm in der Sächsischen Schweiz, die allesamt definitiv einen Besuch wert sind und locker mit ihren Konkurrenten in den Alpen mithalten können.

In Österreich oder in der Schweiz haben Sie ohnehin ausreichend Berge und damit auch ausreichend Klammen um sich herum.

DIE 25 SCHÖNSTEN KLAMMEN IN DEUTSCHLAND, ÖSTERREICH UND DER SCHWEIZ

Um Sie bei der Wahl des nächsten Ziels für eine Klammwanderung ein wenig zu inspirieren, haben wir Ihnen hier einmal eine Auswahl von den Klammen zusammengestellt, die uns persönlich am besten gefallen haben.

IN BAYERN/BERCHTESGADENER ALPEN:

- Almbachklamm
- Aschauer Klamm
- Wimbachklamm
- Partnachklamm

IN TIROL:

- Leutaschklamm
- Wolfsklamm
- Tiefenbachklamm
- Kaiserklamm
- Kundler Klamm

IM SALZBURGER LAND:

- Krimmler Wasserfälle
- Liechtensteinklamm
- Kitzlochklamm
- Sigmund Thun Klamm
- Vorderkaserklamm

IN VORARLBERG:

- Bürser Schlucht im Brandnertal
- Rappenlochschlucht
- Breitachklamm

IM ALLGÄU:

- ◊ Breitachklamm
- ◊ Eistobel
- ◊ Starzlachklamm

IN SÜDTIROL/IM TRENTINO:

- ◊ Bletterbachschlucht
- ◊ Gilfenklamm

IN DER SCHWEIZ:

- ◊ Taminaschlucht
- ◊ Viamala-Schlucht
- ◊ Aareschlucht

Falls Sie Lust auf einen spannenden Kurztrip haben, ist das Wandern in einer Klamm im Winter, aber auch zu jeder anderen Jahreszeit etwas ganz Besonderes. In Deutschland finden Sie einige schöne Schluchten, die durch eindrucksvolle Wanderwege zu begehen sind. Steile Felswände ragen in die Höhe, während das Wasser neben Ihnen ins Tal schießt. Im Winter sieht man zugefrorene Wasserfälle und alles ist in tiefes Weiß gehüllt. Tosende Wassermassen drängen sich durch einen schmalen Spalt und wollen ins Tal stürzen. Sogar die Gischt spritzt Ihnen an einigen Stellen ins Gesicht und Sie können die unglaubliche Kraft des Wassers spüren. Wer solch ein spektakuläres Naturerlebnis erleben möchte, sollte sich die Klamm-Challenge genau ansehen.

DIE KLAMM-CHALLENGE: KLAMMWANDERN ZUM STAUNEN

Suchen Sie sich für die Klamm-Challenge ein Gebiet, in dem es gleich mehrere Klammen gibt, die dicht beieinander liegen, und verbinden Sie diese zu einer Klamm-Tour. Als Region bieten sich dafür besonders die nördlichen Alpen an, denn hier ist die Klamm-Dichte besonders hoch. Je nach Sportlichkeitsgrad und Entfernungen zwischen den einzelnen Klammen, können Sie diese mit einer Wanderung, einer Fahrradtour oder einem Roadtrip verbinden. Nutzen Sie beispielsweise ein (verlängertes) Wochenende für Ihre Klammtour und planen Sie Ihre Route so, dass Sie so viele Klammen wie möglich darin unterbringen. Erkundigen Sie sich auch vor Ort, ob es in der Nähe vielleicht weitere gibt, von denen Sie noch nichts gehört oder gelesen haben. Nicht selten findet man auf diese Weise noch die eine oder andere weitgehend unbekannte Klamm, die zwar vielleicht nicht so spektakulär ist, dafür aber einen ganz eigenen Reiz bietet.

- Partnachklamm in Garmisch-Partenkirchen
- Höllentalklamm in Grainau
- Breitachklamm in Oberstdorf
- Starzlachklamm in Burgberg/Sonthofen
- Almbachklamm in den Berchtesgadener Alpen
- Wimbachklamm in Ramsau

49. FEUER-HACKS LERNEN

Outdoor

Schwierigkeitslevel: leicht bis schwer

Dauer: 2 bis 6 Stunden

Kosten: Materialkosten

Ort: heimatnah

Ausrüstung: Abhängig von der Methode des Feuermachens und daher immer direkt bei den einzelnen Aufgaben beschrieben.

Gut zu wissen!

Halten Sie sich an die Gesetze und Vorschriften, die besagen, wo ein offenes Feuer gemacht werden darf und wo nicht. Beachten Sie zudem unbedingt alle Hinweise, die wir in diesem Kapitel zum sicheren Umgang mit Feuer geben.

Seit seiner Entdeckung übt das Feuer eine besondere Macht auf uns Menschen aus, finden Sie nicht auch? Es ist stets alles zugleich: ein Schöpfer, Erschaffer und Lebensbewahrer, aber auch ein Zerstörer. Die Möglichkeit, ein Feuer selbst zu entfachen und kontrolliert abbrennen zu lassen, hat jede Form der Zivilisation überhaupt erst möglich gemacht. Und noch heute basiert fast unsere gesamte Technik auf Feuer – sei es nun in Form einer Kerze, eines Verbrennungsmotors, eines Industrieschmelzofens oder eines Kohlekraftwerks. Doch so richtig nah spüren Sie die Bedeutung des Feuers vor allem dann, wenn Sie in der Natur unterwegs sind. Ein wahrlich tiefes und naturnahes Mikroabenteuer ist es daher, Feuer-Hacks zu erlernen.

Wenn Sie draußen unterwegs sind, kann es aus verschiedenen Gründen hilfreich, sinnvoll oder gar überlebenswichtig sein, ein Feuer zu entfachen. Vielleicht sind Sie auf einem Abenteuertrip, haben eine Forelle gefangen und wollen sie grillen. Vielleicht haben Sie ein romantisches Wochenende in der Natur geplant und wollen Ihre Liebste oder Ihren Liebsten mit einem knisternden Lagerfeuer unter dem Sternenhimmel überraschen. Oder Sie sind zufällig und unvorhergesehener Weise in die Wildnis geraten, haben sich verlaufen und brauchen eine Wärmequelle, um die herannahende Nacht zu überstehen. In jedem Fall ist es wichtig, dass Sie wissen, wie Sie ein Feuer effektiv und sicher entfachen können, ohne daran zu verzweifeln und ohne aus Versehen den ganzen Wald in Brand zu stecken. Denn der Umgang mit einem offenen Feuer ist bei Weitem nicht so ohne, wie allgemein angenommen wird. Wir verraten Ihnen nun die Tricks und Kniffe, die Sie für die Feuer-Challenge brauchen, damit im Ernstfall nichts schiefgehen kann.

SURVIVAL-CHALLENGE 1: ENTZÜNDEN SIE EIN LAGERFEUER MIT TORTILLA-CHIPS

Wenn Sie so schnell wie möglich ein Feuer entfachen müssen, aber kein Papier oder Feuerzeugbenzin zur Hand haben, verwenden Sie Tortilla-Chips aus Mais. Ja, Sie haben richtig gelesen, denn diese Chips sind brennbar und entzünden sich schnell. So haben Sie nicht nur immer etwas zum Knabbern dabei, sondern zugleich einen provisorischen Zunder, um schnell eine kleine Flamme zu entfachen.

SURVIVAL-CHALLENGE 2: ENTZÜNDEN SIE EIN LAGERFEUER MIT ALKOHOLTUPFERN

Ähnlich wie Tortilla-Chips sind auch Alkoholtupfer brandgefährlich. Seien Sie deshalb immer vorsichtig. Der Alkohol macht die Tupfer brennbar genug, um sie schnell zu entzünden. Zugleich hält die Flamme der Baumwolle lange genug, um ein dauerhaftes Feuer für Sie zu entfachen.

SURVIVAL-CHALLENGE 3: ENTZÜNDEN SIE EIN LAGERFEUER MIT EINER BATTERIE

Ein weiterer großartiger Survival-Hack zum Entzünden eines Lagerfeuers mit ungewöhnlichen Dingen ist die Verwendung einer Batterie und einiger kleiner Stücke Zinnfolie oder Draht. Indem Sie die beiden Batterie-Pole mit einem Streifen Zinnfolie (beispielsweise Lametta), Aluminiumfolie oder Aluminiumpapier (z. B. Kaugummipapier) verbinden, können Sie die Folie so sehr erhitzen, dass sie in Flammen aufgeht. Achtung: Die Aluminiumfolie müssen Sie dafür an einer Stelle so ausschneiden, dass der Streifen hier sehr dünn wird. Dadurch fließen die Elektronen hier schneller und erzeugen so die nötige Hitze. Grundsätzlich ist jede Batterie geeignet. Allerdings sollte die erzeugte Flamme groß genug sein, um Papier, dünne Rinde, Alkoholtupfer oder sogar Tortilla-Chips in Brand zu setzen.

SURVIVAL-CHALLENGE 4: ENTZÜNDEN SIE EIN LAGERFEUER MIT EINEM BLEISTIFT, EINEM STARTHILFEKABEL UND EINER BATTERIE

Befestigen Sie das Starterkabel einfach an Ihrer Autobatterie, als würden Sie jemandem eine Starthilfe geben, und schließen Sie die Enden an einem Bleistift an. Wie kann dies funktionieren? Der Grafitkern des Schreibgeräts leitet Strom, erhitzt sich und lässt den Bleistift in Flammen aufgehen. Der Kontakt zum Grafit muss natürlich gewährleistet sein.

Achtung: Bei dieser Methode arbeiten Sie mit relativ starken Energiequellen und erzeugen bewusst eine Reaktion, die bei der normalen Nutzung vermieden werden soll. Seien Sie also vorsichtig. Achten Sie darauf, dass Sie keinen Stromschlag bekommen und dass die Batterie immer ausreichend Abstand zum Feuer hat.

SURVIVAL-CHALLENGE 5: ENTZÜNDEN SIE EIN LAGERFEUER MIT EINER LUPE

Sie brauchen für diesen Trick ein Vergrößerungsglas oder eine Lupe. Denn nur mit solch einem Glas kann das Feuermachen klappen. Der vorgesehene Zunder für das Lagerfeuer muss dafür staubtrocken sein – dies ist sehr wichtig! Checken Sie, ob der Winkel der Sonne passt. Sorgen Sie dafür, dass Sie eine klare Sicht auf die Sonne haben. Finden Sie dann den richtigen Fokuspunkt. Achten Sie darauf, dass es auf dem auftreffenden Punkt rötlich schimmert. Erzeugen Sie mit dem heißen Lichtstrahl zunächst eine Glut. Es ist äußerst schwierig, mit einer Lupe sofort ein Feuer zu entfachen. Dagegen ist es sehr einfach, eine Glut aufzubauen. Wenn Sie die Glut erzeugt haben, legen Sie diese ins Feuernest. Blasen Sie die Glut an, bis eine Flamme entsteht. Nähren Sie dann das Feuer. Das ist gar nicht so einfach. Lassen Sie sich nicht gleich ins Bockshorn jagen. Versuchen Sie es noch einmal, wenn es nicht auf Anhieb klappt.

ZUNDER VORBEREITEN

Anders als bei vielen anderen Methoden, bei denen der Zunder oft fluffig und etwas aufgelockert sein sollte, eignen sich fürs Feuermachen mit der Lupe vor allem Zunderarten mit einer möglichst kompakten, ebenen Oberfläche, an der das Sonnenlicht angreifen kann. Verkohlter Baumwollstoff und Zunderschwamm sind natürlich optimal, aber Sie können auch fluffigen Zunder plattdrücken und zwischen den Händen reiben, sodass er sich zu einer Art Polster verfilzt. Bei hellem Zunder und wenig Sonnenlicht ist es zudem hilfreich, den Zunder mit Kohlestaub, trockenem Dreck oder einem Bleistift einzufärben. Je dunkler er ist, desto besser wird er die Hitze des Sonnenlichts annehmen. Da Sie mithilfe der Lupe in der Regel keine Flammen, sondern lediglich Glut erzeugen können, brauchen

Sie ein sogenanntes Feuer- oder Zundernest, um die Glut zur Flamme heranzuziehen. Nehmen Sie dafür trockenes Laub oder Gras und formen Sie daraus ein Nest, in dessen Mitte Sie zusätzliches Zundermaterial wie Rohrkolben- oder Distelsamen legen. Dort hinein betten Sie dann den Zunder, den Sie mit der Lupe entfachen wollen. Sobald eine Glut entstanden ist, pusten Sie zunächst vorsichtig und dann immer kräftiger in das Nest hinein, bis die ersten Flammen entstehen.

TIPP:

An sich klingt es selbstverständlich, dass man die ganze Kraft der Sonne braucht. Doch hier werden die meisten Fehler gemacht. Wenn der Himmel bedeckt ist, kann man entweder gar kein Feuer oder nur mit viel Mühe eines entzünden. Falls die Sonne da ist, wäre sie um 12 Uhr mittags am stärksten. Genau dann funktioniert dieser Survival-Hack für Sie am leichtesten.

SURVIVAL-CHALLENGE 6: ENTZÜNDEN SIE EIN LAGERFEUER MIT EINEM FEUERSTAHL

Für diesen Survival-Hack brauchen Sie einen Feuerstahl und eine scharfkantige Reibe, um auf dem Stahl die Funken abzureiben oder zu schlagen. Wenn Sie mit der Reibe oder mit dem Messerrücken über den Rücken des Feuerstahls ziehen, produzieren Sie circa 700 bis 1100 Grad heiße Funken. Es entsteht also nicht direkt eine Flamme wie bei einem Feuerzeug, sondern ein heißer Zündfunke. Sie müssen Ihren Zunder so konzipieren, dass dieser den Funken auffängt und dann das leicht brennbare Material anfeuert. Hierfür sind am besten Rohrkolbensamen mit Stroh und Birkenrindenstreifen geeignet.

SURVIVAL-CHALLENGE 7: ENTZÜNDEN SIE EIN LAGERFEUER MIT EINER KERZE

Stellen Sie eine brennende Kerze unter ein Tipi aus Anzündholz und sie wird nach einer geraumen Zeit ein Feuer entfachen. Entfernen Sie nun die Kerze und löschen Sie sie für den weiteren Gebrauch.

WEITERE FEUER-HACKS

Natürlich gibt es noch viele andere Methoden, um ein Feuer zu entfachen, die ebenfalls sehr spannend sind. Hier ist eine Liste mit weiteren Feuer-Hacks:

- Feuer entfachen mit dem Feuerstein
- Feuer entfachen mit einem einzigen Streichholz
- Feuer entfachen mit einem Tampon und Kohlekrümeln
- Feuerbohren mithilfe eines Feuerbogens (Bow-Drill)
- Feuerbohren von Hand (Hand-Drill)
- Feuersägen

NOCH MEHR TIPPS UND INFORMATIONEN RUND UMS FEUERMACHEN

1. DIE RICHTIGE FEUERSTELLE FINDEN

Wählen Sie die Feuerstelle so, dass sich in einem Raum mit einem Radius von mindestens 3 Metern (auch in die Höhe) keine leicht brennbaren Materialien befinden. Achten Sie darauf, dass der Boden an dieser Stelle feuerfest und nicht zu locker ist. Lockerer Boden birgt die Gefahr von Wurzelbrand. Die Glut, die auf Wurzeln übergreift, bekommt so viel Sauerstoff, dass sie sich unter der Erde entlangfressen und auch noch Tage später und an meterweit entfernten Stellen ein neues Feuer entfachen kann. Außerdem kann es sein, dass es sich bei lockerem Waldboden nicht um Erde, sondern um gepresste, halb verrottete Blätter handelt, die ebenfalls zu brennen oder zu glühen beginnen können. In diesem Fall sinkt Ihr Feuer immer tiefer in den Boden ein.

Besonders achtgeben müssen Sie im Frühling nach der Schneeschmelze und im Spätherbst. Dann sind herumliegendes Laub und abgestorbene Gräser meist von Regen durchnässt und sehen daher ungefährlich aus. Die Nässe ist jedoch oberflächlich. Die Blätter und Gräser selbst enthalten keine Feuchtigkeit mehr, sodass sie sehr leicht anfangen zu brennen, wenn das Regenwasser durch die Wärme des Feuers verdunstet ist.

2. DIE RICHTIGE VORBEREITUNG

Um ein Feuer zu entzünden, benötigen Sie irgendetwas, mit dem Sie die erste Glut oder die erste Flamme entfachen können. Hier gibt es unterschiedlichste Methoden und Hilfsmittel, die alle ihre Vor- und Nachteile haben. Bevor Sie sich jedoch an das Entzünden des Feuers machen, sollten Sie alles gut vorbereiten und genügend Brennmaterial zusammentragen. Denn nichts ist ärgerlicher, als wenn ein mühsam entfachtes Feuer sofort wieder erlischt, weil man vergessen hat, für Anfeuermaterial zu sorgen.

Achten Sie besonders auf den Wind. Falls dieser zu stark ist, führt das sehr leicht zu einem starken Funkenflug. Das ist besonders gefährlich, weil die Funken vom Wind zugleich noch angeblasen werden. Wenn es also windig ist, müssen Sie unbedingt einen Windschutz um das Feuer errichten, beispielsweise ein Erdwall, Steinplatten oder Grasziegel.

Auch bei Windstille kann eine Begrenzung aus Erde, Steinen oder ähnlichem Material sinnvoll sein, damit sich das Feuer nicht ausbreiten kann. Verwenden Sie dafür keine nassen Steine. Diese entwickeln durch das spontane Erhitzen innere Spannungen und springen sehr leicht, wodurch sie zu gefährlichen Geschossen werden können. Legen Sie nasse Steine zunächst mit etwas Abstand um das Feuer, sodass sie langsam trocknen. Dabei gilt die Regel, dass ein Stein umso langsamer trocknen muss, je feiner seine Poren sind.

3. DIE RICHTIGEN BRENNMATERIALIEN

Damit ein Feuer richtig brennen kann, braucht es für jede Phase seiner Existenz die passende Nahrung. Wenn Sie ein Streichholz direkt an einen Baumstamm halten, wird dies ohne größeren Effekt bleiben. Sie brauchen also zunächst Zundermaterial oder zumindest etwas, das sehr leicht brennt, um Feuer zu machen. Hierfür eignen sich vor allem die Samen von Pusteblumen, Disteln oder Rohrkolben. Für einige Techniken des Feuermachens wie beispielsweise mit Feuersteinen und Funkenschlägern oder mit der Lupe braucht man sogar Materialien, die einen winzigen Funken auffangen und zum Glühen beginnen können. Hierfür eignet sich vor allem verkohlter Baumwollstoff oder Zunderschwamm. Der Zunderschwamm ist ein Baumpilz, den man vor allem auf Buchen und Birken findet. Die Vorbereitung ist recht aufwendig, aber wenn man es richtig gemacht hat, erhält man so ziemlich den besten Zunder, den es gibt. Leicht brennbare Materialien sind außerdem trockenes Laub, trockene Gräser und Nadeln oder dünne Holzspäne. Letztere können Sie mit einem Taschenmesser von trockenen Ästen schneiden. Ganz hervorragend eignet sich auch Birkenrinde. Diese lässt sich in dünnen papierartigen Fetzen sogar von lebenden Bäumen abziehen und brennt auch dann noch gut, wenn alles feucht oder nass ist.

Als nächste Schicht benötigen Sie das passende Anfeuermaterial. Das Nonplusultra – genau wie damals in der Steinzeit – ist Fichtenreisig. Fichten haben keine natürliche Astbereinigung, sodass kleine, abgestorbene Ästchen einfach am Baum hängen bleiben, wo sie keine Feuchtigkeit ziehen können. Selbst wenn es regnet, brennt dieses Fichtenreisig noch immer wie der Teufel. Sammeln Sie so viel wie möglich davon und machen Sie kleine, handliche Pakete daraus. Wenn es kein Fichtenreisig gibt, können Sie auch alle anderen Arten von dünnen Zweigen oder Ästen verwenden.

Zundermaterialien
Verkohlter Baumwollstoff
Blechdose mit Baumwollstoffstücken (2×2cm) füllen & verschließen
Loch in den Deckel und Dose ins Feuer, bis kein Rauch mehr aus dem Loch kommt.
Loch mit Holzstab verschließen, Dose abkühlen lassen, fertig!
Rohrkolben
Löwenzahn- und Distelsamen
Randschicht (Kruste)
Trama (Pilzfleisch) für Zunder
Porenschicht
Zunderschwamm
Leicht brennbare Materialien
Trockenes Laub
Birkenrinde
Trockenes Gras
Holzspäne
zum Anfeuern
Trockener Fichtenreisig
Zweige/Äste von der Breite eines Fingers bis Armes

Schließlich benötigen Sie für Ihr Feuer noch jede Menge Material, das längere Zeit brennt. Hierfür sollten Sie Holz in verschiedenen Stärken sammeln – angefangen bei fingerdicken Zweigen bis hin zu etwa armdicken Ästen.

4. DER AUFBAU DES FEUERS

Besonders wichtig ist der richtige Aufbau Ihrer Feuerstelle. Um das Feuer vor Bodenfeuchtigkeit zu schützen, sollten Sie zunächst eine sogenannte Konterlattung errichten. Dazu legen Sie dünne, maximal daumendicke Zweige parallel nebeneinander, als wollten Sie einen kleinen Fußboden bauen. Darauf kommt dann eine weitere Schicht mit Ästen, die Sie genau quer zur ersten errichten. Dies steigert zudem die Hitzeentwicklung, da sich die Glut nun nach oben und nach unten durchfressen kann.

Auf diesen Untergrund schichten Sie Ihr Zundermaterial auf, umgeben von den Materialien, die besonders leicht brennbar sind. Pressen Sie das Ganze fest zusammen, sodass sich ein richtiger Glutkern bilden kann und die Hitze nicht wieder verloren geht. Nun können Sie Ihr Fichtenreisig wie eine kleine Pyramide um diesen inneren Kern herum aufstellen. Auch das Reisig sollten Sie gut verdichten. Als nächste Schicht kommen dann die dünnen Äste, die Sie ebenfalls wie eine Pyramide außen um das Reisig herum aufstellen. Achten Sie jedoch darauf, dass Sie eine Lücke lassen, durch die Sie Ihr Feuer im Inneren entzünden können.

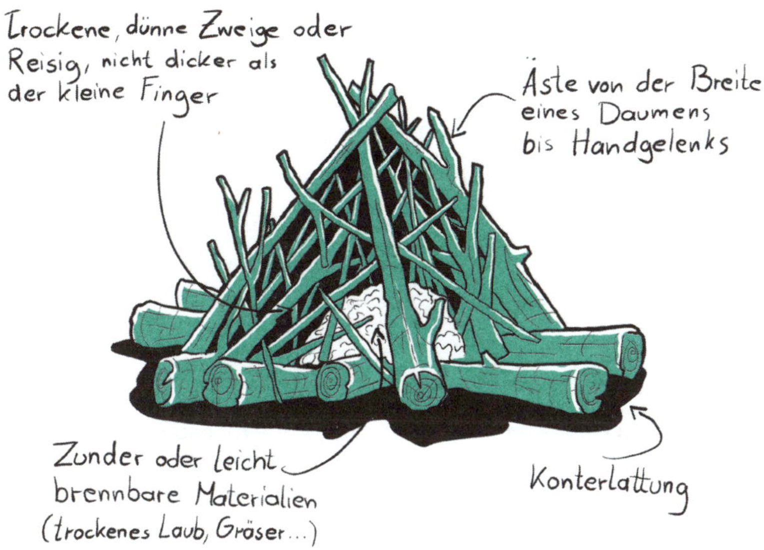

5. VON DER LEISEN GLUT ZUM AUSGEWACHSENEN FEUER

Die ersten Phasen beim Feuermachen sind immer die kritischsten, da hier am meisten schiefgehen kann. Bevor Sie Ihr Streichholz anzünden, kontrollieren Sie noch einmal, aus welcher Richtung der Wind weht, und setzen Sie sich so vor Ihr Feuer, dass Sie es mit dem Rücken abschirmen. Gehen Sie mit dem Streichholz so nah wie möglich an Ihre Feuerpyramide heran, damit es auf dem Weg dorthin nicht ausgepustet werden kann. Flammen brennen immer von unten nach oben. Entfachen Sie das Zundermaterial daher an einer möglichst tiefen Stelle oder noch besser gleich an mehreren Stellen. Wenn es feucht ist, kann es hilfreich sein, gleich mehrere Streichhölzer auf einmal zu entzünden, um eine größere Hitzeentwicklung zu erzielen.

Sobald die ersten Flammen in Ihrer Pyramide brennen, müssen Sie das Feuer anheizen. Damit es sich entwickeln kann, braucht es viel Sauerstoff. Pusten Sie daher langsam und gleichmäßig in die Pyramide – und zwar ebenfalls so weit unten wie möglich. Pusten Sie mit einem gleichmäßigen Luftstrahl in die Glut, nicht in die Flammen. Solange sich nur das leicht brennbare Material entzündet hat, ist die Situation noch immer kritisch. Wenn das Fichtenreisig in Flammen steht, dann haben Sie es fast geschafft. Nun müssen Sie darauf achten, dass die nächstdickeren Äste Feuer fangen. Korrigieren Sie ihre Position dafür gegebenenfalls so, dass diese Äste genau in den Flammen stehen. Jetzt können Sie auch damit beginnen, weiteres Holz um das Feuer herumzustellen, sodass es sich langsam vergrößert und immer genügend Nahrung zum Brennen hat. Warten Sie damit nicht zu lange. Denn sonst kann es passieren, dass das Feuer zusammenfällt und erlischt, obwohl es bereits brannte.

6. DAS FEUER AM BRENNEN HALTEN

Wenn Sie das Feuer auf eine sichere Größe gebracht haben, können Sie sich etwas entspannen, denn es wird nun nicht mehr so leicht ausgehen. Achten Sie aber darauf, dass Sie es nie größer machen als nötig. Zum einen wird es dadurch schwieriger, das Feuer zu kontrollieren. Zum anderen verbrauchen Sie so wesentlich mehr Brennmaterial.

Am sparsamsten ist ein Feuer, wenn man erst dann Holz nachlegt, wenn es fast bis auf die Glut heruntergebrannt ist. Wichtig ist aber vor allem, dass Sie es die ganze Zeit über kontrollieren und auch wieder löschen können. Lassen Sie ein offenes Feuer niemals unbeaufsichtigt und behalten Sie auch Ihre nähere Umgebung immer im Auge.

Besonders vorsichtig müssen Sie mit schmelzbarer oder leicht entzündlicher Kleidung sein, also mit allem, was aus Kunstfasern besteht. Dazu gehört nahezu jede moderne Outdoor-Kleidung. Kunstfasern beginnen bereits zu schmelzen, wenn sie von kleinen Funken getroffen werden oder wenn sie zu nah ans Feuer geraten. Das kann von einer ärgerlichen Beschädigung der Kleidung bis hin zu sehr bösen Hautverletzungen führen. Halten Sie daher mit derartiger Kleidung immer genügend Abstand zum Feuer. Die beste Lösung ist jedoch, Kleidung am Feuer zu tragen, die – wie beispielsweise Baumwolle – nicht schmelzen kann und sich nur sehr schwer entzündet.

7. DAS FEUER SICHER LÖSCHEN UND DEN PLATZ OHNE SPUREN HINTERLASSEN

Um das Feuer zu löschen, können Sie ihm entweder den Sauerstoff oder die Nahrung entziehen. Bei der ersten Methode ersticken Sie das Feuer mit Erde, Sand, einem nassen Tuch, Fell oder Teppich (natürlich aus schwer entflammbarem Material). Oder Sie gießen einfach reichlich Wasser über das Feuer. Hierbei ist es am sinnvollsten, das Wasser auf den Feuerfuß, also seitlich auf die Glut und nicht von oben auf die Flammen zu gießen. Zum Ersticken des Feuers benötigen Sie die entsprechenden Dinge und Wasser kann manchmal schwer zu finden sein. Bevor Sie ein Feuer entzünden sollten Sie sich also immer vergewissern, ob Sie auch wirklich etwas zum Löschen in Reichweite haben. Wenn dies nicht der Fall ist, müssen Sie im Umgang mit Ihrem Feuer noch vorsichtiger sein und es so gut einschätzen können, dass Sie die Kontrolle nicht verlieren. Um das Feuer ohne Erstickung zu löschen, lassen Sie es bewusst ausgehen, indem Sie kein neues Holz mehr nachlegen. Schichten Sie es noch einmal so auf, dass das vorhandene Holz möglichst schnell verbrennt. Größere Holzscheite, die kaum oder noch gar nicht brennen, können Sie aus dem Feuer nehmen und einzeln mit etwas Wasser oder nasser Erde löschen.

Am sinnvollsten ist eine Mischung aus beiden Methoden. Lassen Sie das Feuer also erst so weit wie möglich herunterbrennen und löschen Sie den Rest dann mit Wasser, Erde oder was immer Sie sonst finden. Eine beliebte, bewährte und vor allem auch animalische Methode wie im Mittelalter ist es, das Feuer einfach auszupinkeln. Dies ist aber bedeutend leichter und risikoärmer, wenn man ein Mann ist.

Gelöscht ist ein Feuer erst dann, wenn es keine Glutreste und auch keine Rauchentwicklung mehr gibt. Fühlen Sie am Ende noch einmal mit der Hand über die Feuerstelle und kontrollieren Sie, ob Sie noch immer eine große Hitze spüren.

Bevor Sie den Platz verlassen, können Sie Ihre Feuerstelle mit Waldboden bestreuen und so vor den Blicken anderer verschwinden lassen. Achten Sie auch darauf, dass Sie keinen Müll oder Ähnliches liegen lassen und bedanken Sie sich bei dem Platz, dass er Sie aufgenommen hat.

50. EINE VISIONSSUCHE MACHEN

Outdoor

Schwierigkeitslevel: mittel bis schwer

Dauer: 2 bis 3 Tage

Kosten: keine

Ort: an einem ruhigen, abgelegenen Platz im Wald

Ausrüstung: Sitzkissen, warme Kleidung, Wasserflaschen, eine Packung Maismehl

Gut zu wissen!

Achtung: Diese Aufgabe ist nicht ungefährlich und kann Sie an Ihre körperlichen und psychischen Grenzen bringen. Sorgen Sie daher dafür, dass jemand darüber Bescheid weiß, dass Sie die Aufgabe machen und dass er im Notfall nach Ihnen sehen kann.

> »Wo willst du eine Antwort finden, wenn nicht in dir selbst?«
> *Stalking Wolf*

WAS IST EINE VISIONSSUCHE?

Die Visionssuche ist eine der kraftvollsten, intensivsten und wirkungsvollsten Methoden, um den eigenen Lebensweg und die persönliche Lebensaufgabe zu finden. Zu allen Zeiten sind die Menschen der unterschiedlichsten Naturvölker immer wieder mit wichtigen Lebensfragen rausgegangen, um ohne jede Ablenkung auf Ihre eigene innere Stimme zu lauschen. Heute, in unserer hektischen und lauten Zeit, in der unsere Aufmerksamkeit ununterbrochen durch Bilder, Lichter, Geräusche, Musik und vieles mehr gefangen und abgelenkt wird, ist diese alte Tradition wichtiger als je zuvor. Jeder von uns hat eine unfehlbare Intuition, die ihm genau sagt, was für ihn wichtig und richtig im Leben ist. Wir haben jedoch verlernt, dieser Intuition zu vertrauen oder sie auch nur wahrzunehmen. Bei einer Visionssuche lassen Sie deshalb den bunten, lauten und verwirrenden Alltag für eine gewisse Zeit hinter sich und begeben sich in eine Situation und an einen Ort, an dem Sie ungestört auf Ihre innere Stimme hören können.

WIE LÄUFT EINE VISIONSSUCHE AB?

Eine richtige Visionssuche, die nicht nur eine Abenteuer-Challenge ist, sondern Ihnen auch wirkliche Antworten auf wichtige Lebensfragen liefert, besteht immer aus drei Phasen: einer Vorbereitungsphase, der eigentlichen Visionssuche und einer Nachbereitungsphase.

Wenn Sie wissen, dass Sie demnächst Ihre Visionssuche durchführen wollen, ist es zudem gut, wenn Sie sich rechtzeitig nach einem geeigneten Waldgebiet umsehen. Es sollte so liegen, dass Sie möglichst wenige Störgeräusche aus der Zivilisation hören und Sie auch sonst nicht von Menschen gestört werden. Achten Sie also darauf, dass Sie ein Areal wählen, das nicht direkt von einem Wanderweg oder einer Forststraße einsehbar ist. Legen Sie zu diesem Zeitpunkt aber noch nicht Ihren eigentlichen Platz für die Visionssuche fest. Stecken Sie zunächst nur ein Gebiet ab, in dem Sie später einen Platz aussuchen wollen.

Überlegen Sie sich außerdem bereits im Voraus, wie intensiv Sie Ihre Visionssuche gestalten wollen.

Wenn Sie die Visionssuche nach der alten Tradition machen wollen, dann gehen Sie ohne eine Komfortausrüstung wie Isomatte, Schlafsack oder Plane nach draußen. Auf diese Weise ist das Erlebnis am intensivsten und die Chance, Antworten auf Ihre Lebensfragen zu finden, am größten. Wenn Sie jedoch das Gefühl haben, dass dies für den Anfang zu viel für Sie ist, nehmen Sie eine Decke und eine Plane mit, um sich gegebenenfalls vor Regen oder Kälte schützen zu können. Achten Sie jedoch unbedingt darauf, dass Sie Ihre Komfortausrüstung so spartanisch wie nur möglich wählen. Eine Visionssuche ist kein romantisches Schläfchen im Wald, sondern eine intensive Übung, um die eigene innere Weisheit zu befragen.

Nur wenn Sie in einen ungefilterten Kontakt mit der Natur treten und offen für all ihre Einflüsse sind, kann die Visionssuche einen ernsthaften Erfolg zeigen. Wie intensiv die Naturerfahrung für Sie sein muss, um etwas zu spüren, das Sie weiterbringt, ist jedoch von Person zu Person sehr unterschiedlich. Ich habe Menschen bei Visionssuchen begleitet, die trotz Winterjacke, Schlafsack und Regenplane nach wenigen Stunden abgebrochen haben, während andere sich dabei nackt auszogen haben, um die Erde besser spüren zu können. Und das beides am selben Ort und zur selben Zeit.

Auch die Länge der Visionssuche können Sie selbst bestimmen. In den Naturvölkern, aus denen diese Tradition ursprünglich stammt, wird sie in der Regel für sieben bis zehn Tage gemacht. Wenn es Ihre erste Visionssuche ist, können aber bereits 24 Stunden eine immens lange Zeit sein. Für untrainierte Visionssucher empfehlen wir daher eine Zeitspanne zwischen 12 und 48 Stunden. Wichtig ist jedoch, dass Sie die Dauer Ihrer Visionssuche bereits im Voraus festlegen. Verpflichten Sie sich innerlich dazu, sich an die vorgegebene Zeit zu halten und die Visionssuche nicht einfach früher abzubrechen. Andernfalls wird Ihnen Ihr Geist schneller einen Strich durch die Rechnung machen, als Sie »Visionssuche« sagen können.

Wenn Sie sich über die Rahmenbedingungen Ihrer Visionssuche klar geworden sind, können Sie zum organisatorischen Teil übergehen. Dieser besteht zunächst einmal daraus, eine Person zu finden, der Sie vertrauen und die Sie bei Ihrer Visionssuche begleiten wird. Wie bereits erwähnt, ist eine Visionssuche kein Zuckerschlecken. Deshalb ist es wichtig, dass jemand weiß, wo Sie sind und sich um Sie kümmern kann, falls die Situation Sie überfordert. Da das Ziel der Visionssuche jedoch ist, für die Visionszeit vollkommen allein mit sich zu sein, müssen Sie mit Ihrem Unterstützer folgende Vereinbarungen treffen:

- Er begleitet Sie an Ihren Visionsplatz und merkt sich genau, wo sich dieser befindet. Um auf Nummer sicher zu gehen, sollten Sie gemeinsam Markierungen anbringen, die ihm den Weg weisen, dabei jedoch so unauffällig sind, dass sie keine anderen Personen zu Ihnen führen.
- Wenn Ihre Visionssuche länger als 24 Stunden dauert, wählen Sie gemeinsam einen Signalbaum aus, der sich in der Nähe Ihres Visionsplatzes befindet, den Sie von dort aus jedoch nicht sehen können. Nehmen Sie dann für jeden Tag, den Sie an Ihrem Visionsplatz verbringen wollen, jeweils drei Fäden mit – einen in Grün, einen in Gelb und einen in Rot. Täglich hängen Sie dann etwa zur selben Zeit einen der Fäden an den Baum: grün, wenn alles in Ordnung ist; gelb, wenn Sie denken, dass es bald Schwierigkeiten geben könnte; rot, wenn Sie Hilfe brauchen oder glauben, es nicht mehr aushalten zu können. Jeden Abend schaut Ihr Unterstützer dann zu dem Baum und prüft die Fäden. Hängt ein grüner Faden am Baum, sieht er, dass alles in Ordnung ist. Bei einem gelben Faden bleibt er in der Nähe, tritt jedoch nicht in Erscheinung. Wenn jedoch ein roter oder gar kein Faden am Baum hängt, dann weiß er, dass er zu Ihrem Visionsplatz kommen und nach dem Rechten sehen muss.
- Nach Ablauf der Visionszeit gibt Ihr Unterstützer Ihnen aus der Entfernung ein Signal. Wenn Sie dieses Signal hören, können Sie sich noch von Ihrem Platz verabschieden und dann zum zuvor vereinbarten Treffpunkt gehen.

Ein weiterer Punkt, den Sie im Voraus organisieren sollten, ist Ihre Ausrüstung. Legen Sie sich neben Ihrer eventuellen Komfortausrüstung auch einen Beutel mit Maismehl und für jeden Tag der Visionssuche eine Wasserflasche mit 1,5 Liter Inhalt bereit.

DIE VORBEREITUNGSZEIT

Nehmen Sie sich mindestens zwei bis vier Stunden Zeit, um sich intensiv auf Ihre innere Stille vorzubereiten. In dieser Zeit klären Sie Ihre eigene Absicht, mit der Sie nach außen treten wollen, und finden die Frage Ihrer Visionssuche.

Traditionell werden Visionssuchen vor allem an wichtigen Scheidepunkten im Leben gemacht, oder auch dann, wenn es ein wichtiges Problem zu lösen oder eine schwierige Frage zu beantworten gilt. Jugendliche wurden auf Visionssuche geschickt, wenn es daran ging, den Schritt ins Erwachsenenleben zu tun. Stammesälteste gingen auf Visionssuche, wenn es galt, eine wichtige Entscheidung über die Zukunft des Klans zu treffen. Vielleicht gibt es auch in Ihrem Leben gerade eine große, offene Frage oder eine Entscheidung, die Sie treffen müssen und bei der Sie noch nicht wissen, wie sie aussehen soll. In diesem Fall können Sie die Visionssuche nutzen, um hier Klarheit zu erlangen. Fragen, die häufig mit in eine Visionssuche genommen werden, sind zum Beispiel:

- Welchen beruflichen Werdegang möchte ich einschlagen? Welche Ausbildung, welches Studienfach oder welche Umschulung möchte ich absolvieren?
- Was ist mein Ziel im Leben?
- Wie soll es mit meiner Beziehung weiter gehen?
- Wo möchte ich zukünftig leben?
- Warum kam eine Krankheit, ein Leiden oder ein Unglück in mein Leben?

Setzen Sie sich aber auch hierfür zunächst eine feste Zeit, die Sie dann genau einhalten. Andernfalls passiert es viel zu leicht, dass man aus Respekt vor der Visionszeit die Vorbereitung bis ins Unendliche ausdehnt.

Wenn die Vorbereitungszeit abgelaufen ist, nehmen Sie Ihre Ausrüstung und suchen gemeinsam mit Ihrem Unterstützer den Wald auf, den Sie zuvor als Umgebung für Ihre Visionssuche auserkoren haben. Hier streifen Sie eine Weile umher und lassen sich dabei von Ihrer Intuition und Ihrem Bauchgefühl leiten, bis Sie einen Platz gefunden haben, der sich für Sie richtig anfühlt. Bleiben Sie dann einen Moment stehen und bitten Sie den Wald in Gedanken, hier eine Visionssuche machen zu dürfen. Wenn Sie daraufhin ein ungutes Gefühl haben, sollten Sie noch etwas weitersuchen. Falls nicht oder wenn die Natur vielleicht sogar mit einem kleinen Zeichen auf Sie reagiert, haben Sie Ihren Platz schließlich gefunden.

Eine Visionssuche ist ein Ritual, das Ihnen dabei helfen soll, Klarheit über Ihre nächsten Schritte oder über Ihre grundsätzliche Lebensausrichtung zu bekommen. Rituale werden vor allem dann besonders mächtig und wirkungsvoll, wenn man Ihnen einen starken Beginn und ein starkes Ende verleiht. Es ist jedoch wichtig, dass man sie so gestaltet, dass sie zu einem passen und man sich mit ihnen wohlfühlt. Nur wenn Sie Ihre Visionssuche ernst nehmen und für sich selbst authentisch gestalten, wird sie Ihnen auch etwas bringen. Falls Sie einen starken Bezug zum Christentum haben, dann bitten Sie Gott, Maria oder Jesus, Ihnen eine Erkenntnis zu offenbaren. Fühlen Sie sich eher in der Naturphilosophie zu Hause, dann bitten Sie die Elemente, das Wetter, die Tiere, die Pflanzen und die Ahnen um Rat. Und wenn Sie all das für Humbug halten und an keine höhere Macht glauben, dann setzen Sie sich selbst die Absicht, Ihren Geist zur Ruhe kommen zu lassen, sodass sich Ihre Gedanken ordnen und Sie zu neuen Ideen und Gewissheiten kommen können.

Anschließend öffnen Sie Ihren Maismehlbeutel ein kleines Stück und streuen damit einen Kreis auf den Boden, der so groß ist, dass Sie gut darin sitzen können. Aber auch nicht größer. Lassen Sie dabei einen kleinen Bereich frei, gerade so viel, dass Sie hindurchgehen können. Dieser Kreis ist Ihr persönlicher Schutzraum, in dem Sie nun Ihre Visionszeit verbringen werden. Außer um zur »Waldtoilette« oder zu dem Baum zu gehen, an dem Sie Ihre Fäden aufhängen wollen, sollten Sie den Kreis während der gesamten Visionssuche ab jetzt nicht mehr verlassen. Ihr Unterstützer wird sich dem Kreis ebenfalls nur nähern, wenn er einen roten Faden vorfindet oder wenn Sie gar keinen Faden an den Baum gehängt haben.

DIE VISIONSZEIT

Jetzt beginnt Ihre Visionszeit. Diese Zeit über bleiben Sie fastend an diesem einen Platz und treten in einen intensiven Kontakt mit sich selbst. Pro Tag stehen Ihnen 1,5 Liter Wasser zur Verfügung, die Sie sich gut einteilen sollten. Bleiben Sie am besten aufrecht sitzen und versuchen Sie, die gesamte Zeit über wach zu bleiben. Wenn das nicht funktioniert, ist es nicht schlimm. Aber probieren sollten Sie es. Seien Sie vollkommen aufmerksam und beobachten Sie alles, was in Ihnen und um Sie herum vor sich geht. Spüren Sie in sich hinein, lauschen Sie auf Geräusche und Klänge und achten Sie auf Gerüche, Geschmäcke, Gefühle und auf alles, was Sie sonst irgendwie wahrnehmen können.

Alles, was Ihnen auffällt, kann von Bedeutung sein. Das Leben spricht mit jedem Menschen immer in der Sprache, die er am besten versteht. Wenn Sie einen guten Draht zu Tieren haben, kann es sein, dass diese Sie in der Visionszeit ausgiebig besuchen. Es kann aber auch sein, dass Sie mitten im Wald sitzen und kein einziges Tier sehen. Dafür haben Sie vielleicht Tagträume oder es tauchen Bilder, Gefühle oder Klänge in Ihrem Geist auf. Eventuell spüren Sie auch körperliche Signale wie Schmerzen, Kribbeln, Jucken, Hitze oder Kälte. Es kann auch sein, dass Pflanzen auf Sie reagieren oder das Wetter Ihnen eine Botschaft zuträgt. Alles ist möglich. Und alles ist richtig. Lassen Sie die Eindrücke einfach auf sich wirken und beobachten Sie, was sie mit Ihnen machen. Bewerten Sie sie nicht. Auch intensive und als negativ empfundene Gefühle wie Verzweiflung, Wut, Trauer, Angst, Hektik oder Unbehagen können wichtige Botschaften für Sie haben und wollen an dieser Stelle vielleicht einfach nur gefühlt werden. Versuchen Sie daher, auch diese Gefühle anzunehmen und zuzulassen. Falls Sie den Drang haben, weinen, schreien oder auf den Boden schlagen zu müssen, dann können Sie das gerne tun.

Wenn Sie am Ende Ihrer Visionszeit den Ruf Ihres Unterstützers hören, springen Sie nicht gleich auf. Bleiben Sie noch einen Moment sitzen. Bedanken Sie sich bei Ihrem Visionsplatz sowie bei allen, die Ihnen in dieser Zeit geholfen haben. Verlassen Sie dann den Kreis durch die »Eingangstür« und gehen Sie zum

Treffpunkt. Seien Sie dabei vorsichtig, denn es kann sein, dass Sie aufgrund des Fastens und des Schlafmangels etwas wackelig auf den Beinen sind.

DIE NACHBEREITUNGSZEIT

Nach Ihrer Rückkehr benötigen Sie noch einmal Zeit, um Ihre Visionssuche intensiv nachzubereiten. Schreiben Sie dazu am besten die wichtigsten Erkenntnisse, Erfahrungen und Gedanken auf, die Sie während der Zeit erfahren durften und lassen Sie alles noch einmal Revue passieren. Nutzen Sie gerne auch Bücher über Krafttiere oder Tierboten. So können Sie herausfinden, welche Botschaft die Tiere für Sie haben, die Ihnen in der Zeit begegnet sind.

Rufen Sie sich alles noch einmal in Erinnerung. Fragen Sie sich, ob etwas dabei war, was Sie der Antwort, nach der Sie suchen, ein Stück nähergebracht hat. Wenn Sie sich selbst eine Weile reflektiert haben, ist es oft auch hilfreich, sich mit jemand anderem über die Erfahrung auszutauschen. Am besten funktioniert dies natürlich mit jemandem, der bereits ähnliche Erfahrungen gemacht hat und daher in etwa weiß, wovon Sie sprechen. Ihr Unterstützer zum Beispiel. Aber das muss nicht sein. Es kann manchmal auch hilfreich sein, jemandem erklären zu müssen, was die Visionssuche mit einem gemacht hat, der überhaupt nicht versteht, was das Ganze eigentlich soll. Dadurch wird man gezwungen, deutlich präziser zu sein. Und oft sind es gerade die unangenehmen, kritischen Fragen von Außenstehenden, die einen auf die Schlüsse bringen, die man sonst übersehen hätte.

Vergessen Sie auch nicht, den Erfolg Ihrer Visionssuche zu feiern und zu genießen. Je nachdem, wie lange Sie gefastet haben, sollten Sie zunächst langsam damit beginnen, wieder etwas zu essen. Wenn Sie dann etwas im Magen haben und Ihnen davon nicht schlecht geworden ist, können Sie sich gerne ein Festmahl gönnen. Außerdem sind eine heiße Dusche, ein heißes Bad oder ein Besuch in einer Sauna oder einer Therme sehr beliebte »Belohnungen«, mit denen man seinen Erfolg gut und angemessen feiern kann.

Nachwort: Die ersten Schritte zum Abenteurer sind getan

Wenn Sie nun einen großen Teil oder sogar alle 100 Nano- und Mikroabenteuer einmal oder mehrfach in verschiedenen Variationen erlebt haben, dann ist es an der Zeit, sich einmal ganz in Ruhe zurückzulehnen und die vergangenen Wochen Revue passieren zu lassen.

Wie hat sich Ihr Leben geändert, seit Sie mit Ihrer Ausbildung zum Lebensabenteurer begonnen haben?

- Gibt es Dinge, die Ihnen bewusst geworden sind und die Ihnen zuvor nicht aufgefallen waren?
- Ist es Ihnen gelungen, mehr Freude, Spannung und Leben in Ihren Alltag zu bringen?
- Hat sich Ihre Wahrnehmung verändert?
- Wie hat sich Ihre neue Abenteuerbereitschaft auf Ihre Beziehungen zu Ihren Mitmenschen ausgewirkt?
- Sind Sie von Ihren Freunden, Nachbarn oder Verwandten für verrückt erklärt worden?
- Gibt es Menschen, bei denen Sie nun das Gefühl haben, nicht mehr mit ihnen auf einer Wellenlänge zu sein, sodass Sie sich eher distanzieren?
- Kam es eventuell zu Spannungen, Streitgewittern und Aussprachen?
- Haben Sie auf der anderen Seite vielleicht auch neue Freunde gewonnen?
- Wie hat sich Ihre Einstellung zu Ihrer Arbeit, Ihren bisherigen Freizeitbeschäftigungen und Ihren sonstigen Alltagsroutinen verändert?
- Hat sich Ihre Einstellung überhaupt verändert?

- Gibt es Punkte in Ihrem Leben, mit denen Sie nun zufriedener sind als zuvor?
- Und vielleicht andere, mit denen Sie jetzt deutlich schlechter oder vielleicht auch gar nicht mehr zurechtkommen?
- Sind vielleicht neue Interessen entstanden, sodass Sie sich in einer bestimmten Richtung weiter fortbilden wollen?

Lassen Sie all diese Fragen auf sich wirken und beantworten Sie sie so offen und ehrlich wie möglich.

Vielleicht haben Sie durch die Abenteuer erkannt, dass Sie mit Ihrem Leben deutlich zufriedener sind, als Sie bisher dachten. Vielleicht war es gar nicht Ihr Job, der an Ihrer Unzufriedenheit schuld war, sondern Ihre innere Einstellung. Oder aber Sie spüren längst, dass es an der Zeit ist, etwas in Ihrem Leben grundsätzlich zu verändern. Vielleicht sind Sie sich dessen sogar schon ganz sicher und haben möglicherweise auch bereits einen konkreten Plan, wie Sie das angehen wollen.

Es kann aber auch sein, dass Sie nun noch verwirrter sind als zuvor, weil Sie keine Ahnung haben, wo es für Sie hingehen soll, und sich einfach nicht sicher sind, ob eine Veränderung ansteht oder nicht. In diesem Fall kann es hilfreich sein, wenn Sie die verschiedenen Szenarien einmal durchspielen:

- Nutzen Sie die nächsten drei Tage, um sich vorzustellen, dass Sie den Rest Ihres Lebens genauso weiterleben wie bisher. Stellen Sie sich dabei immer wieder im hohen Alter vor und fragen Sie sich, mit welchem Gefühl Sie dann auf Ihr Leben zurückblicken werden. Fühlt es sich zufrieden, offen, frei und erfüllt an? Oder eher deprimierend, eng und beklemmend?
- Nehmen Sie sich anschließend drei weitere Tage Zeit, um so zu tun, als hätten Sie sich bereits dafür entschieden, Ihr Leben komplett auf den Kopf zu stellen. Stellen Sie sich vor, wie es ist, Ihrem Boss zu sagen, dass Sie kündigen, weil Sie nun ein neues Leben beginnen

möchten. Wie würden die ersten Schritte aussehen? Wie würden sie sich anfühlen?

Bei mir war es so, dass es deutlich weniger die Angst vor dem Unbekannten in der Zukunft war, die mich davor zurückschrecken ließ, bei der Versicherung zu kündigen oder auf eine Weltreise ohne geplantes Ende aufzubrechen. Vielmehr waren es die Hürden, die ich zuvor überwinden musste:

- Wie bringe ich es meinen Eltern bei? Wie werden sie darauf reagieren?
- Wie sage ich es meinen Freunden und meiner Partnerin?
- Was ist überhaupt alles nötig, um mich losreißen zu können?
- Was mache ich mit meiner Wohnung, meinem Auto und meinem Handyvertrag?

In meinem Fall waren es sogar relativ wenige Schnüre, die ich kappen oder neu verlegen musste. Ich kenne viele Menschen, die noch weitaus schwierigere Fragen beantworten mussten, um ihr Lebensabenteuer starten zu können. Fragen wie:

- Was werden meine Kinder dazu sagen? Können sie mitkommen? Wenn ja, wie regle ich das Thema mit der Schule?
- Was wird aus den Vereinsaufgaben, die ich übernommen habe?
- Was passiert mit meinen Haustieren, mit meinem Hof oder meinem Hotel?
- Was wird aus meiner Firma oder meinem Laden?
- Kann ich meine pflegebedürftigen Eltern oder Großeltern einfach im Stich lassen?

Wenn Sie ernsthaft mit dem Gedanken spielen, Ihr altes Leben gegen ein neues, abenteuerlicheres einzutauschen, dann werden Sie zum ersten Mal so richtig spüren, wie sehr Sie das gewohnte System festhält. Man wird an Ihr Gewissen appellieren, Ihnen Schuldgefühle machen und Ihnen vielleicht sogar Wahnsinn, Verrücktheit und vor allem mangelndes Verantwortungsbewusstsein vorwerfen. Ihr Konzept für Ihren neuen Lebensweg wird bis auf die Knochen geprüft werden. Niemand ist ein härterer Richter als Menschen, die Ihnen nahestehen und Angst haben, Sie zu verlieren. Lassen Sie sich davon jedoch nicht abhalten, sondern stellen Sie sich folgende Fragen:

- Bin ich wirklich ein besserer Vater, Sohn oder Partner bzw. eine bessere Mutter, Tochter oder Partnerin, wenn ich mich selbst verleugne und dadurch unglücklich, miesmufflig, depressiv und krank werde?
- Kann es nicht sein, dass meine Familie und Freunde den gleichen Abenteuerwunsch in sich tragen wie ich und mich nur davon abhalten wollen, weil sie selbst Angst vor diesem Schritt haben?
- Könnte es sogar sein, dass meine Kinder eine sehr viel erfülltere, zufriedenere und reichere Kindheit haben werden, wenn sie bei Eltern aufwachsen, die ihnen zeigen, dass man Träume auch verwirklichen kann, anstatt sie nur unter den Teppich zu kehren und zu verdrängen? Bin ich es meinen Kindern nicht vielleicht sogar schuldig, ihnen ein Vorbild zu sein und dafür zu sorgen, dass sie ihren inneren Abenteuergeist gar nicht erst verlieren, den ich mir nun Stück für Stück zurückerobern musste?
- Kann es nicht auch sein, dass ich sogar die Beziehung zu meinen Eltern dadurch letztlich verbessere, dass ich das Leben, das sie mir geschenkt haben, auch wirklich nutze, anstatt nur zu warten, bis es endlich vorbei ist?

Tobias und ich haben auf unserer Reise mehrere Familien kennengelernt, bei denen die Eltern einfach ihre Siebensachen und ihre Kinder eingepackt haben, um ihren Traum zu leben. Das Ergebnis war faszinierend, denn wir hatten nie zuvor so aufgeweckte, lebensfrohe und intelligente Kinder gesehen. Ein Junge sprach 12 verschiedene Sprachen fließend, darunter auch zwei Maya-Sprachen.

Niemand hat sie ihm beigebracht. Er hat sie einfach gelernt, weil er sie brauchte, um mit anderen Kindern in seinem Alter spielen zu können. Ein junges Mädchen aus einer anderen Familie spielte mehr als 20 Musikinstrumente und der Sohn eines Medizinmannes, den ich einmal besuchen durfte, hatte jedem Reh in den umliegenden Wäldern einen Namen gegeben und konnte an ihren Trittspuren erkennen, welches von ihnen zuletzt vorbeigelaufen war.

Ich möchte Ihnen nichts vormachen. All dies muss nicht so sein. Im Fall meines Weggefährten Franz und meiner Partnerin Shania stellte sich heraus, dass der Kontakt zu den Eltern durch die Lebensumstellung vollkommen abbrach. Bei ihnen war es ein regelrechter Kampf, sich von den Eltern zu lösen. Doch auch wenn es oft hart war, war es am Ende trotzdem für alle ein wichtiger Prozess. Denn in beiden Fällen gab es Familienkonflikte, die schon seit Generationen immer von den Eltern an die Kinder weitergegeben wurden, ohne dass sich einer der Betroffenen diese je auch nur näher anschaute. Zu viele Ängste und zu viel Schmerz lagen darüber. Erst jetzt, da die Konflikte offen ans Licht treten durften, bekamen sie überhaupt eine Chance zu heilen. Das muss nicht heißen, dass es je wieder zu einem positiven Kontakt innerhalb der Familie kommen wird. Aber es bedeutet, dass jeder dennoch auf seinem Weg ein Stück weiterkommen durfte. Für Franz und Shania bedeutete es, dass sie zum ersten Mal eine Idee davon bekamen, wer sie selbst in Wahrheit waren. Denn bisher hatten sie stets nur geglaubt, die Person zu sein, die ihre Eltern in ihnen sehen wollten.

Es kann aber auch ganz anders ablaufen. Bei meinen Eltern zum Beispiel war es so, dass es zwischen ihnen und mir einige Male laut gekracht hat, als ich ihnen meine Entscheidung mitgeteilt hatte. Sowohl nach meinem Entschluss, die Versicherungsagentur aufzugeben, als auch vor dem Start meiner Weltumwanderung. Doch dies lag nicht daran, dass sie mich von meinem Weg abhalten wollten, sondern daran, dass sie sich Sorgen machten, ob ich meine nächsten Schritte auch gut durchgeplant hatte. Mein Vater wollte nicht, dass ich meine Reise nicht antrat. Er wollte nur, dass ich mir über die Konsequenzen vollkommen im Klaren war. Er wollte sichergehen, dass ich alles so gut durchdacht hatte, dass mein Vorhaben auch wirklich funktionieren konnte.

Prüfen Sie daher stets ganz genau, mit welchen Argumentationen und Ansichten die Menschen in Ihrer Umgebung auf Ihre Pläne reagieren. Lassen Sie sich nicht entmutigen und ziehen Sie Ihr Ding auch dann durch, wenn alle anderen Sie für verrückt halten. Aber schmettern Sie auch nicht alle Argumente als böswillige Versuche ab, Sie in Ihrem Alltagsgefängnis festhalten zu wollen. Sie werden viele Bedenken hören, die tatsächlich gerechtfertigt sind und über die Sie sich ernsthafte Gedanken machen sollten. Sie sind niemandem Rechenschaft schuldig und Sie müssen Ihre Entscheidung weder begründen noch rechtfertigen. Aber überlegen Sie sich Lösungsstrategien für den Fall, dass Ihre »Gegenspieler« mit ihren Bedenken recht behalten sollten.

Fragen Sie sich zudem, für welche Schritte Sie bereits jetzt bereit sind und für welche Sie noch mehr Vorbereitung, Wissen, Können und Erfahrung benötigen. Als ich nach drei Jahren intensiver Ausbildung zum Wildnismentor endlich mein Abschlusszertifikat in den Händen hielt, fühlte ich mich dazu bereit, ein großes Selbstexperiment zu starten und für 100 Tage als Steinzeitmensch zu leben. Ich wäre jedoch nicht bereit gewesen, an diesem Punkt schon mein ganzes gesellschaftliches Leben aufzugeben und als Aussiedler komplett im Wald zu leben. Dazu fehlte mir schlichtweg die Praxiserfahrung. Behalten Sie also auch jetzt weiterhin den Rhythmus bei, den Sie bei den Mikroabenteuern angenommen haben. Gehen Sie stets nur die Schritte, für die Sie sich auch wirklich bereit fühlen.

EIN ABENTEUER ZU ERLEBEN, BEDEUTET LOSZULASSEN

Bevor ich Sie also gleich in Ihr nächstes großes Abenteuer entlasse, möchte ich Ihnen zum Abschluss an dieser Stelle noch ein paar grundlegende Dinge mit auf den Weg geben, die mir meine Mentoren stets eingebläut haben, und die ich auf meiner inneren und äußeren Reise schon viele Male in unterschiedlichster Form benötigt habe:

1. Ein Abenteuer ist nicht nur eine Herausforderung für denjenigen, der es bestehen soll. Es ist eine Aufgabe, die einem höheren Ziel dient. Das mag nun nicht unbedingt auf all unsere Nano- und Mikroabenteuer zutreffen, aber das ist zumindest der Grundgedanke dahinter. Wenn Sie nun aber in ein großes Abenteuer starten wollen, dann sollten Sie darauf achten, dass es nicht nur Ihnen, sondern auch Ihren Mitmenschen, den Tieren, der Erde oder dem Universum als Ganzes dient. Ihr Abenteuer ist Ihre Mission, Ihre Lebensaufgabe, Ihr Beitrag, den Sie zum großen Ganzen leisten. Das heißt bestimmt nicht, dass Sie dabei niemandem auf die Füße treten oder vor den Kopf stoßen dürfen. Doch Ihre grundsätzliche Absicht hinter Ihrem Handeln sollte stets sein, etwas beitragen zu wollen. Denn dadurch gelangen Sie automatisch in die Position, dass Ihre Mission ebenfalls unterstützt wird. Ein uraltes Gesetz der Natur lautet: »Geben ist bekommen!« Je mehr Sie sich selbst dafür einsetzen, dass etwas Positives geschieht, desto mehr werden Sie auch geschenkt bekommen. Sie sind nun auf dem Weg, ein nützlicher, wertvoller und lebendiger Teil der Schöpfung zu werden. Dies wird dazu führen, dass die Natur unmittelbar auf Sie reagieren wird. Je mehr Sie aus freiem Herzen herschenken können, desto mehr Geschenke werden Sie auch erhalten. Je mehr Sie andere heilen, desto gesünder und zufriedener werden Sie selbst werden.
2. Ein Abenteuer ist kein Ponyhof! Klar, ein Besuch auf einem Ponyhof kann ein sehr cooles Abenteuer sein, aber andersherum funktioniert es leider nicht so leicht. Das bedeutet im Klartext: Nur weil Sie nun einen weiteren Schritt in Richtung Ihrer Traumverwirklichung gehen, heißt das nicht, dass Sie dadurch automatisch gesünder, glücklicher und zufriedener werden. Dies anzunehmen ist in etwa das Gleiche, wie zu glauben, dass man alle seine Probleme hinter sich lassen wird, nur weil man an einen anderen Ort zieht. All die Themen, mit denen Sie zuvor zu kämpfen hatten, nehmen Sie natürlich in Ihrem persönlichen Seelenrucksack mit. Der Unterschied ist nur, dass Sie von jetzt an

ein deutlich klareres und unmittelbares Feedback bekommen werden, wodurch Ihnen vieles schneller bewusst wird und Sie somit auch stärker an der Lösung arbeiten werden. Einige Faktoren, wie beispielsweise der Arbeitsstress, fallen nun möglicherweise wirklich weg, was jedoch unter Umständen auch wieder neue Probleme aufwirft. Zum einen werden diese Faktoren gerne durch andere Probleme ersetzt, die man zuvor nicht hatte: Existenzängste zum Beispiel, die mit der Frage einhergehen, wie man sich ohne seinen alten Job über Wasser halten soll.

3. Auf der anderen Seite hat der Körper nun auch Zeit, um sich zu regenerieren und zu heilen. Das bedeutet jedoch auch, dass beispielsweise Entgiftungsprozesse angestoßen werden, durch die man sich erst einmal eine Weile deutlich schwächer und kränker fühlt als zuvor. Lassen Sie sich auch davon nicht entmutigen, denn auch dies gehört mit dazu.
4. Um es kurz zusammenzufassen: Ihr Lebensabenteuer wird Sie immer wieder in Situationen führen, in denen Sie an Ihre Grenzen stoßen. Oft wird es sich hart, falsch, unangenehm und ungemütlich anfühlen. Sie kennen das ja bereits von Ihren Mikroabenteuern, nur wird es dieses Mal wahrscheinlich um einiges stärker werden. Dafür ist aber natürlich auch der Erfolg, den Sie daraus ziehen, deutlich größer und jede gemeisterte Krise wird Sie weiter in Richtung Freiheit und Wohlstand führen. Um Ihr Abenteuer also nicht nur zu bestehen, sondern auch dauerhaft daran Freude haben zu können, brauchen Sie vor allem drei Dinge: Aufmerksamkeit, um zu erkennen, welche Gefahren und Hürden, aber auch welche Geschenke auf Sie zukommen, Hingabe und das Vertrauen, dass alles, was geschieht, dazu dient, Ihnen auf Ihrem Weg weiterzuhelfen. Und Geduld, um in der Lage zu sein, auch mit Problemen und Lebensthemen umgehen zu können, die Sie nicht sofort lösen können.
5. »Ein Abenteuer zu erleben, bedeutet loszulassen.« Als ich diesen Satz von meinem Mentor vor dem Start meiner Weltumwanderung hörte,

verstand ich nicht im Geringsten, was er damit meinte. Ich glaubte zunächst, dass es darum ging, alles loslassen zu können, was mich zu Hause festhielt. Mit der Zeit begriff ich jedoch, dass dies gerade einmal ein winziger Teil davon war, worum es wirklich ging. Loslassen wurde zu einer Art Hobby von uns. Es betraf neue Bekannte, Ausrüstungsgegenstände, Orte, alte Glaubensmuster, das eigene Selbstbild und vieles mehr. Man kann sich nur dann wirklich weiterentwickeln, wenn man bereit ist, Altes loszulassen und ihm auch nicht in Gedanken nachzuhängen. Eine Abenteuerreise ist ein permanenter Wandlungsprozess und Sie werden häufig an einen Punkt kommen, an dem Sie alles über Bord werfen müssen, was Ihnen zuvor wichtig war oder richtig erschienen ist.

In diesem Sinne möchten auch wir Sie nun gehen lassen und wünschen Ihnen viel Freude und Erfolg bei Ihrem ganz persönlichen großen Lebensabenteuer!

Ihre Lebensabenteurer

Heiko Gärtner und Tobias Krüger

Über die Autoren

© privat

Heiko Gärtner ist unter anderem Höhlenretter, Nationalparkranger und Survival-Experte. Seine Vita liest sich wie ein Krimi und er war bereits als Berater und Protagonist für unzählige Fernsehformate tätig. Er lebte für mehr als ein Jahr im Wald, besuchte verschiedene Naturvölker und wanderte 3.300 Kilometer mit nichts als einer Steinzeitausrüstung. Gemeinsam mit Tobias Krüger hat er blind die Zugspitze bestiegen und ist 45.500 Kilometer zu Fuß und ohne Geld um die Welt gewandert.

Tobias Krüger ist Wildnislehrer, Erlebnispädagoge und Abenteurer. Er lebte unter anderem bei einem Maya-Stamm in Guatemala und arbeitet seit vielen Jahren mit Heiko Gärtner im Bereich Wildnis, Survival, Umweltbildung und Naturmedizin zusammen. Dabei waren beide über 8 Jahre auf ihrer Weltreise ohne Geld unterwegs und haben 58 Länder durchwandert. Aktuell leben sie in Schweden und bauen eines der größten Expeditionsmobile der Welt.

Endnoten

1 https://de.statista.com/statistik/daten/studie/153748/umfrage/allgemeine-zufriedenheit-mit-dem-eigenen-leben/#professional (abgerufen am 05.09.2022)

2 https://www.brigitte.de/liebe/persoenlichkeit/studie-ueber-zufriedenheit-jeder-vierte-deutsche-ist-ungluecklich-10887814.html (abgerufen am 25.08.2022)

3 https://www.bundesgesundheitsministerium.de/themen/praevention/gesundheitsgefahren/depression.html (abgerufen am 16.08.2022)

4 https://www.swisslife.de/ueber-swiss-life/presse/pressemitteilungen/newsfeed/2020/11-18.html (abgerufen am 15.09.2022)

5 Kölner Stadtanzeiger, 30.10.13: »Studie Deutsche leiden unter Stress«, online unter: https://www.ksta.de/ratgeber/gesundheit/studie-deutsche-leiden-unter-stress-1138660?cb=1666330258790& (abgerufen am 16.09.2022)

6 https://www.heise.de/tp/features/Langeweile-nimmt-bei-amerikanischen-Jugendlichen-zu-4610369.html (abgerufen am 20.09.2022)

7 https://de.statista.com/statistik/daten/studie/153748/umfrage/allgemeine-zufriedenheit-mit-dem-eigenen-leben/ (abgerufen am 21.09.2022)

8 http://149.31.58.106/index.php/nspb/article/view/159 (abgerufen am 21.09.2022)

9 https://de.wikipedia.org/wiki/Boreout-Syndrom (abgerufen am 21.09.2022)

10 Wenn Sie dazu weiterlesen möchten:

Schall, Kurt: *Klettersteig-Atlas Österreich. Alle lohnenden Klettersteige – von leicht bis extrem schwierig & interessante gesicherten Steige.* Schall-Verlag, 2020.

Hoch, Sascha; Rüttinger, Michael; Beeler, Stephan; Schall, Kurt; Stute, Ralf: *Klettersteig-Atlas Deutschland: Über 170 Klettersteige und gesicherte Steige - von leicht bis extrem schwierig.* Schall-Verlag, 2012.

Hoch, Sascha; Rüttinger, Michael: *Klettersteig-Atlas Italien. Bd. 1: Italien West.* Schall-Verlag, 2008.

11 https://www.geocaching.com/blog/2017/04/3-million-geocaches-the-infographic/ (abgerufen am 23.09.2022)

12 Mehr dazu finden Sie unter anderem unter https://www.geocaching.at/cachetypen/ oder in dem Buch »Der offizielle Geocaching-Guide« von Bernhard Hoëcker.

13 https://de.wikipedia.org/wiki/Polarstern (abgerufen am 24.09.2022)

14 https://de.wikipedia.org/wiki/Mondr%C3%BCckseite (abgerufen am 02.02.2023)

15 Klotz, Anja; Klotz, Andy: *SUP-Guide Bayerisches Alpenvorland 2022: 15 SUP-Spots und die schönsten Biergärten südlich von München.* Kettler, 2022.

von Holderberg, Nehrhoff; von Holderberg, Björn: *SUP-Guide Hamburg & Umland 2021: 15 SUP-Spots und die besten Einkehrtipps.* Kettler, 2021.

Meessen, Jan: SUP-Reiseführer Deutschland: *Die 50 schönsten Routen für Stand-Up-Paddling.* DKV-Verlag, 2021.

Bisani, Eva; Kozminski, Lukas: *SUP-Guide Nordrhein-Westfalen (NRW) 2021: 17 SUP-Spots und die schönsten Einkehrtipps.* Kettler, 2021.

16 Hier sind zwei Bücher, mit deren Hilfe wir selbst schon viele spannende Höhlen entdeckt haben:

Meyer, Jürgen: *Albhöhlen. 101 Highlights. Oertel + Spörer, 2020.*

Meyer, Jürgen: *Wilde Höhlen, Grotten, Felsennester: 100 geheimnisvolle Hohlräume zwischen Alb und Donau.* Oertel + Spörer, 2011.

17 Hier sind einige Tierspuren-Bestimmungsbücher, die wir empfehlen können:

Brown, Roy; Ferguson, John; Lawrence, Michael: *Federn, Spuren und Zeichen der Vögel Europas. Ein Feldführer.* Aula-Verlag, 2005.

Bang, Preben; Dahlström, Preben: *Tierspuren: Fährten, Fraßspuren, Losungen, Gewölle und andere.* BLV, 2000.

Ohnesorge, Gerd; Scheiba, Bernd: *Tierspuren und Fährten erkennen und bestimmen.* Bassermann Verlag, 2022.

Grolms, Sascha: Tierspuren Europas: *Spuren und Zeichen bestimmen und interpretieren.* Verlag Eugen Ulmer, 2021.

Abbildungsverzeichnis

Illustrationen S. 28, 119, 128, 151, 167, 169, 182, 183, 184 oben, 185, 186, 187, 188, 189, 228, 236, 237, 252, 254, 255, 259, 260: »Ratti« Zernak-Sciuto

Abb. Wald/Raute S. 5: Shutterstock.com/Sloth Astronaut
Abb. Tasse S. 29: Shutterstock.com/Sloth Astronaut
Abb. Wald S. 30: Shutterstock.com/Sloth Astronaut
Abb. Flammen S. 30: Shutterstock.com/Fahmi Somdi Std